De **BUENO** a
GRANDIOSO
a los ojos de Dios

©2010 Editorial Peniel
Todos los derechos reservados.

Ninguna parte de esta publicación puede
ser reproducida en ninguna forma sin el
permiso escrito de Editorial Peniel.

Las citas bíblicas fueron tomadas de la
Santa Biblia, Nueva Versión Internacional,
a menos que se indique lo contrario.
© Sociedad Bíblica Internacional.

EDITORIAL PENIEL
Boedo 25
Buenos Aires, C1206AAA
Argentina
Tel. 54-11 4981-6178 / 6034
e-mail: info@peniel.com
www.peniel.com

Diseño de interior y adaptación de cubierta:
ARTE PENIEL • arte@peniel.com

Copyright © 2007 by Chip Ingram
Originally published in english under the title:
Good to Great in God's Eyes
by Baker, a division of Baker Publishing Group,
Grand Rapids, Michigan, 49516, U.S.A.
All rights reserved.

Ingram, Chip
De bueno a grandioso a los ojos de Dios. - 1a ed. - Buenos Aires : Peniel, 2010.
256 p. ; 15x23 cm.
Traducido por: María José Hooft
ISBN 10: 987-557-260-8
ISBN 13: 978-987-557-260-7
1. Vida Cristiana. I. Hooft, María José, trad. II. Título
CDD 248.5

Impreso en Colombia / Printed in Colombia

De BUENO a GRANDIOSO a los ojos de Dios

Diez prácticas que los grandes
cristianos tienen en común

CHIP INGRAM

PENIEL

BUENOS AIRES - MIAMI - SAN JOSÉ - SANTIAGO

www.peniel.com

Contenido

Introducción

No podía dormir, así que estuve la mitad de la noche pensando acerca de algunas preguntas que me molestaban. ¿Es realmente malo querer ser grande? ¿Es egoísmo desear que tu vida realmente produzca un impacto? ¿La ambición indica un problema espiritual? ¿Soy un "carnal" por pensar tales cosas?

Después de dar vueltas en la cama por un par de horas, me levanté, preparé algo de té caliente, me senté en la silla mecedora de mi esposa y me quedé mirando fijo el hogar, repasando mentalmente todas las cosas que Dios me había enseñado en el último tiempo. Había una idea en particular que parecía capturar mi atención: ¿a qué se parecería la "grandeza" en el reino de Dios?

Había leído hacía poco Lucas 22, un pasaje que plantea esta pregunta. Hacia el final del ministerio terrenal de Jesús, los discípulos discutían sobre cuál de ellos sería el mayor. Me sorprendió que Jesús no los reprendiera por su deseo de grandeza. Él les dio un paradigma completamente nuevo sobre lo que era la grandeza, pero no los condenó a causa de su deseo. Estaba intrigado por eso.

También había leído *Empresas que sobresalen*, el *best seller* de Jim Collins sobre las prácticas de las empresas que son superiores al resto.[1] Collins y su equipo investigaron profundamente cientos de empresas y llegaron a una lista de características en común que distinguen a las grandes compañías de las buenas o mediocres. Se ha convertido en uno de los libros de negocios más populares de todos los tiempos.

Estaba fascinado por la idea de que una lista tan pequeña de principios pudiera hacer una diferencia tan grande en cuanto al éxito.

Cuando esa noche me senté con estos pensamientos rondando por mi mente, comprendí que la grandeza es la ambición de la mayoría de las personas en casi todas las áreas de su vida. Los líderes de las empresas quieren que sus corporaciones sean grandes; los profesionales quieren tener grandes carreras, los hombres desean ser grandes padres y esposos, y las mujeres quieren ser grandes madres y esposas, los atletas quieren ser grandes competidores, los estudiosos quieren ser grandes pensadores e investigadores, los artistas quieren crear un arte grandioso, y así sucesivamente. La mediocridad no es la ambición de casi nadie.

Les he preguntado a muchas personas sobre sus esperanzas y sueños, y generalmente he obtenido respuestas sin culpas acerca de sus deseos de ser grandes en lo que hacen. Pero cuando les pregunto a los creyentes si quieren ser grandes cristianos, parecen tener temor de responder al interrogante. Parece que no tuvieran pretensiones y fueran demasiado respetuosos, preocupándose de que una ambición de ser grandes en este aspecto que es el más importante de la vida pudiese parecer arrogante. Hablar de ambición al seguir a Cristo suena como lo contrario a madurez espiritual y humildad.

¿Pero cuál es la alternativa? ¿Deberíamos aspirar a ser cristianos mediocres? ¿Es realmente orgullo desear honrar a Dios con vidas de gran fe y obras excelentes?

Incluso luego de pasar tres años con Jesús, los discípulos no parecían pensar así. Discutían sobre cuál sería el mayor de ellos; y aunque Jesús tuvo que redefinir la grandeza no les dijo que eran poco espirituales o arrogantes por su intenso deseo de ser grandes. En cambio, estableció un claro pero contradictorio sendero que a su tiempo, once de los doce discípulos transitaron. Y su grandeza mientras siguieron ese sendero puso al mundo patas para arriba en menos de un siglo.

En cuanto a Jesús mismo, Él tampoco parecía ser propenso a la mediocridad, ¿no es cierto? De hecho, en una larga oración la noche anterior a su crucifixión, le dijo al Padre: *Yo te he glorificado en la tierra, y he llevado a cabo la obra que me encomendaste* (Juan 17:4). Y continuó pidiéndole al Padre que lo glorificara y que su gloria fuera compartida con sus discípulos. Esas son declaraciones valientes sobre la grandeza, pero aun así nunca acusaríamos a Jesús de ser arrogante y presuntuoso. Sus declaraciones eran verdaderas, y desde la perspectiva de Dios sus deseos eran piadosos.

La perspectiva de Dios. Ese es el contexto que hace de la grandeza una cualidad deseable. Una cosa es ser grandes en términos de éxito financiero u opinión popular: eso es con frecuencia una ambición egocéntrica e inmodesta. ¿Pero ser grandes en el Reino? Ese es un deseo noble. Fuimos *diseñados* para ser grandes a los ojos de Dios. Cuando Él creó a la humanidad, proclamó no solo que éramos buenos, sino "muy buenos" (Génesis 1:31). Existimos para su gloria. Esa clase de propósito no va bien con la mediocridad o incluso con contentarnos simplemente con ser buenos.

No es así, a Dios le encanta cuando su pueblo es fervoroso en cuanto a hacer una diferencia para su Reino. Él mira ansiosamente a su mundo para honrar, potenciar y fortalecer a aquellos cuyo amor y obediencia le brindan placer. Nuestra grandeza –tal cual como Él la define– es su deseo.

Por los últimos tres o cuatro años he luchado con este concepto de la grandeza a los ojos de Dios. ¿Cómo podemos desechar la falsa humildad y abrazar plenamente esos sueños y deseos dados por Dios que traen honor y gloria a su nombre? En mi travesía, me he quedado levantado hasta tarde en la noche, he meditado, leído y –al igual que Jim Collins cuando emprendió su investigación con las empresas exitosas– he comenzado a observar que los grandes cristianos tienen ciertas prácticas en común. Mi estudio es menos metódico y empírico que el de Collins y su equipo de investigadores (después de todo, las características complejas de la cultura empresarial son un poco más difíciles de discernir que las prácticas de los cristianos individuales). Pero cuando encuesté a grandes hombres y mujeres de fe, noté ciertos patrones que considero son una evidencia válida de las diferencias entre la vida cristiana común y la extraordinaria. Cuando veo las prácticas identificadas en este libro en una vida cristiana, el resultado es casi siempre un raro nivel de madurez y fructificación. Por el contrario, cuando *no veo* esas habilidades en la vida de una persona, el resultado es casi siempre la mediocridad. Este patrón surge de numerosos ejemplos de *Las Escrituras*, la historia de la Iglesia y de experiencias actuales. Los cristianos que desarrollan estos hábitos con la motivación correcta son poderosamente usados por Dios para su gloria.

Muchas personas se han proyectado al futuro y han tratado de imaginar lo que piensan que su carrera debería ser: un cierto salario y posición de acá a cinco años, luego en diez y luego en veinte. La mayoría de nosotros hemos tenido proyecciones similares para nuestra familia: cuándo nos casaríamos, cuántos hijos queremos tener, dónde queremos vivir. Esas líneas de tiempo pueden no estar escritas; pueden ni siquiera ser pensamientos conscientes. Pero la mayoría de nosotros los tenemos, al menos para las áreas de la vida que son importantes para nosotros.

¿Cuál sería la línea del tiempo espiritual para ti? ¿Cuáles son tus ambiciones como cristiano? ¿Has pensado en la clase de creyente que te gustaría ser en cinco, diez y veinte años? ¿Has meditado profundamente en qué clase de impacto quieres que tu vida tenga para Cristo? ¿Cómo sería tu vida si tú, de hecho, cumplieras la oración de Jesús de "llevar mucho fruto" (Juan 15:8)? ¿Cómo sería ese fruto? ¿En qué sentido el mundo sería diferente? Cuando hayas corrido la carrera con perseverancia y finalmente cruzado la línea de llegada, ¿qué clase de evaluación de tu vida visualizas que el Señor te hará?

No hay nada malo en permitirte pensar en esos términos. De hecho, el celo de Jesús por la casa de su Padre lo consumía (Juan 2:17). Tampoco es malo desarrollar un plan para llegar allí. Tus planes deben ser el producto de las pasiones que te fueron dadas por Dios y tu relación con el Espíritu Santo y su guía, pero ser sensible al Espíritu no excluye tener un objetivo claro para tu discipulado.

Por cierto, vivir al azar, llevado por la corriente, casi garantizará una vida espiritual mediocre. Para que Dios pueda cumplir una buena parte de sus propósitos superiores para tu vida, debes darte permiso de exteriorizar esa pasión con propósito e intencionalidad. Tu fe no puede ser un proceso casual de crecimiento. Un discipulado proactivo –que desea ser grande a los ojos de Dios– producirá mayor madurez y fruto que un discipulado reactivo. *La Biblia* y la experiencia son claras en ese punto. Dios nos exhorta repetidamente en *Las Escrituras* a ser diligentes en cuanto a las disciplinas y prácticas que conducen a la excelencia, madurez e impacto.

Quiero ser claro respecto al rol específico de esas prácticas. Bajo ningún punto de vista ellas son requisitos para la salvación. Nunca te darán puntos para con Dios. No son causa de orgullo espiritual y no son una obligación. No es un plan de diez pasos para ganar el favor de Dios o para impresionar a los demás.

Estos principios son, no obstante, una oportunidad de cumplir los más altos y mejores propósitos que Dios tiene para tu vida. Los grandes atletas no pasan años practicando porque tienen que hacerlo; lo hacen porque poseen un sueño. Los cristianos que quieren vivir una vida mediocre pueden hacerlo, sin cumplir estas prácticas. Pero los que sueñan con un impacto eterno en el Reino de Dios, los que se ven cruzando la línea de llegada como parte del ejército de los santos de Dios, son motivados a hacer lo que fuere con tal de ser usados poderosamente por Dios.

Si encajas en esa descripción, entonces los pasos prácticos que están establecidos en este libro te ayudarán a alcanzar una mayor medida de la semejanza de Cristo y a serle de utilidad. Si el deseo sincero de tu corazón es pararte delante de Dios un día y, al igual que Jesús, decirle: *"Yo te he glorificado en la tierra, y he llevado a cabo la obra que me encomendaste"* (Juan 17:4), entonces estas diez prácticas harán una enorme diferencia en tu vida. Te pondrán en un inigualable camino a la grandeza.

Hay diez principios específicos en este libro, y aunque esta lista no es exhaustiva, es bastante completa. Puedes pensar en otro denominador común en las vidas de otros grandes cristianos, o encontrar a algún gran cristiano que no practicaba uno o dos de estos principios. Pero en general descubrirás que estos patrones están presentes de manera consistente en los héroes de nuestra fe. Considéralos un punto de partida confiable y cultívalos dondequiera que Dios te guíe. Permíteles conducirte a un estilo de vida que te lleve a producir cada vez más impacto como creyente.

Encontrarás al final de cada capítulo un plan de acción para ayudarte a implementar lo que has aprendido. Y porque estos capítulos son acerca de *prácticas* probablemente sea útil pasar tiempo *practicando* a cada uno de verdad antes de avanzar al siguiente capítulo. Recuerda que aplicar la verdad a tu vida es primero un asunto de calidad; la cantidad viene en segundo lugar. Dios no está tan interesado en tu habilidad de aprender la verdad, como lo está en tu disposición para aplicarla. Los planes de acción al final de cada capítulo están diseñados para ayudarte a comenzar a integrar a tu estilo de vida lo que has aprendido.

Dios te invita a ser un cambiador de mundos, un cristiano que le dé a esta vida la forma del Reino. El deseo de ser grande fue plantado en tu corazón por parte de Aquel que te ha creado. Pero los deseos siguen siendo solamente deseos si no hay un plan de seguimiento, una estrategia para ponerlos en práctica. Espero y oro para que este libro sirva como un plano para construir la vida que Dios ha diseñado para ti y para que cumplas tus deseos más grandes. Pero más que nada espero y oro para que seas plenamente satisfecho en tu búsqueda de convertirte en grandioso a los ojos de Dios.

1

Piensa grandes pensamientos

La vida consiste en lo que un hombre piensa durante todo el día.

RALPH WALDO EMERSON

Las acciones de los hombres son los mejores intérpretes de su pensamiento.

JOHN LOCKE

Nada limita el éxito como el pensamiento estrecho; nada expande más las posibilidades que el pensamiento libre.

WILLIAM ARTHUR WARD

Tú estás hoy adonde tus pensamientos te han traído. Mañana estarás donde tus pensamientos te lleven.

JAMES ALLEN

El Dr. Jack Haskins, un profesor de la Universidad de Tennesee, pasó doce años investigando los efectos de los medios de comunicación en la manera de pensar de las personas.[1] Uno de sus estudios tuvo el propósito de determinar el impacto de un programa de radio de cinco minutos que estaba repleto de historias negativas: un bus que estalló con diecisiete niños adentro, un terremoto que mató a miles, peleas callejeras en una gran ciudad, y así sucesivamente. Un grupo escuchó programas negativos como este, mientras que otro grupo escuchó noticias más positivas y estimulantes.

Luego de evaluar a los radioescuchas que estuvieron diariamente expuestos a cinco minutos de malas noticias, Haskins descubrió cuatro efectos visibles en ellos:

1. estaban más deprimidos que antes;
2. creían que el mundo era un lugar negativo;
3. estaban menos dispuestos a ayudar a otros;
4. comenzaron a creer que lo que habían escuchado pronto les sucedería a ellos.

Simplemente con recibir y reflexionar sobre la información del programa de radio, sus percepciones del mundo y su visión de la vida fueron adversamente afectadas. Su concepto de la realidad fue moldeado por sus pensamientos.

¿Cómo pueden cinco minutos de pensamiento negativo cada día tener esa clase de influencia? El viejo axioma "eres lo que comes", es cierto no solo física sino también psicológica y espiritualmente. Los pensamientos que entretienen nuestra mente se convierten en los pensamientos que guían nuestras vidas, para bien o para mal. Y si cinco minutos pueden tener un impacto tan dramático, ¿puedes imaginarte lo que le hacen seis o siete horas diarias de televisión a la mente de uno? El flujo de noticias negativas y valores torcidos que se vierte tan libremente sobre muchas de nuestras mentes, claramente cambia la manera en que vivimos.

Porque cual es su pensamiento en su corazón, tal es él, nos dice Proverbios 23:7 RVR60. Cuando depositamos ideas positivas y agradables en nuestras mentes: por ejemplo, "soy muy amado por Dios" o *este es el día en que el Señor actuó; regocijémonos y alegrémonos en él* (Salmo 118:24), tenemos emociones positivas. Cuando depositamos ideas desalentadoras y depresivas en nuestras mentes, acabamos por tener emociones negativas.

Nos guste o no, lo que pensamos influencia lo que hacemos. Los pensamientos que tenemos, los sentimientos que sentimos, las experiencias que moldean nuestro entendimiento, esas cosas gobiernan el timón de nuestras vidas. Actuamos de acuerdo a las percepciones que tenemos, de modo que esas percepciones se convierten en un campo de batalla crítico.

¿No lo crees? Solo pregúntales a los anunciantes. La gente de ventas sabe que una vez que uno está emocionalmente enganchado con un auto, una casa o cualquier otra cosa, lo próximo que sigue será la decisión de comprarlo. Toda la industria de la publicidad está basada en el hecho de que el comportamiento fluye de la disposición y los pensamientos que tengamos, y todos en la industria contienden por ellos. Lo mismo hacen los políticos, filósofos y predicadores. Hasta nosotros tratamos de influir sobre nosotros mismos.

De manera consciente podemos trivializar la importancia de nuestros pensamientos, pero reconocemos su poder. Cuando nos deprimimos o nos ponemos ansiosos gastamos mucho tiempo, energía y dinero para cambiar nuestras emociones. Emprendemos terapias y tomamos medicamentos para recobrar el ánimo y redirigir el curso de nuestras emociones. También gastamos mucho tiempo, energía y dinero en arreglar nuestra conducta. Nos volcamos a la consejería, a los medicamentos, grupos de ayuda, cursos de entrenamiento y un montón de otras ayudas para controlar un hábito o una debilidad en la personalidad. Pero casi siempre, debajo de las emociones que queremos mejorar y del comportamiento que queremos corregir, hay un patrón de pensamiento que necesitamos cambiar.

Imagina un tren, para dar un ejemplo. El motor es nuestro pensamiento; primero va el vagón de las emociones, luego el vagón del comportamiento y por último el vagón de las consecuencias. Los buenos pensamientos influencian nuestras emociones para bien, las cuales a su vez influenciarán nuestros pensamientos y producirán consecuencias positivas. Los pensamientos negativos tienen la misma influencia, pero en dirección contraria. Lo que pensamos determinará el curso de nuestra vida.

Malos pensamientos	$\rightarrow$	emociones negativas	$\rightarrow$	comportamiento imprudente	$\rightarrow$	consecuencias devastadoras
Buenos pensamientos	$\rightarrow$	emociones positivas	$\rightarrow$	comportamiento sabio	$\rightarrow$	consecuencias productivas

Los grandes cristianos piensan grandes pensamientos. Agustín pasó su vida académica estudiando las obras de los grandes filósofos, y conversando con los expertos en retórica de sus tiempos. Después de abrazar la verdad del evangelio, su mente bien entrenada desvió su atención a las realidades eternas. Sus escritos demuestran una vida de pensamiento que constantemente luchaba con conceptos nobles y profundas reflexiones. Él ha influenciado la teología cristiana quizás más que ninguna otra figura post-neotestamentaria, porque pensaba grandes pensamientos.

Siglos más tarde, uno de los admiradores de Agustín impactó radicalmente el pensamiento cristiano y ayudó a extender la Reforma Protestante.

Siendo un monje, Martín Lutero pasó largas noches y ansiosos días cavilando sobre la naturaleza de la salvación y las prácticas de la Iglesia. En gran medida, la Reforma en el norte de Europa fue producto de su vida de pensamiento. Todavía cosechamos los beneficios de esta mente, que ha sido hace mucho tiempo cautivada por las profundidades de Dios.

Agustín y Lutero son solo dos ejemplos entre muchos –Blaise Pascal, C. S. Lewis, Francis Schaeffer, por nombrar algunos– cuyos pensamientos han cambiado el curso de la historia y enriquecido la fe cristiana. No pienses que esta práctica se aplica solo a los gigantes espirituales que he mencionado: grandes pensamientos han influenciado poderosamente a muchos que se consideraban intelectualmente ordinarios. Dwight Moody, por ejemplo, tenía muy poca educación formal, pero su vida era consumida por un pensamiento expresado por un evangelista que él había conocido en Dublín:

> El mundo ha de ver lo que Dios hará con, para, a través de, en y por el hombre que está completamente consagrado a Él.[2]

Moody quería ser esa clase de hombre, y como ese pensamiento estaba profundamente arraigado en su corazón, la historia del cristianismo ha sido (y continúa siendo) afectada por su ministerio.

La verdad es que una mente floreciente con las profundas verdades de Dios es una herramienta poderosa en sus manos. De forma contraria, simplemente no es posible tener una mente llena de pensamientos errados, pesimistas y cínicos, y vivir una vida influyente y productiva para el Reino de Dios. Si quieres que tu vida cambie radicalmente –salir de un pozo de emociones destructivas y malos hábitos– todo comienza con lo que sucede en tu mente.

Dios ordena que pensemos en grande

La carta de Pablo a la iglesia de Filipo enfatiza la importancia de los grandes pensamientos. A lo largo de toda la carta, les insiste a los filipenses que piensen acerca de sí mismos como ciudadanos del cielo, que estén gozosos, que tengan una mente humilde, que no tengan una actitud quejumbrosa, que no sean intimidados por sus adversarios, y mucho más.

El capítulo 4 especialmente se dirige al pensamiento del creyente. Pablo ayuda a un par de miembros de iglesia a resolver un conflicto y le recuerda a la fraternidad que deben regocijarse en todo. Reconoce que en la vida habrá dificultades acompañadas de ansiedad y temor, pero les dice cómo reaccionar desechando la ansiedad y volcándose a la acción de gracias. El resultado será la clase de paz que sobrepasa todo entendimiento o conocimiento humanos.

Porque lidió con los pensamientos negativos que rodeaban las dificultades en su propia vida, Pablo cambia a un enfoque más positivo y proactivo:

Por lo demás, hermanos, todo lo que es verdadero, todo lo honesto, todo lo justo, todo lo puro, todo lo amable, todo lo que es de buen nombre; si hay virtud alguna, si algo digno de alabanza, en esto pensad.

–FILIPENSES 4:8 RVR60

Haciendo un estudio de la palabra pensar, descubrí que el término griego *logizomai* (traducido como "pensar" en Filipenses 4:8) no es casual. Significa "deducir, razonar, calcular, meditar, deliberar, sujetar a un análisis o pensamiento prolongado". Implica pensar sobre un asunto lo suficiente como para tomar en cuenta su carácter y comprender las implicancias para tu vida. Pablo les está diciendo a los creyentes que todo lo que sea representado por estas cualidades piadosas es digno de mucha meditación activa. En otras palabras, les dice que piensen grandes pensamientos.

Echemos un vistazo a cada una de las palabras que Pablo usa en su descripción de grandes pensamientos:

- *Verdad*: piensa en las cosas que son objetivamente ciertas, cosas que se ajustan a la realidad. Antes de poner algo en tu mente pregúntate: ¿es verdadero?
- *Honesto*: Esta palabra también significa "solemne" o "digno de respeto". Se refiere a esas cosas que reflejan los propósitos serios de la vida de un creyente. Antes que esa película, comercial o conversación entre a tu mente, pregúntate: ¿esto honra a Dios y refleja sus propósitos para mí?
- *Justo*: La palabra implica justicia y rectitud. En el Nuevo Testamento se usa para referirse al carácter y las acciones del Padre y de Jesús. Es una imagen de servicio. Antes de pasar tiempo pensando acerca de algo, pregúntate: ¿es bueno o es malo?
- *Puro*: Proviene de la misma raíz que *santo* y significa ser puro de la contaminación de la inmoralidad. Conlleva la idea de integridad interior. Pregúntate: ¿estoy pensando en cosas puras y santas?
- *Amable*: Esta es mi palabra favorita en esta lista. Significa atractivo, agradable o hermoso. Describe las cosas que requieren una respuesta de amor y calidez dentro de nosotros. Pregúntate: ¿mi mente está llena de belleza?
- *De buen nombre*: El sentido general de la expresión es "admirable", pero su significado literal es "un hablar limpio". En

otras palabras, ¿son estos pensamientos adecuados para que Dios los escuche?

- *Toda virtud, todo lo digno de alabanza*: Estos últimos dos pensamientos son un resumen de todo lo que tiene excelencia moral, de lo que nos motiva a un comportamiento piadoso o anima a otros a caminar con Dios.

Pablo anima a sus lectores a practicar estas cosas tal como las han visto en él, y el Dios de paz –esa paz trascendente, que sobrepasa todo entendimiento– estará con ellos.

¿Qué dice Pablo? Enderecen sus pensamientos y entonces las emociones, conductas y consecuencias de la paz los seguirán. Una mente espiritualmente entrenada se alineará con todo lo demás, a tal punto que los temas emocionales comenzarán a resolverse y el comportamiento comenzará a ponerse en su lugar.

La Biblia es bien clara sobre esta dinámica también en otros lugares. Romanos 8:6 dice que una mente puesta en las cosas de la carne acarreará muerte, pero una mente puesta en el Espíritu traerá vida y paz. Colosenses 3:2 dice: *Concentren su atención en las cosas de arriba, no en las de la tierra.* Y Pedro llama a sus lectores a preparar sus mentes para la acción (1 Pedro 1:13). Debemos hacernos el hábito de pensar buenos pensamientos.

Tú eres lo que piensas

Expresar nuestro pensamiento en términos de un *hábito* parece poco espiritual para mucha gente; sin embargo, mucho de nuestro pensamiento en innegablemente cuestión de hábito. De hecho, la mayor parte de nuestra conducta está compuesta de hábitos, y hay muchos de los que ni siquiera nos damos cuenta. La mayoría de nosotros nos vamos a la cama a una cierta hora cada día. Nos levantamos en la mañana a un horario regular; cepillamos nuestros dientes un par de veces al día; nos subimos al auto y conducimos hacia el trabajo usualmente por la misma ruta todos los días. Nadie nos dice que hagamos todas esas cosas. No tenemos que recordar hacerlas, porque son habituales.

Es sencillo ver la aplicación de esta verdad en lo físico. Si pasamos nuestras vidas comiendo medialunas y golosinas, bebiendo varias tazas de café y latas de gaseosa al día y no hacemos demasiado ejercicio que digamos, entonces podemos predecir que nuestro nivel de salud será bajo. Lo que introducimos en nuestros cuerpos va a determinar la calidad de vida que ellos tengan.

Pablo sencillamente dice que la mente funciona del mismo modo. Hay una cierta clase de pensamiento que debe convertirse en habitual para nosotros, porque él nos llevará a la piedad y a la paz. La presencia de Dios acompaña a esos pensamientos. Al igual que con nuestro cuerpo, tal vez no veamos inmediatamente los resultados de nuestro plan nutricional, pero los veremos con el correr del tiempo. Cada uno, sea en la carne o en el Espíritu, cosecha lo que sembró. John Stott, en su comentario acerca de Gálatas, lo expresa de este modo:

> Siembra un pensamiento, cosecha una acción. Siembra una acción, cosecha un hábito. Siembra un hábito, cosecha un carácter. Siembra un carácter, cosecha un destino.[3]

A la larga, todos seremos producto de nuestro pensamiento.

¿Cuál es tu dieta mental?

Para muchas personas la práctica de meditar en *Las Escrituras* y tener revelación interior parece algo complicado. He oído a fieles creyentes decirme que no tienen la disciplina o la concentración suficiente para memorizar versículos o concentrarse en la verdad de Dios por largos períodos de tiempo sin distraerse. Pero todos saben cómo hacerlo. La mayoría de nosotros sabemos cómo hacerlo cuando estamos ansiosos y preocupados; podemos concentrarnos en los problemas y temores durante horas de una sola vez, separando cada detalle y obsesionándonos con cada contingencia. Pensar grandes pensamientos significa tomar esa increíble habilidad de enfocarnos en lo negativo y usarlo para propósitos positivos y verdaderos.

En vez de obsesionarnos sobre los dilemas en los que estamos atrapados o en los que podríamos estar atrapados si cada variable cambiara para mal como esperamos, tratemos de llenar nuestras mentes con la verdad.

¿En qué piensas cuando conduces? ¿Qué escuchas en tu hogar? Cuando el control remoto está en tu mano, ¿qué canales pones y permites que entren a tu mente? Si alimentas tu mente con una dieta de comida chatarra, tu salud espiritual lo reflejará. En cambio, si nutres tu mente con una dieta de las verdades eternas, –el carácter de Dios, las promesas que Él te ha dado, su historial para con su pueblo y todo lo demás que es verdadero, honesto, justo, puro, amable, de buen nombre, excelente y digno de alabanza– tu salud espiritual con el tiempo demostrará ser más fuerte, consistente y resistente que lo que alguna vez creíste posible.

Somos un pueblo que ha sido llamado a la transformación final. Romanos 12:2 nos dice:

> No se amolden al mundo actual, sino sean transformados mediante la renovación de su mente. Así podrán comprobar cuál es la voluntad de Dios, buena, agradable y perfecta.

Aunque vivimos en un mundo caído y peleamos la batalla diaria, la voluntad de Dios para nosotros es buena y apacible. Según La Palabra, solo podemos experimentarlo mediante una mente renovada. Y solo podemos tener una mente renovada si la llenamos con grandes pensamientos.

Las fuentes de los grandes pensamientos

¿Cómo es que logramos pensar grandes pensamientos? En un mundo que nos abruma con una interminable variedad de filosofías y valores, ¿dónde aprendemos los pensamientos de Dios?

Comienza con Las Escrituras

Para mí Juan 8:32 es la clave: *Y conocerán la verdad, y la verdad los hará libres.* Es un versículo conocido, pero no creo que siempre alcancemos a darnos cuenta lo amplia que es esta promesa. Si quiero ser libre de la ansiedad, del temor, de las expectativas de los demás, de hábitos que me esclavizan, de emociones negativas –y si, positivamente, quiero ser todo lo que Dios desea que yo sea– tengo que saturar mi mente con la verdad.

Permíteme resaltar que no estoy hablando simplemente de un programa de lectura bíblica. Mucha gente lleva un control de cómo avanza en un plan de lectura diaria –lo cual puede ser muy práctico, dicho sea de paso– pero un plan de lectura no va a meter los grandes pensamientos dentro de tu mente. Absorber La Palabra de Dios, pensar en ella cuando te acuestas y te levantas, y persistir en las profundidades de su revelación, es lo que cultivará los grandes pensamientos. Charles Spurgeon exhortó a sus estudiantes:

> Queridos hermanos, tratemos de *saturarnos con el evangelio*. Siempre descubro que puedo predicar mejor cuando puedo impregnarme del texto. Me gusta tomar un texto, hallar sus significados y relaciones, y así proseguir; y luego, después que me he bañado en él, me deleito recostándome en él y permitiendo que me empape por dentro.[4]

Así es como Dios quiere llenar tu corazón y tu mente con la verdad de La Escritura. Si te empapas en esa verdad y bebes profundamente de ella, vas a ser libre.

La alternativa, por supuesto, es creer una mentira. Si somos como esponjas, que absorbemos todo anuncio, revista, película, canción, libro y todo lo demás, naturalmente incorporaremos un montón de engaño a lo largo del camino. Eso puede sonar como una reacción excesiva a las influencias de los medios de comunicación, pero el curso de muchas vidas ha sido influenciado por esa absorción casual. Pensar grandes pensamientos es un proceso intencional, deliberado, de informar nuestra mente con la verdad.

Piensa otra vez en lo deliberado que puede llegar a ser cuando se trata de nuestra nutrición física. Hace treinta años, si uno sacaba una lata de vegetales del estante, era solo un ingrediente: el vegetal mismo. Hoy encuentras un detalle de las proteínas, carbohidratos y grasas, además del contenido de fibras y vitaminas. Los restaurantes de comidas rápidas exhiben letreros que nos dicen exactamente lo que hay en la comida que ingerimos. Esas etiquetas y cuadros están allí en gran medida por demanda popular. Muchas personas hoy son extremadamente fastidiosas respecto a contar las calorías y los miligramos en su nutrición. Podemos llegar a obsesionarnos completamente con nuestra ingesta.

Me resulta asombroso que nuestra cultura pueda ser tan inteligente y deliberada sobre la nutrición física, pero tan inconsciente acerca del contenido espiritual, intelectual y emocional de las ideas que consumimos. Andamos despreocupados por lo que ocurre en nuestras mentes y luego acabamos en terapias, tratando desesperadamente de cambiar lo que hay allí adentro. Estoy convencido de que si tomáramos la mitad del empeño que ponemos en cuidar nuestras mentes de lo que ponemos en cuidar nuestros cuerpos, en más o menos cinco años nos sorprenderíamos de la transformación que habrá tenido lugar en nuestro corazón y en nuestras relaciones.

Medita en las grandes verdades

En adición a *Las Escrituras*, muchas personas han aprendido verdades muy valiosas de sus experiencias en la vida. Un ejemplo es una cita famosa de Jim Elliot, uno de los cinco misioneros que murieron a manos de los indios aucas en Ecuador en la década del '50: "No es necio el que da aquello que no puede retener para ganar aquello que no puede perder". Esa es una verdad que no quiero olvidar. Quiero meditar en ella y dejar que impregne mi mente y se vuelva parte de mí. Como vivo en una sociedad materialista y miro todas las propagandas que me dicen que me estoy perdiendo algo, que no luzco bien, que sería feliz si solamente tuviera ese auto o ese enjuague bucal, necesito una ayuda-memoria permanente de que vivo por valores eternos. Grandes pensamientos como ese de Jim Elliot me sirven de recordatorio.

No es necio el que da aquello que no puede retener para ganar aquello que no puede perder.

–JIM ELLIOT

Otro ejemplo es una oración muy conocida de San Francisco de Asís:

Señor, hazme un instrumento de tu paz;
donde haya odio, ponga yo amor;
donde hay ofensa, perdón;
donde hay duda, fe;
donde hay desesperanza, esperanza;
donde hay tinieblas, luz;
donde hay tristeza, alegría.

Y prosigue con un tesoro de pensamientos inspiradores. Mi mente inevitablemente ha de ser llena con algo; ¿por qué no permitir que sea llena con una oración así en vez de con un tema musical de MTV, con media hora de noticias deportivas, con el último comercial que vi o con la trama de la comedia de esta noche?

Hazte tiempo para percatarte de lo bello

Otra fuente de grandes pensamientos es la belleza. Cuando vivía en Santa Cruz podía ver el océano desde mi casa. En siete minutos podía estar en las montañas de Santa Cruz y ver los árboles más altos del mundo. Cuando la vida se ponía realmente agitada, podía encontrar un lugar para escaparme y sentir el esplendor de la creación. A veces algún domingo por la mañana sentía que mi sermón y mis apuntes estaban preparados, pero mi corazón no. Entonces tomaba una taza de café, me sentaba contemplando la bahía, miraba las olas romper, y simplemente observaba. Pensaba, por ejemplo, en cómo podía ver una pequeña parte de ese gran océano, el cual es solamente uno en este pequeño planeta, el cual a su vez es parte de un sistema solar en una galaxia, que también es solo una pequeña galaxia entre billones. Y ahí estaba yo, un diminuto hombrecito inquieto por lo que la gente pudiera pensar de mi sermón.

Los cielos cuentan la gloria de Dios (Salmo 19:1). Es imposible meditar en la belleza de la creación y continuar ensimismado. Mis tiempos de empaparme en la grandiosidad me recordaron lo pequeño que se había vuelto mi enfoque y lo grande que era mi Dios. Restauró grandes pensamientos en una mente que se había abrumado con un montón de trivialidades.

Una vez pasé algo de tiempo considerando la enormidad y bondad de Dios, y descubrí que era alentador concentrarme en algunas de sus promesas. Grandes pensamientos sobre quien promete siempre conducen a grandes pensamientos sobre las promesas. Recuerda, por ejemplo, que Aquel que dijo que todo poder en el cielo y la Tierra le habían sido dados, es el mismo que dijo que estaría con nosotros hasta el fin del mundo (Mateo 28:18-20). Cuando no sientes deseos de ir a trabajar porque sabes a lo que te enfrentarás allí, recuerda sus palabras: "Yo estoy contigo siempre". Cuando necesitas confrontar a uno de tus hijos y sabes que allí habrá un gran escándalo, recuerda: "Yo estoy contigo siempre". Cuando has tomado algunas decisiones verdaderamente malas y ahora no hay suficiente dinero como para llegar a fin de mes, recuerda: "Yo estoy contigo siempre".

Esas palabras significan mucho tiempo, pero cuando has meditado bastante en la grandeza del que las pronunció, son energizantes e inspiradoras. Tienen el poder de sacarte fuera del hoyo emocional. Del mismo modo las promesas radicales de Jesús sobre la oración o sus afirmaciones generales sobre el bienestar futuro de su pueblo. Una mirada elevada acerca de Dios realza sus palabras en tu mente y edifica en ti la fe para creerlas.

. . . .

Una mirada elevada acerca de Dios realza sus palabras en tu mente y edifica en ti la fe para creerlas.

. . . .

Medita en los pensamientos espirituales

Por último, los grandes pensamientos pueden provenir de pensamientos interiores que Dios te ha dado en situaciones específicas de tu vida. El Espíritu Santo tiene una manera de forjar lecciones de vida en tu corazón, y ellas se vuelven cada vez más una parte de ti al meditar en ellas y permitir que sean asimiladas. Una de las lecciones que aprendí, por ejemplo, fue la comprensión de que no soy la única persona en el mundo que está desesperadamente insegura. Todos lo están. Eso fue como una lamparita que se prendió en mi mente hace mucho tiempo y que me ha quitado mucha presión desde entonces. Dejé de preocuparme por ubicarme bien en una reunión para que todos pudieran pensar bien de mí, o de vestirme adecuadamente o de decir lo correcto para impresionar a la gente adecuada. Una vez que entendí que todos están inseguros, tuve la libertad de reconocer mis complejos, suponer que los demás tienen complejos similares a los míos y simplemente ser auténtico con ellos. Puedo buscar mi seguridad en Cristo en vez de en las opiniones de los demás. Esa es una reflexión que quiero mantener y meditar en ella para que se vuelva cada vez más, una parte de quién soy yo.

Otro pensamiento que abrigo es que Dios me ama tanto en este momento, como siempre me ha amado y me amará. Mi desempeño no va a cambiar eso. Es cierto tanto en los días buenos como en los malos. Hay bendiciones que vendrán por causa de la obediencia, por supuesto, y con la desobediencia vienen las consecuencias, pero el amor de Dios no cambia. Soy tan amado ahora mismo como siempre lo seré y nada apagará ese amor.

Te contaré un pensamiento más que ha cambiado mi vida: la comparación está en el núcleo mismo de la carnalidad. Eso proviene directamente de 2 Corintios 10:12, así que no hay nada de asombroso en ello. Pero cuando asimilé esa verdad, hizo una gran diferencia en mi vida. Me di cuenta de que cuando comparo mis dones con los de otro, hay solo dos lugares adonde ir: inferioridad o superioridad. O me volvía envidioso o arrogante, una de dos. Lo mismo es cuando comparo personalidades, éxito, posesiones, relaciones o cualquier otra cosa. No hay ningún beneficio espiritual en hacer eso y procede de un corazón carnal y egoísta. Esta tendencia humana universal de comparar puede resultar en toda clase de luchas emocionales. ¿Cuál es la solución? Pensar en la verdad: somos aceptos en Cristo por su sangre; somos el objeto de su afecto, somos tan preciosos para Él que junta nuestras lágrimas en una botella (Salmo 56:8), y fue a la cruz cuando todavía éramos pecadores. Somos aceptos en el Amado y la vida que ahora vivimos es una respuesta de gratitud, no la obra de la culpa o de un intento desesperado por impresionarlo. La vida cristiana fluye de un pensamiento completamente distinto.

Esos son grandes pensamientos. Esos son la clase de pensamientos que llevan a un sentido de seguridad que les permiten a las personas de fe soñar grandes sueños y asumir grandes riesgos. Los grandes pensamientos como esos desatan los nudos en tu estómago cuando vas a una reunión y te permiten darle a tu adolescente lo que ella necesita en vez de lo que quiere, incluso si la paz en el hogar se resiente por un momento. Cuando meditamos en las verdades del evangelio, finalmente las incorporamos en nuestro interior. Y cuando las incorporamos, ellas tienen el potencial de cambiar nuestra vida.

Yo mismo vi increíbles pruebas de este principio en una universidad en donde un joven llamado George Dzundra llegó a un estudio bíblico al que yo asistía los jueves por la noche. George no era muy simpático. Era una de esas personas socialmente torpes que todo grupo parece tener. Hablaba con un ceceo, ya estaba calvo, tenía cero autoestima y era terriblemente inseguro. Estar cerca de él estaba bien para un grupo cristiano de jueves por la noche, en donde se supone que todo el mundo debe ser aceptado. Pero cuando andaba por ahí dando vueltas con el equipo de básquetbol, me avergonzaba de ser visto con él. Si venía y me hablaba, yo salía de la conversación tan pronto como podía.

En la universidad alguien le enseñó a George el poder de pensar grandes pensamientos. Comenzó a memorizar *Las Escrituras* y no lo hizo a medias. Yo no lo vi por unos meses, y cuando me encontré con él nuevamente, su bolsillo estaba lleno de fichas con versículos que había memorizado. Había memorizado todo Santiago y los evangelios de Juan y Mateo, así como también un par de las cartas de Pablo.

Llenó su mente con las promesas de Dios y comenzó a vivir según su identidad en Cristo, en vez de en sus propias inseguridades. Tener La Palabra de Dios tan profundamente en su mente lo había cambiado por completo. Estaba arraigado en el conocimiento de que Dios lo amaba, y eso se notaba. Se veía mucho más seguro de sí mismo y más maduro. Irradiaba el Espíritu de Dios.

En poco tiempo, los muchachos que normalmente no se juntarían con alguien como George, acudían a él por consejos. Él escuchaba sus problemas y les brindaba la sabiduría de Dios. Llegué a preguntarme si él y yo podríamos llegar a andar juntos, y pasar tiempo con él me enseñó mucho sobre lo que Dios había hecho en su vida. George fue la transformación más increíble que haya visto en un período de tiempo tan breve.

Hace unos años conté esta historia cuando enseñaba, sin usar el apellido de George. Al poco tiempo recibí un correo electrónico de la esposa de George preguntando si posiblemente yo era el mismo Chip Ingram que había concurrido a la Universidad West Liberty State en Virginia, y si el George que yo mencionaba era su esposo. Resultó ser que había ido al seminario y se había convertido en pastor después de la universidad. Le respondí diciéndole cuán profundamente su esposo me había impactado. Había dejado una impresión duradera en mí acerca de cómo el poder de una mente renovada con grandes pensamientos podía cambiar el curso de la vida de una persona.

Áreas clave donde cultivar grandes pensamientos

Aprender a pensar grandes pensamientos es una constante, un proceso de por vida (y para muchos, un proceso al azar). He descubierto que las siguientes siete áreas son las fundamentales y más críticas para alinear nuestras mentes con la verdad.

1. *Piensa grandes pensamientos acerca de Dios.* Un buen pasaje para comenzar es Romanos 11:33-36:

¡Qué profundas son las riquezas de la sabiduría y del conocimiento de Dios!
Qué indescifrables sus juicios
e impenetrables sus caminos!
"¿Quién ha conocido la mente del Señor?
¿O quién ha sido su consejero?"
"¿Quién le ha dado primero a Dios,
para que luego Dios le pague?"
Porque todas las cosas proceden de él,
y existen por él y para él.
¡A él sea la gloria por siempre! Amén.

Pasa tiempo tratando de llenar tu mente con todas las implicancias de ese pasaje, y acabarás con una visión más elevada de tu Creador.

2. *Piensa grandes pensamientos acerca de ti mismo.* Parece poco espiritual pensar acerca de uno mismo, ¿no es cierto? Pero a menos que entiendas algo acerca de ti, no podrás realmente entender el amor de Dios por ti. Necesitas comprender cuánto precisas de su misericordia, y cuánto de ella te ha sido dada. Permite que Sofonías 3:17 amplíe tu mente:

Porque el Señor tu Dios está en medio de ti
como guerrero victorioso.
Se deleitará en ti con gozo,
te renovará con su amor,
se alegrará por ti con cantos.

¿Qué sucedería si te levantaras cada mañana pensando que el Dios del universo canta una canción de alegría sobre ti? ¿Y si pensaras de ti mismo como el objeto del amor eterno de Dios, sin importar si has arreglado tus asuntos hoy? ¿Cambiaría eso tu vida? ¿Piensas que tu autopercepción seguiría siendo *buena*? ¿O mejoraría drásticamente a *grande*?

3. *Piensa grandes pensamientos acerca de los demás.* ¿Cómo mira Dios a las personas? Según 1 Samuel 16:7b: *la gente se fija en las apariencias, pero yo me fijo en el corazón.* ¿Qué piensas que les sucedería a tus relaciones si comienzas a ver a la gente como Dios los ve? La mayoría de la gente trata de ver al corazón, pero todavía se quedan atrapados por las apariencias externas, situación económica, éxito o posesiones. Dios ve quienes somos en verdad por dentro. Si buscaras la belleza en el corazón de cada persona y comenzaras a formar las relaciones en base a eso solamente, entonces tendrías más amigos de los que podrías imaginar. También podrías ministrar el amor de Dios de formas en que nunca lo has hecho.

4. *Piensa grandes pensamientos acerca de la vida.* Luego de que Jesús les preguntó a sus discípulos quién pensaban que Él era, y Pedro enseguida lo identificara como el Cristo, Jesús les dijo cómo habrían de sufrir. Entonces describió su perspectiva de la vida: Dirigiéndose a todos, declaró:

> *Si alguien quiere ser mi discípulo, que se niegue a sí mismo, lleve su cruz cada día y me siga. Porque el que quiera salvar su vida, la perderá; pero el que pierda su vida por mi causa, la salvará. ¿De qué le sirve a uno ganar el mundo entero si se pierde o se destruye a sí mismo?*
>
> —LUCAS 9:23-25

La vida no es adquirir, acumular, impresionar o explotar. Es descubrir el plan de Dios, tomar tu cruz y seguir a Jesús. Pierdes tu vida en el proceso, pero ganas la suya. Ese es un gran pensamiento, y es radicalmente diferente de todo lo que el mundo enseña. Cuando ese gran pensamiento se asimila, entonces comienzas a vivir la vida con una perspectiva completamente nueva.

5. *Piensa grandes pensamientos acerca del futuro.* ¿Puedes imaginar vivir libre de temor y ansiedad, sin preocupación sobre lo que traerá

el mañana y sin estrés sobre cómo hacer que todo resulte bien? Puedes vivir de ese modo si crees lo que Dios ha prometido:

Porque yo sé muy bien los planes que tengo para ustedes afirma el Señor, planes de bienestar y no de calamidad, a fin de darles un futuro y una esperanza.

—JEREMÍAS 29:11

Dios es soberano, y Él tiene un plan no solo para el universo, sino también para ti en forma personal. Puedes ahorrarte toda la energía que mucha gente gasta pensando en el terrorismo, la economía, en qué se convertirán sus hijos y todo lo demás, e invertirla en algo más productivo. ¿Por qué? Porque tiene una promesa de que Dios está en control y tiene tu bienestar en cuenta. Eso no significa que tu vida estará libre de problemas, pero significa que no debes preocuparte de que ellos frustren los propósitos de Dios para ti. La ansiedad y preocupación no son grandes pensamientos; la fe en las promesas de Dios sí lo son.

6. *Piensa grandes pensamientos acerca del pasado.* Para muchas personas, su pasado ha mutilado su futuro. Han tenido un tiempo difícil al intentar deshacerse de sus errores. El gran pensamiento de Pablo sobre este tema fue el siguiente:

Hermanos, no pienso que yo mismo lo haya logrado ya. Más bien, una cosa hago: olvidando lo que queda atrás y esforzándome por alcanzar lo que está delante, sigo avanzando hacia la meta para ganar el premio que Dios ofrece mediante su llamamiento celestial en Cristo Jesús.

—FILIPENSES 3:13-14

El salmista dice: *Tan lejos de nosotros echó nuestras transgresiones como lejos del oriente está el occidente* (Salmo 103:12). Así es como Dios piensa acerca de nuestro pasado, y se supone que nosotros debemos hacer lo mismo.

7. *Piensa grandes pensamientos sobre los desafíos.* Muchas veces permitimos que la adversidad nos deprima, nos haga víctimas, nos enoje contra Dios o que vivamos con pesar. Somos devorados por los tratos injustos que hemos recibido: el padre que se marchó cuando éramos niños, la mala inversión que nos dejó sin seguridad económica, y así sucesivamente. No tenemos respiro de tantos caminos malsanos para enfrentar los desafíos de nuestras vidas. Mientras tanto, Santiago 1:2-4 nos dice lo siguiente:

Hermanos míos, considérense muy dichosos cuando tengan que enfrentarse con diversas pruebas, pues ya saben que la prueba de su fe produce constancia. Y la constancia debe llevar a feliz término la obra, para que sean perfectos e íntegros, sin que les falte nada.

Esa es una manera completamente diferente de pensar, pero si ese pensamiento nos dirige cuando enfrentamos una prueba, nuestras emociones, conductas y consecuencias serán muy distintas que si nuestra mente siguiera su curso natural y enfermizo. En esta y en todas las otras áreas, cuando nuestras mentes están llenas de grandes pensamientos, nuestras vidas eventualmente darán gran fruto.

Algunos consejitos prácticos para comenzar

Como hemos dicho, una vida de pensamiento transformado no ocurre porque sí. Es cuestión de práctica y de desarrollar hábitos. Hay pasos muy prácticos que puedes dar para pensar grandes pensamientos. De hecho, el primer salmo nos da una imagen de cómo dar esos pasos.

Dichoso el hombre
que no sigue el consejo de los malvados,
ni se detiene en la senda de los pecadores
ni cultiva la amistad de los blasfemos,
sino que en la ley del Señor se deleita,
y día y noche medita en ella.

Es como el árbol
plantado a la orilla de un río
que, cuando llega su tiempo, da fruto
y sus hojas jamás se marchitan.
¡Todo cuanto hace prospera!

En cambio, los malvados
son como paja arrastrada por el viento.
Por eso no se sostendrán los malvados en el juicio,
ni los pecadores en la asamblea de los justos.
Porque el Señor cuida el camino de los justos,
mas la senda de los malos lleva a la perdición.

−SALMO 1:1-6

Qué bendecida es la persona que no se alinea con los que van en la dirección errada, quien no se pone a sí misma en una posición de absorber las mismas mentiras, que no necesita parecerse a, aparentar o tener las mismas cosas que los que no conocen a Dios. Observa el contraste: se deleita en la ley del Señor. Ama la verdad y medita en ella todo el tiempo. ¿Y cuál es el resultado? *Es como el árbol plantado a la orilla de un río que, cuando llega su tiempo, da fruto.* Es una imagen de prosperidad, y todo eso se produce por pensar grandes pensamientos.

Quiero cerrar con unas pocas sugerencias sobre cómo hacerlo. Pueden parecerte un poco obvias, y estoy seguro que podrás tener algunas más que concuerden con tu personalidad y estilo de vida, pero estas te ayudarán a empezar.

- *Memoriza y medita en Las Escrituras.* Esto no es un "tengo que" que te hará sentir increíblemente culpable si no lo haces. Debería ser más bien un "quiero" con el que te diviertes. Escribe algunos versículos en fichas o tarjetas, tenlos en tu bolsillo y léelos cada vez que tengas un poquito de tiempo de espera en una fila o entre reuniones. Dales un vistazo antes de irte a dormir y cuando te levantas en la mañana; haz de ellos la primera y la última cosa que ocupe tu mente cada día.

- *Aprovecha tu tiempo de manejo.* ¿De veras necesitas oír las últimas noticias deportivas o esa música sin sentido? Escucha grabaciones de *La Biblia,* o deja que tu mente disfrute de algo de silencio mientras meditas en verdades profundas.

- *Escucha música elevada.* Hay una conexión entre la música y nuestras emociones, que realmente no entiendo, pero las bases bíblicas existentes para la música son innegables. La inspiración para cantar ocurre sorprendentemente a menudo, y la música de David era capaz de calmar el espíritu perturbado de Saúl. La música refrescante y que levanta el ánimo puede marcar el rumbo que tu mente va a seguir.

- *Da paseos en la naturaleza.* Ve a algún lugar bello, incluso si es tu propio jardín. Donde vives puedes hallar algún aspecto de la naturaleza para disfrutar mientras contemplas las maravillas de la creación.

- *Personaliza las verdades bíblicas y las promesas.* Escribe algunos pasajes que se refieren a temas particulares; incluso escribe tu nombre en lugar de algún pronombre que el pasaje emplee. Hazlo personal y aplicable a tus luchas y necesidades personales. Tengo algunos de esos en tarjetas que he llevado conmigo durante años.

Cuando la verdad resuene junto con tu corazón, notarás que tus emociones cambiarán y te sentirás motivado a hacer cosas que te sorprendan. Pensar grandes pensamientos será solo el primer paso a una vida radicalmente cambiada. Pon tu mente en las cosas de arriba, habita en lo verdadero, honorable y recto. Y el Dios de paz estará contigo.

Pasos a seguir

1. En esta semana encuentra un momento en el que puedas concentrarte en la creación. Considera la sabiduría que Dios puso en todos los detalles. Piensa en el poder que creó todo de la nada. Mira al cielo y trata de llenar tu mente con la distancia entre tú y la galaxia más lejana. Deja que la magnificencia del universo te recuerde la asombrosa naturaleza de Dios y la pequeñez (en comparación) y naturaleza temporaria de tus problemas.

2. Intenta aislarte de los medios de comunicación por cuarenta y ocho horas esta semana. Sustituye el tiempo que normalmente utilizarías para leer el periódico, mirar televisión o leer una revista, escuchando música de alabanza. No dejes que ninguna otra cosa, excepto alabanza y adoración entren en tus oídos. Y al final de las cuarenta y ocho horas de ayuno de medios, intenta notar si tu perspectiva y actitud han cambiado por completo.

3. Memoriza Filipenses 4:8: *"Por último, hermanos, consideren bien todo lo verdadero, todo lo respetable, todo lo justo, todo lo puro, todo lo amable, todo lo digno de admiración, en fin, todo lo que sea excelente o merezca elogio"*.

Preguntas para reflexionar y discutir

1. ¿Cuál es tu mayor lucha respecto a tus pensamientos? ¿Qué haces actualmente para alimentar ese patrón negativo de pensamiento? ¿Qué haces para alimentar un sustituto positivo para él?

2. ¿Por qué crees que es más fácil para la gente ser absorbidos por pensamientos negativos que por positivos?

3. ¿Cómo crees que cambiaría tu vida si pasaras más tiempo en pensar sobre lo mucho que Dios te ama, protege y provee para ti que en los problemas que ahora atraviesas? ¿Qué pasos prácticos puedes dar para averiguarlo?

2

Lee grandes libros

Hace muchos años, cuando estaba en Hong Kong, conocí a un misionero que tenía una mente afilada como una navaja y a la vez un corazón tierno. Supe que quería aprender esto de él. Entré en su estudio en una de las enormes elevaciones de la ciudad. Era un gran salón lleno de libros y contra una pared había hileras e hileras de ellos.

–Hice de ello una disciplina, leer un libro cristiano por día –me dijo.

–¿Querrás decir una semana? –le pregunté.

–No, un día.

Yo estaba anonadado. Entonces este lector veloz se levantó, caminó hacia la pared de libros, sacó un ejemplar delgado y me lo alcanzó.

–¿Has visto este?

Sacudí mi cabeza.

–Bueno, tienes una semana antes de abandonar Hong Kong. ¿Por qué no lo lees y me lo devuelves antes de irte?

Me estiré y agarré el libro, *El conocimiento del Dios santo*, de A.W. Tozer, y abrí la primera página. "Lo que viene a nuestras mentes cuando pensamos en Dios es la cosa más importante acerca de nosotros", comenzaba. ¡Qué manera de empezar un libro!, pensé. Continuaba así: "Por esta razón, la cuestión más solemne ante la Iglesia es siempre acerca de Dios mismo, y el hecho más portentoso sobre cualquier hombre no es lo que él en un tiempo dado pueda decir o hacer, sino la forma en que él concibe a Dios en lo profundo de su corazón".[1]

Eso me golpeó y yo estaba entusiasmado de sumergirme más en él. Me devoré cada uno de los breves capítulos de ese libro (estaba especialmente impactado por el capítulo que habla sobre la bondad de Dios, el cual cambió de manera radical lo que yo pensaba de Él) y luego leí nuevamente cada capítulo. Cuando llegó el momento de devolver el libro, el misionero decidió regalármelo. Llevé esa copia en mi maletín por veintiséis años hasta que mi esposa una vez me regaló una versión actualizada para mi cumpleaños. Ahora llevo conmigo la nueva.

La razón por la que lo he tenido en mi maletín es porque sigo leyéndolo una y otra vez. Tiene los pensamientos más profundos acerca de Dios que jamás haya leído. Crecí con una visión de Dios parecida a un policía cósmico que tenía un garrote que esperaba usar conmigo. Cuando leí que Dios se deleitaba en la felicidad de su pueblo, que tenía un buen plan para mí y que era el objeto de su cariño, todo fue tan extraño que tuve que releerlo varias veces para comenzar a asimilarlo.

"Toda la perspectiva de la humanidad podría ser cambiada si todos pudiéramos creer que habitamos bajo un cielo amigable", escribe Tozer, "y que el Dios de los cielos, aunque exaltado en poder y majestad, está deseoso de ser amigo de nosotros".[2] Ahora, cuando inclino mi rostro para orar, pienso en un Dios que ama oír mi corazón. Nada es demasiado grande o demasiado pequeño. Él está ansioso por ser mi amigo y el tuyo.

Releer *El conocimiento del Dios santo* tan seguido como me es posible me mantiene enfocado en Dios. Es sencillo para mí, como lo es para todos, volverme introspectivo y comenzar a pensar que la vida gira alrededor de mí. Ese libro me recuerda que mi vida en última instancia no gira alrededor de mis sueños, mi agenda, mis logros, mi importancia y seguridad, mi matrimonio e hijos, mi trabajo y todo lo demás. Finalmente todo se trata de Dios. Ese enfoque singular transforma toda relación y todo pensamiento.

He citado a Tozer aquí porque quiero hacer énfasis en cuán profundamente un libro puede cambiar tu punto de vista. "Lee grandes libros" no suena muy emocionante o muy transformador, pero puede serlo. Hablaré en este capítulo de muchos de los libros que me han impactado a través de los años, pero no porque quiero que vayas a buscarlos y los leas. Quiero que captes una visión, que comprendas que puedes sentarte a la luz de las grandes mentes maestras de la historia y los corazones más devotos, y ver cómo una vida puede ser transformada por las experiencias de aquellos que han vivido por fe y experimentado la obra de Dios.

El libro más grandioso

Dios mismo aprecia el valor de los libros, y eso se evidencia porque escogió revelarse a nosotros a través de una colección de ellos. Esa revelación llegó en las experiencias reales de gente real, por supuesto, pero hoy no sabríamos nada de la verdad de Dios si no fuera por esa gente inspirada que tomó tiempo para escribirla. *La Biblia* está llena de biografías, hechos históricos, trato de Dios con su pueblo, alabanza, poesía y profecía. No solo aparece como lectura esencial sobre las verdades eternas, sino que también contiene mandamientos para leer y brinda ejemplos de su poder. Dios ha transformado las vidas de su pueblo a través de la palabra escrita durante siglos.

Deuteronomio 6:6-9 dice claramente:

Grábate en el corazón estas palabras que hoy te mando. Incúlcaselas continuamente a tus hijos. Háblales de ellas cuando estés en tu casa y cuando vayas por el camino, cuando te acuestes y cuando te levantes. Átalas a tus manos como un signo; llévalas en tu frente como una marca; escríbelas en los postes de tu casa y en los portones de tus ciudades.

Las palabras de los libros sagrados hebreos debían convertirse en el enfoque central de las relaciones de discipulado, el tema de las conversaciones cotidianas y el objeto de un estudio serio. ¿Por qué? Porque hay poder en la palabra escrita.

Esa es una de las razones por las cuales le era exigido a cada rey de Israel mediante la Ley de Dios que escribiera cada palabra de la ley en un rollo cuando asumiera el trono (Deuteronomio 17:18). Dios no quería que su pueblo fuera regido por un hombre que no hubiera escudriñado su Palabra escrita. La mayoría de los reyes no cumplieron con este mandato, pero el propósito de Dios en él es claro. Aquellos que leen la verdad tienen más probabilidades de vivir por ella.

Josué leyó cada palabra de la ley de Dios en voz alta a toda la asamblea de Israel (Josué 8:34-35). El rey Josías le leyó las mismas palabras a Judá, y el pueblo fue movido a consagrarse para ponerlas por obra (2 Crónicas 34:29-33). Daniel leyó la profecía de Jeremías acerca de la duración de la cautividad de Israel, y eso lo llevó a implorarle a Dios en ayuno y oración (Daniel 9:2-3). En Nehemías, los sacerdotes leyeron La Palabra de Dios al pueblo y ella los hizo llorar en confesión y arrepentimiento (Nehemías 8:8-9; 9:3). Pedro insistió a los creyentes que leyeran las cartas de Pablo (2 Pedro 3:15-16). Todos estos ejemplos nos enseñan lo importante que es aprender de aquellos que han experimentado la verdad de Dios en el pasado.

Los grandes libros ensanchan tu mundo

Yo era un joven cristiano cuando comencé a leer biografías. La primera que leí fue *Daws: The Story of Dawson Trotman, Founder of the Navigators* [Daws: La historia de Dawson Trotman, fundador de Los Navegantes], de Betty Lee Skinner.[3] Trotman era un joven incrédulo que estaba enloquecido con una joven muy bonita, juntos fueron un día a la iglesia a la que ella pertenecía, donde el grupo juvenil hacía un concurso de memorización de versículos. Como era un muchacho competitivo, decidió que iba a ganar el concurso memorizando más versículos que nadie. Regresó la semana siguiente, recitó los diez textos a la perfección y quedó asombrado de que ninguno de los cristianos hubieran memorizado todos ellos.

Al poco tiempo Trotman tuvo una experiencia que lo asustó. Caminaba por la calle cuando de pronto las palabras *pues todos han pecado y están privados de la gloria de Dios* vinieron a él. Eso lo sorprendió, hasta que recordó que él mismo había memorizado ese versículo (Romanos 3:23). Un poco más adelante en la calle, fue interceptado por otro versículo: *Porque la paga del pecado es muerte, mientras que la dádiva de Dios es vida eterna en Cristo Jesús, nuestro Señor* (Romanos 6:23). Y luego un poco más adelante: *Pero Dios demuestra su amor por nosotros en esto: en que cuando todavía éramos pecadores, Cristo murió por nosotros* (Romanos 5:8). Trotman se dio cuenta que el Espíritu de Dios era quien traía esos versículos a su mente.

El último versículo que saltó a su mente lo cambió para siempre: *Mira que estoy a la puerta y llamo. Si alguno oye mi voz y abre la puerta, entraré, y cenaré con él, y él conmigo* (Apocalipsis 3:20). Y eso fue seguido por un mensaje personal: "Dawson, puedes tener vida eterna".

Allí mismo en la calle, este casi abandonado confió en Jesús, y desde ese punto en adelante su biografía es la historia de un hombre con una pasión y un enfoque que aprendió a orar por cada distrito de California, luego por cada Estado de los Estados Unidos y luego por cada país del mundo. Comenzó un ministerio poderoso que se centró en aprender *Las Escrituras* de memoria y en el discipulado personal.

En el momento en que leí *Daws*, Los Navegantes estaban por todo el mundo en cada *campus* universitario y en el área militar. Aprendí de esa biografía que un hombre común con un nivel secundario puede, con el Espíritu de Dios obrando a través de él, cambiar el mundo. Eso quitó de mí la presión de convertirme en un erudito brillante, de tener mucho dinero o de ser extremadamente popular o influyente. Alguien con una pasión por Cristo que cree que La Palabra de Dios es verdadera puede impactar millones de personas para la gloria de Dios.

A los pocos meses conseguí una copia de *Uncle Cam*, la historia de vida de Cameron Townsend, el hombre que fundó Wycliffe Bible Translators [Traductores Bíblicos Wycliffe].[4] Townsend fue a Guatemala en 1917 a vender Biblias en castellano entre el pueblo Cakchiquel. Pronto descubrió que la mayoría de aquellos que conocía no entendían el castellano y no había una forma escrita para su idioma. Cuando un hombre que hablaba cakchiquel expresó su preocupación y sorpresa de que Dios no hablaba en su idioma, Townsend se dio cuenta que a menos que la gente oyera La Palabra de Dios en su propio idioma –no simplemente un lenguaje que pueden hablar, sino el lenguaje del corazón– nunca podrían ser alcanzados con el evangelio.

Dios había tomado a otro hombre común y le había dado una pasión por traducir *La Biblia* a cada idioma conocido en el mundo. Hoy los traductores Wycliffe lideran el campo del estudio lingüístico, y han tenido parte en la traducción del Nuevo Testamento a más seiscientos idiomas indígenas y de minorías étnicas. El personal de Wycliffe trabaja actualmente en la traducción bíblica, literaria y/o trabajos lingüísticos preparatorios en más de mil trescientos idiomas.[5]

El tercer libro que leí por ese tiempo fue *El secreto espiritual de Hudson Taylor*.[6] Taylor fue misionero a China a fines de 1800, y su vida está llena de lecciones que cambian la vida acerca de fe, del corazón de Dios para los perdidos y del valor para ser innovadores al cumplir la Gran Comisión. Taylor fundó la Misión al Interior de China, que todavía existe como la Fraternidad Misionera al Exterior. Él fue en contra de las prácticas misioneras comunes, adoptó la vestimenta y costumbres chinas y llegó a partes del país a las que ningún cristiano jamás había llegado. Su pasión era contagiosa y su dependencia total de Dios es inspiradora. Abrió mis ojos a la posibilidad de una vida más profunda con Jesús.

Aprendí de esos tres libros que Dios usa gente ordinaria para hacer cosas extraordinarias. Tenía alrededor de 20 años y comprendí que no tenía que ser el más espiritual ni el más dotado de todo el mundo. Dios comenzó a cambiar mi vida a través de esas biografías, y no solo aprendí las historias de esta gente muy real, sino que comencé a leer *Las Escrituras* con los mismos lentes. Empecé a notar que *La Biblia* no ocultaba el tema de las debilidades y falencias de los grandes héroes de Dios, y que Él siempre había usado a gente ordinaria para hacer cosas extraordinarias.

Otro libro que leí durante ese tiempo de mi vida fue una breve exposición en un libro rústico acerca de Romanos 12 por Adams, del Seminario Westminster.[7] Nunca había visto u oído una "exposición". Solo había oído maestros que usaban versículos de todas *Las Escrituras* y que me habían enseñado muchísimo. Pero en este libro de Romanos 12 el autor da un pantallazo general de los primeros once capítulos, y luego explica versículo por versículo lo que significa el capítulo 12 y cómo encaja con el resto de la carta de Pablo. Presenta *La Biblia* en una forma que me hizo desear aprender cada capítulo de ella del mismo modo.

Entonces comencé a levantarme temprano en la mañana y a leer un capítulo de *La Biblia* cada día, escribiendo y reescribiéndolo para poder explicarlo en un inglés simple como Adams lo había hecho en su libro. Luego oí a alguien del Seminario Dallas enseñar de la misma manera 1 Juan. Yo no sabía nada de seminarios en ese entonces, pero sabía que quería aprender a hacer esa clase de estudio. El pensamiento de que una persona común como yo pudiera abrir *La Biblia*, estudiar un capítulo y entender lo que significaba para los oyentes originarios, lo que significaba para mí y cómo responder a ello, hizo que comenzara un peregrinaje de por vida.

Los grandes libros agudizan tu mente

La siguiente era de libros que cambiaron mi vida comenzó cuando me involucré en el ministerio universitario y por un tiempo fui entrenador y maestro. Me di cuenta de que si quería ser un entrenador universitario tenía que graduarme de la universidad. Me inscribí en la Universidad de Virginia Oeste.

Había sido cristiano aproximadamente por cinco años a estas alturas, y conocía la realidad de una vida de fe. Dios había cambiado mi vida y también yo lo había visto cambiar a otros. Pero cada vez que me encontraba cerca de uno de estos profesores intelectuales y estudiantes graduados que desafiaban mis creencias y mi fe, comenzaba a sentir que ellos eran realmente grandes y yo era muy pequeño (o peor, que ellos eran verdaderamente inteligentes y yo era un tonto). Tenía una pregunta fastidiosa revoloteándome: si debía arrojar mi cerebro al tacho de basura para ser un seguidor de Cristo. Incluso empecé a preguntarme: "¿Realmente puedo creer esto?"

En el medio de esa lucha, conocí a un cristiano que me introdujo a los libros de Francis Schaeffer. Schaeffer había sido un pastor en Estados Unidos que se había mudado a Suiza y establecido la fraternidad L'Abri, un lugar adonde venían los intelectuales de todas partes del mundo y le hacían preguntas sinceras sobre la fe. Tres de sus libros que son el fundamento para todos sus escritos, son: *Escape from Reason* [Escape de la razón], *The God Who is There* [El Dios que está aquí], y *He is There and He is Not Silent* [Él está aquí y no está callado].[8] Para aquellos que les gusta preguntar acerca de las grandes cuestiones filosóficas sobre la vida y la fe, esos son libros de referencia.

Comencé un proceso en el que esos tres libros se volvieron tan familiares como la palma de mi mano. Conocí a un profesor cristiano, le expliqué que buscaba una apologética intelectual para mi fe, y le pregunté si podía escribir mi tesis sobre las bases filosóficas para enseñar ética en el deporte. Analicé los libros de Schaeffer, escribí mi tesis y la defendí el día anterior a que Theresa y yo nos casamos.

La defensa duró tres horas y media. Me senté delante de cuatro profesores cuyo trabajo era lanzar su ataque sobre mi tesis y tratar de hacerla pedazos. Aprendí durante ese tiempo que cuanto uno profundiza más en el cristianismo y comprende su lógica, la arqueología que lo sustenta, las bases filosóficas para creer, más uno siente que está en terreno firme en su fe. Mientras esos profesores –uno en particular– trataban de demostrar que la verdad es relativa, yo me sentía cada vez más seguro en mi argumento. La discusión finalizó cuando un profesor le dijo al otro: "Andy, ya date por vencido. Él te está arrinconando y nunca vas a ganar esta. Yo tampoco creo en *La Biblia*, pero no vamos a ganar esta pelea de que no hay tal cosa como la verdad absoluta. Todos lo sabemos. Él nos ha arrinconado y no hay una salida lógica".

Salí de esa defensa entendiendo que Dios ha revelado su verdad y sabiduría a cierta gente en el transcurso del tiempo –Schaeffer era uno a quien yo estaba más que agradecido en ese momento– y la verdad de Dios está disponible para todo el que la busca. Esa sesión moldeó mi vida y me dio una nueva confianza en *La Biblia*. Pero también entendí que uno no puede obtener esa confianza de otra persona. Tú puedes aprender de ellos, pero las convicciones nacen del estudio personal cuando el Espíritu de Dios toma la verdad y la hace real en tu corazón.

Después de depender tan fuertemente de Francis Schaeffer para mi tesis, no quería leer ninguno más de sus libros por un tiempo. Pero supe sobre *True Spirituality* [Verdadera Espiritualidad],[9] un libro menos filosófico que los otros y que explica cómo funciona la vida espiritual. Para alguien como yo, que no creció leyendo *La Biblia* o yendo a la iglesia muy seguido, ayudó a encajar todas las piezas. Trataba de hacer lo que Dios quería que hiciera, pero simplemente no podía entender cómo se suponía que todo debía ser. Cuando me disciplinaba, me sentía un estúpido con pretensiones de superioridad moral, y cuando no lo hacía, la culpa me abrumaba. Ser cristiano era tan emocionante y relacional al principio, pero después cuando aprendí más de lo que se supone que haces como cristiano –y lo que *no* se supone que hagas– comencé a sentir una carga insoportable.

Dios usó el libro *True Spirituality* para traerme de nuevo al centro de lo que significa andar con Dios. Me recordó que la vida cristiana es una relación y se centra en estar unidos con Cristo, tanto en su muerte como en su resurrección. La vida ya no se trata más de ir a la iglesia o ser moral o bueno; es una relación que vives en un espíritu de gratitud. La Palabra de Dios con el poder del Espíritu de Dios en la comunidad del pueblo de Dios te transforma poco a poco al conocerlo cada vez más. El enfoque lógico y sistemático de cómo entender mi identidad en Cristo fue totalmente liberador para mí.

También recibí una advertencia importante en ese libro acerca del orgullo espiritual. Cada cristiano que he conocido –incluyéndome– que se ha abierto paso a niveles mayores en cuanto a ser usado por Dios, experimenta una fase de estar satisfecho con su crecimiento, disciplina, oración, generosidad o amor. Luego comienza a menospreciar a los demás como personas que simplemente necesitan seguir un programa. Yo estuve en el proceso de volverme un estúpido detestable que había memorizado un montón de versículos y leído un montón de libros, y comencé a pensar que sabía más que los demás. Esa clase de orgullo no es divertida para los que están cerca.

Schaeffer me enseñó que la verdadera prueba espiritual de madurez no es el conocimiento sino el amor por Dios y por los demás. La prueba del amor por Dios es cuando en un momento dado puedes decir "gracias" por lo que sucede en tu vida, y la prueba del amor por los demás es cuando estás libre de envidia. Yo desaprobé ambos exámenes, y eso me puso en un viaje interior.

Los grandes libros encienden tu corazón

Durante ese viaje, fui impactado por tres libros en particular: *El poder a través de la oración*, de E. M. Bounds; *Humildad: La belleza de la santidad*, de Andrew Murray y *El camino del Calvario*, de Roy Hession.[10] Mi deseo de leer sobre la oración fue estimulado por mi esposa, Theresa. Cuando ella y yo salíamos, noté que ella tenía una relación particularmente profunda con Dios. Ella no llegó a Cristo en la misma manera en que yo lo hice, y no tenía las mismas categorías y fórmulas que yo desarrollaba. Pero cuando orábamos juntos, siempre sentí que Él había estado allí. Ella hablaba con Dios en un tono muy familiar: "Señor, sabes que hablamos de esto contigo ayer", o "Dios, sé que no harías eso porque tú no eres así". Había una intimidad profunda que, sinceramente, era extraña a mí. Yo tenía toneladas de conocimiento sobre Dios, pero una relación bastante formal con Él.

Un libro que moldeó el cristianismo inicial de Theresa en su vida cristiana fue *Lo que Dios hace cuando las mujeres oran*, de Evelyn Christenson.[11] Ella aprendió a orar en un nivel con el que yo no estaba familiarizado. Cuando leí el poderoso librito de E. M. Bounds, me ayudó a crecer en mi vida de oración. Nunca olvidaré algunas de sus explicaciones tan convincentes sobre los propósitos de Dios para la oración.

La premisa básica de Bounds era esta:

Lo que la Iglesia necesita hoy no es más ni mejores maquinarias o nuevas organizaciones o nuevos y más novedosos métodos, sino hombres a quienes el Espíritu Santo pueda usar, hombres de oración, hombres poderosos en la oración.[12]

Tengo esa clase de personalidad que hace las cosas al extremo, así que decidí levantarme una hora antes cada mañana y orar durante una hora, luego tener un tiempo de quietud y después ir a trabajar. Nueve meses más tarde acabé en el hospital porque no dormía lo suficiente. Mi celo por Dios y mi deseo de crecer eran admirables, pero mi ignorancia juvenil de cómo cuidar mi cuerpo no lo era. Evidentemente, no recomiendo una vida desequilibrada o insalubre, pero aprendí un par de cosas: 1) aprendí a orar; y 2) aprendí que el barómetro más exacto de mi humildad y sentido de dependencia no es lo que yo piense acerca de mí mismo o lo que otra gente piense de mí. En verdad es la realidad de la oración que yo haga.

Cuando le pedimos a Dios que intervenga en nuestras vidas o en la vida de otros, en verdad admitimos nuestra debilidad. Venimos ante Dios porque sabemos que no podemos manejar la situación en la que nos encontramos. Necesitamos ayuda en nuestro matrimonio, con nuestros hijos, en nuestro futuro, trabajo, decisiones, o lo que sea por lo que le pedimos ayuda. Por otra parte, cuando no oramos mucho, decimos en verdad que aunque el Señor creó el universo, pensamos que podemos manejar nuestros problemas y conducirnos en la vida. Significa que ponemos mucha de nuestra confianza en nuestra inteligencia y recursos, afirmando silenciosamente nuestra autosuficiencia. La oración genuina reconoce quién es Dios y cuánto lo necesitamos. Esa es una señal de humildad.

El libro de Andrew Murray sobre la santidad toma un ángulo diferente. Murray escribió numerosos libros sobre la vida devocional, pero yo fui atraído por uno en particular. Era de difícil lectura, pero aprendí que los tesoros de Dios no se extraen de la superficie. Tienes que excavar profundo y buscarlos realmente. *Humildad* hizo eso, y yo no podía dejar de leerlo.

La premisa del libro es que la humildad es la belleza de la santidad. El Hijo de Dios, el Creador de todo lo que existe, dejó la gloria del cielo y la adoración de los ángeles para nacer en un pequeño y sucio planeta, en un apestoso establo y a través de una adolescente. Él consideró a los demás como más importantes que a sí mismo. En vez de insistir en lo que por derecho se le debía –adoración– se concentró en las necesidades de otros, incluso hasta la muerte.

Murray contaba la historia de la vida de Jesús a través de los lentes de la humildad, y era tan atractiva que yo deseaba abandonar toda motivación de orgullo que jamás hubiera tenido. La vida cristiana que parecía tan pesada anteriormente, ahora comenzaba a cambiar. Vi la belleza de anhelar ser como Jesús, y todo lo esforzado y trabajoso se transformó en una búsqueda gozosa.

Luego el libro de Roy Hession, *El camino del Calvario*, me enseñó que toda la vida es acerca de ir a la cruz. No habrá resurrección hasta que no haya una crucifixión. Una vez cuando lo leía tuve que hacer el libro a un lado porque me deprimí tanto cuando comprendí cuán lleno de mí mismo estaba. Jesús dijo que cualquiera que quisiera seguirlo debía negarse a sí mismo y tomar su cruz. Ese es un concepto raro para el cristianismo estadounidense moderno, pero el discipulado genuino significa que uno va a la cruz y allí muere. No casi morir, no morir al noventa por ciento de tu plan, sino morir completamente. Dices: "Señor, no es mi dinero, mi tiempo, mis sueños, mi familia, mi carrera... es todo tuyo". Lo rindes todo en el altar, sin importar lo tenebroso que sea, porque Dios es bueno y generoso y te devolverá cualquier cosa que Él quiera que tengas. El poder de la resurrección no vendrá a tu vida hasta que no te conviertas en un sacrificio vivo.

Los grandes libros desarrollan tus habilidades

La siguiente fase en mi vida fue aprender a caminar con Dios como una familia. Theresa llegó a Cristo como resultado de haber sido abandonada por su primer esposo. Ella estaba sola con dos varones pequeñitos, y cuando conoció a Jesús fue hermosamente transformada. Luego de casarnos e ir de luna de miel por unos cuantos días, llegué a casa donde había una familia. Yo no sabía nada acerca de ser esposo y mucho menos sabía de ser padre. Así que una vez más busqué libros escritos por personas a quienes Dios había llevado por situaciones familiares difíciles.

Uno de los primeros grandes libros que leí sobre la familia fue *La familia cristiana*, de Larry Christenson.[13] No era nada complicado (¡perfecto para alguien como yo!). En esencia decía: "Tú eres el hombre, esta es la mujer, y tu tarea es amarla así". Y explicaba algunas maneras de hacerlo. Luego decía: "Tú eres el padre, y necesitas crear un altar familiar y asegurarte de pasar tiempo con Dios y con su Palabra". Y proseguía describiendo cómo disciplinar a los hijos de una forma amorosa y firme. Abarcaba muy bien las necesidades básicas, y eso era exactamente lo que yo precisaba.

Pronto descubrí otra necesidad más. Theresa y yo veníamos de trasfondos que nos hacían unos "trofeos de gracia" bastante obvios. Ninguno de los dos llegó a Cristo al principio de su vida, y aunque nuestros padres nos habían cuidado bien, ellos no podían darnos lo que no tenían: una relación con Cristo. Éramos cristianos relativamente nuevos, y no nos llevó mucho tiempo darnos cuenta que uno puede amar a Dios con todo su corazón, amar al otro con todo su corazón y aun así volverlo completamente loco.

Juntos leímos *Comunicación: la clave para su matrimonio*, de H. Norman Wright.[14] Aprendí una cosa de ese libro que transformó todo mi matrimonio: hablar no es comunicarse. Comunicación es el encuentro de significados, y yo no me he comunicado con mi esposa hasta que ella sepa lo que en verdad hay en mi mente y corazón. Tampoco la he escuchado hasta que yo entienda lo que hay en su corazón; no solo lo que dice o hace, sino lo que hay verdaderamente detrás de eso. Cada semana mientras leíamos el libro capítulo por capítulo, llenábamos los espacios de cada pregunta y hablábamos sobre nuestro matrimonio. Eso probablemente nos hizo mejor que ninguna otra cosa.

El matrimonio, por supuesto, es un proceso de aprendizaje de por vida. Cuando llevábamos alrededor de quince años de casados nos topamos con otro libro que hizo una enorme diferencia en nuestras vidas. *The Intimacy Factor* [El factor intimidad], de David y Jan Stoop,[15] tenía uno de esos test psicológicos de la personalidad que te dicen acerca de tus procesos de pensamiento. Como Theresa y yo ya habíamos hecho varios de esos test y tenido varias sesiones de consejería matrimonial en el camino, yo suponía que ya conocía todo. Dudé de que hubiera algo nuevo que pudiera hacer una gran diferencia. Además, nos llevábamos bastante bien.

El libro explicaba que algunos son de pensamiento concreto y otros, abstracto o conceptual. Eso ya lo sabíamos, pero nunca supimos cómo aplicarlo a nuestro matrimonio. Cuando comprendimos cómo esa diferencia afectaba a nuestra pareja, fuimos capaces de evitar muchos conflictos. Por ejemplo, Theresa es una pensadora concreta; el libro lo llama "pensamiento con puntos". Yo, por otra parte, soy más abstracto; a eso se le llama "pensamiento con líneas". De modo que cuando ella dice que vamos a cenar a las 17:30 y yo digo que estaré allí, eso es un punto. A las 17:35 estoy retrasado y para las 17:40 he quebrantado mi palabra. De repente, ella siente que está casada con un hombre que no tiene integridad. Eso es lo que ocurre en su mente. En mi mente, sin embargo, 17:30 significa algún punto entre las 17:10 y las 17:50, y si estoy allí en algún momento en esa "línea", he guardado mi palabra.

Reconocer esa diferencia nos llevó a unas pocas discusiones creativas. Yo llegué a darme cuenta que mi esposa no era rígida, y ella comprendió que yo no era un irresponsable. ¡Tan solo mirábamos la vida a través de lentes diferentes!

Además, aprendimos de ese libro que procesamos la información de distinto modo. Cuando yo tengo que tomar una gran decisión, proceso mis pensamientos en voz alta. Dentro de los próximos cinco minutos casi el noventa por ciento de mis mejores pensamientos estarán allí afuera. Cuando me escucho decir algo realmente estúpido, soy capaz de cambiar la marcha y verbalizar otra solución. Pero si alguien me escucha tratando de resolverlo, se volverá loco con lo que le parecerá una indecisión de mi parte. Y si estás casado con esa clase de persona, como Theresa lo está, entonces eso puede ser un poco desestabilizador.

Theresa, por otra parte, procesa la información sola para poder pensar, orar, pensar un poco más, escribir algunas notas y orar un poco más. Así que todas nuestras idas y vueltas respecto a "por qué simplemente no tomas la decisión", "por qué estás tan poco comunicativo", "no puedo creer que realmente consideres eso" y todo lo demás, fue más bien un asunto de procesos de pensamiento diferentes que de opiniones diferentes. Al reconocer esas diferencias pudimos darle al otro lugar para pensar las cosas a su manera y arribar a la decisión juntos.

Muchas de mis habilidades pastorales y de liderazgo también se han desarrollado mediante la lectura de grandes libros. En *El ejecutivo eficaz*, de Peter Drucker,[16] por ejemplo, aprendí la diferencia entre ser eficaz y ser eficiente. Eficiencia es hacer las cosas correctamente; eficacia es hacer las cosas correctas. Comprendí que en el ministerio debía enfocarme en la eficacia. Ese enfoque ha dado forma a mis prioridades a través de los años.

Teología básica, de Charles Ryrie, traza las grandes doctrinas de *Las Escrituras* en su forma más simple. *Explore the Book* [Explora el Libro], de Sidlow Baxter, nos da un panorama de cada libro de *La Biblia* y entreteje el tema de cada libro en el cuadro general de *Las Escrituras*. *Methodical Bible Study* [Estudio bíblico metódico], de Robert Traina, me ha ayudado a hacer el estudio bíblico inductivo.[17] No puedo abrir *La Biblia* sin notar cómo se repiten las palabras o cómo están estructurados los párrafos o sin hacer observaciones, interpretaciones y aplicaciones sobre lo que he leído. Los métodos en ese libro han marcado el modo en que percibo *Las Escrituras*.

Los grandes libros sanan tu alma

Mi primer pastorado en Texas estaba a millas de Dallas, lo suficientemente lejos como para ser considerado alguien que vive en el interior del país. Pero algunas personas de las que vivían allí eran empresarios y emprendedores que se habían mudado para alejarse del tránsito de la ciudad y criar a sus hijos en un vecindario más tranquilo. Un miembro de iglesia podía usar *jeans* y conducir una camioneta, y no por eso ser más campestre de lo que yo era. En las reuniones de negocios en la iglesia yo estaba rodeado por inversores de bienes raíces, contadores públicos y otras personas de empresas. Siendo un pastor de veintiocho años de edad con una esposa y tres niños pequeños, no me sentía a la altura de las circunstancias.

Leí un libro de Paul Tournier, *Los fuertes y los débiles*,[18] que contenía solamente una tesis y un montón de ilustraciones para respaldarla. La tesis era que cada persona en el mundo, sin excepciones, es desesperadamente insegura. Algunas personas cubren su inseguridad con reacciones fuertes y aires de grandeza, otros tratan de intimidar y muchos intentan impresionar con la forma en que visten, el automóvil que manejan o los nombres de personas influyentes que mencionan. En el lado diametralmente opuesto se ubican las personas inseguras con reacciones débiles. Son excesivamente tímidas, no pueden mirarte a los ojos y se disculpan por cosas que ni siquiera son culpa suya.

Cuando leí ese libro, repentinamente obtuve un nuevo par de lentes con los que mirar el mundo. Recuerdo haber ido a un desayuno con un hombre poderoso que irradiaba influencia por los poros. Él siempre tenía que pagar la comida y siempre tenía la última palabra. Yo había llegado a conocer a su familia y algunos de sus problemas, y cuando me senté y lo observé, comencé a verlo como un hombre rico, poderoso, fuerte y desesperadamente inseguro. Era como yo (no en lo rico, poderoso y fuerte, sino en lo inseguro que yo sabía que ambos éramos). Por primera vez en mi vida en vez de intimidación sentí compasión. Él luchaba con cosas de la vida al igual que yo, y sus juegos de poder eran solo un intento de mantener a la gente alejada de esas zonas vulnerables y dolorosas.

Comencé a ver a todos así. Mucho de lo que impulsa nuestras decisiones respecto a qué decir, qué ropa usar, dónde vivir, la escuela a la cual enviar a nuestros hijos y todo lo demás, está relacionado con el temor de lo que la gente piense de nosotros. Proyectamos una imagen que queremos que la gente crea. Es todo por lograr aceptación.

Una vez que entendí que este era el problema raíz de todo el mundo, supe que la solución estaba en aprender cuán aceptados somos en Cristo. Eso libera a la gente. Cuando ahora me siento con líderes poderosos e intimidantes, sé de donde vienen, al menos en términos generales. Cuanto más pomposos se ponen, más inseguros son.

Eso cambió todo mi ministerio. Observé que me sentía más atraído a las personas que parecen comunes, con fortalezas y debilidades, pero que pueden ser ellos mismos en presencia de otra gente. Si esa era la clase de personas a la cuales me sentía atraído, esa era probablemente la clase de personas a las que otros se sentirían atraídos también. Tal vez, pensé, sería bueno ser así.

Cuando algunos me dijeron que apreciaron mi vulnerabilidad y transparencia en uno de mis mensajes, no fue porque yo quería ser vulnerable y transparente. Soy tan desesperadamente inseguro como tú, y a veces preferiría disimular y hacer de cuenta que soy fuerte y seguro. Pero si lo hago, proyecto una imagen que no es real, y entonces tengo que lidiar con el pecado en mi corazón. ¿Pero no es acaso el cuerpo de Cristo el mejor lugar para poner todas las cartas sobre la mesa y tratar con ellas sincera y auténticamente? ¿En qué otro lugar podría ocurrir un cambio de vida así?

Es trágico que hayamos creado una cultura de farsantes adictos a la aprobación de los demás. Lo que más necesitamos es amor y aceptación, pero no podemos tenerlos hasta que seamos verdaderamente nosotros mismos. De lo contrario, el amor y la aceptación que creemos que obtenemos estarán basados en una falsa imagen. Una vida genuina significa aceptar el dolor y las disfunciones del otro junto con sus éxitos y fortalezas. *Los fuertes y los débiles* cambió mi manera de ver a la gente y, como resultado, transformó profundamente mi ministerio.

El regreso del hijo pródigo, de Henri Nouwen,[19] precipitó una nueva etapa a finales de mis treinta años. El mayor pecado del mundo, dice Nouwen, es el pecado de la incredulidad. Es el telón de fondo detrás de todos los pecados que cometemos. Y la incredulidad a la que nos aferramos con más obstinación es nuestra negación a aceptar el hecho de que Dios nos ama incondicionalmente. No entendemos que el corazón de Dios para nosotros no está centrado en lo bien que podemos hacer las cosas, lo mucho que poseemos, a quién impresionamos, lo que adquirimos, o lo que los demás piensen. El hijo pródigo en la parábola de Jesús estaba absolutamente en la peor situación en términos de conducta y fe, pero su padre lo amaba completamente, sin tener en cuenta sus acciones. A la mayoría de nosotros nos lleva años salir de nuestros cerebros y sumergirnos en nuestros corazones, pero cada vez que avanzamos en esa dirección, somos un poquito más libres. Comenzamos a leer *La Biblia* menos como un libro de reglas y más como una carta de amor escrita por un Padre que quiere lo mejor para cada uno de nosotros. Eso cambia radicalmente nuestra manera de orar y actuar.

Por último, *Abba's Child* [El hijo del Padre], de Brennan Manning,[20] me enseñó el mismo tema pero desde un ángulo diferente. Tenemos un falso yo y un verdadero yo, y jugamos toda clase de juegos en nuestra mente para proyectar el falso yo, con el objeto de proteger al verdadero yo. Pero si creemos que la aceptación e intimidad es posible con nuestro Padre, eso trasformará nuestra relación con Él, nuestra visión de nosotros mismos y la manera de relacionarnos con los demás.

Tu programa de estudios

Puedes preguntarte por qué he escrito tanto acerca del verdadero contenido de estos libros, en vez de decirte lo importante que es encontrar de los buenos y leerlos. Después de todo, tus experiencias en la vida son diferentes a las mías; lo que me ha impactado a mí puede tener poco efecto en ti y viceversa. Pero te he llevado a recorrer esos libros que han cambiado mi vida por una razón: quería que vieras cómo las obras y la sabiduría de algunos de los mayores hombres y mujeres de Dios pueden serte trasmitidas a ti a través de lo que han escrito.

Probablemente no querrás ir y buscar cada uno de los libros que yo he leído y esperar que ellos te afecten del mismo modo en que me han afectado a mí. Este capítulo no es una clase sobre un plan de estudios; eres libre, con la ayuda de Dios, de encontrar los libros que te entrenarán y darán poder para las situaciones de tu vida. Lo importante no son los títulos que he mencionado, sino las prácticas de dejar que Dios transforme tu vida a través de grandes enseñanzas.

Espero que hayas obtenido una buena idea de cómo Él lo ha hecho en mi vida. Si piensas nuevamente en esos libros que me han cambiado en lo profundo, notarás que esos no fueron pasos pequeños en mi discipulado. De hecho, me han enseñado enormes lecciones de vida.

Los libros han formado mi percepción de Dios, mi confianza en *La Biblia*, mi matrimonio, mi ministerio y mi relación con otras personas. Y han hecho lo mismo por incontables cristianos a lo largo de toda la historia, algunos de los cuales han impactado el reino de Dios en la Tierra de una manera muy dramática. Si me quitaras las lecciones que esos libros me han dado, probablemente yo quedaría con muchas más luchas y muchas menos victorias. Por eso nunca lamento la práctica de leer grandes libros. Y tú no lo lamentarás tampoco.

Pasos a seguir

1. Si todavía no lo has hecho, comienza a elaborar una lista de lectura sobre grandes libros cristianos. Si necesitas sugerencias, los títulos de este capítulo y las recomendaciones de un pastor o un líder son un buen lugar para comenzar. Establece una meta realista que concuerde con tus horarios –un libro por mes, por ejemplo– y planifica dos años de lectura.

2. Identifica al menos una de tus actividades regulares –como mirar las noticias de la tarde o navegar en Internet durante una hora cada día– sin las que tranquilamente podrías vivir por unas pocas semanas, y luego intenta reemplazarlas con la lectura regular de buena literatura cristiana. Después de unas pocas semanas compara los beneficios de tu nuevo hábito de lectura, con los beneficios que te brindaba tu actividad anterior. Si sientes que Dios te guía a hacer de ese tiempo de lectura algo permanente, hazlo. Si no, intenta el experimento con alguna otra actividad no esencial, y observa si Dios te guía a reemplazar permanentemente esta otra por la lectura de grandes libros.

3. Memoriza Nehemías 8:8: *"Ellos* [los levitas] *leían con claridad el libro de la ley de Dios y lo interpretaban de modo que se comprendiera su lectura".*

Preguntas para reflexionar y discutir

1. ¿Crees que leer libros cristianos es una disciplina importante, o simplemente cuestión de interés personal? ¿Por qué?

2. ¿Qué libro, además de *La Biblia*, ha tenido un impacto más fuerte en tu crecimiento espiritual? ¿Qué elementos de ese libro hicieron una impresión tan poderosa en tu vida? ¿En qué formas Dios usó las verdades de ese libro en tu vida?

3. ¿Cómo crees que tu vida cambiaría si establecieras un hábito regular de lectura (o extendieras el que ya tienes)? ¿Cómo afectaría eso tu agenda? ¿Tu relación con Dios? ¿Tu crecimiento a largo plazo?

3

Sigue a grandes personas

Eliseo era persistente. Su padre espiritual y mentor estaba a punto de partir de este mundo. Cuando el profeta Elías viajaba de ciudad en ciudad hacia el río Jordán, donde Dios enviaría una carroza de fuego y un torbellino para llevarlo al cielo, Eliseo insistía en seguir a su amigo por todo el camino hasta el final.

—Quédate aquí —Elías le decía.

—Tan cierto como que el Señor vive, que no te dejaré —respondía Eliseo cada vez. Y lo seguía en su largo viaje, de ciudad en ciudad, hasta que cruzaron el río.

Finalmente, Eliseo hizo un valiente pedido:

—Permíteme heredar una doble porción de tu espíritu.

—Cosa difícil has pedido —respondió el viejo profeta.

Pero si Eliseo veía a su maestro cuando le era quitado, entonces la petición le sería concedida (2 Reyes 2:2-10).[1] De modo que caminaron juntos y hablaron hasta que la carroza y el torbellino llegaron, y Eliseo se marchó con el manto de su mentor y una doble porción de su espíritu.

Esa es una gran imagen de una verdad espiritual muy relevante: A quién escogemos seguir determinará en gran medida en quiénes nos convertiremos. Si queremos ser grandes cristianos necesitamos seguir a grandes cristianos.

Algunas veces hay grandes modelos de conducta justo enfrente de nuestros ojos y fácilmente accesibles. A menudo no los hay. Las grandes personas, como Elías, pueden resultar difíciles de seguir, pero la persistencia es casi siempre recompensada. Vemos esto muy seguido en *Las Escrituras*: Josué pudo seguir las pisadas de Moisés porque cuando este hablaba con Dios "cara a cara", su joven asistente Josué estaba cerca de él tomando fuerzas de la presencia del Señor (Éxodo 33:11). Salomón valoró la sabiduría porque su padre, David, lo impulsó a perseguir el entendimiento (Proverbios 4:3-6). Timoteo fue alentado y fortalecido como joven pastor, a pesar de las dificultades, porque se sometió al ejemplo y consejo de Pablo (2 Timoteo 3:10-11; 1 Corintios 4:17; Filipenses 2:22).

Y, más evidente aún, los doce hombres que siguieron a Jesús de cerca durante tres años, observando sus obras y escuchando sus palabras constantemente. Dios pone a grandes personas en nuestras vidas para que podamos aprender de ellas.

Esto no es solo una dinámica espiritual; se da en cada área del conocimiento y de la vida. La historia está llena de gente que se conectó con grandes personas y, como consecuencia, elevó su nivel de madurez. Sea una sucesión de filósofos (como Sócrates quien fue mentor de Platón, quien fue mentor de Aristóteles, quien fue mentor de Alejandro Magno) o de reyes (como el poder heredado de la mayoría de las monarquías del mundo) o de los aprendices de artesanos del Renacimiento, el techo de un maestro puede transformarse en el suelo de su discípulo si este sabe cómo absorber las lecciones de la vida de su maestro. Dios ha ordenado las relaciones como medio primario para el aprendizaje.

Si eso es cierto, ¿no deberíamos entonces aprender de los mejores? Si queremos ser grandes a los ojos de Dios, necesitamos aprender de aquellos que ya son grandes. Para avanzar al siguiente nivel de discipulado y productividad debemos seguir a los que ya han transitado el camino. Ellos pueden guiarnos en las sendas que el Señor les ha enseñado.

Antes de que puedas escoger

Un hecho simple de la vida humana, es que comenzaremos a incorporar los atributos de las personas con quienes pasamos mayor cantidad de tiempo. *La Biblia* es categórica en afirmar que somos formados por las compañías que escogemos. Como adultos elegimos nuestro entorno en gran medida, aunque ninguno de nosotros tuvo nada que ver en la elección de dónde nacimos y con quiénes pasamos nuestros primeros años de vida. Como resultado, muchos heredamos algún equipaje extra, y eso puede ser muy doloroso y desalentador. Por eso es tan importante buscar influencias positivas. Nuestro bagaje y nuestra historia personal demandan que sigamos a grandes personas.

Las personas más influyentes en nuestras vidas, obviamente, son nuestros padres. Para bien o para mal esa es la realidad. Tenemos lo que ellos nos brindaron en términos de naturaleza y crianza, tanto genéticamente como en nuestro trasfondo. Nuestros padres, o aquellos que hicieron el papel de padres, nos han formado más que nadie.

Antes de avanzar hacia el punto de las personas que *elegimos* como formadores de vida, necesitamos tratar con aquellos que no elegimos. Muchas personas hablan solamente de lo maravillosa que era su familia, y la misma cantidad de gente habla de los momentos dolorosos que han tenido que pasar por causa de lo que experimentaron en su familia. La verdad es que la mayoría estamos en algún lugar en el medio; hemos sido impactados tanto positiva como negativamente por nuestros padres y familiares. He aprendido algunos principios que han sido útiles para mí a la hora de tratar temas de índole familiar.

1. Ninguno de nosotros tiene padres perfectos. Nos resulta sencillo criticar a nuestros padres por no ser perfectos, y si no tenemos cuidado, podemos guardar rencor por acciones y atributos que fácilmente perdonaríamos en otras personas. Comenzamos pensando que nuestros padres eran superhéroes; la mayoría nunca hemos superado el sentimiento de decepción al descubrir que no lo eran. Como Jesús fue la única persona perfecta, crecimos bajo la influencia de personas imperfectas que cometieron un montón de errores. Es importante que recordemos eso.

2. *Darle gracias a Dios por lo que tenemos en vez de quedarnos con lo que no tenemos.* La mayoría de las personas pasamos por una fase normal y predecible alrededor de los 20 y 30 años, lamentándonos de lo que salió mal y lo que no tuvimos de nuestros padres. "Mi papá nunca me dijo que me amaba", o "Mi mamá siempre me criticaba". En vez de mirar lo que sí tuvimos, nos enfocamos en lo negativo.

Olvidamos que ellos tampoco crecieron en familias perfectas, y que también tuvieron muchas carencias a causa de las debilidades de sus padres. Eso es parte de ser miembros de la raza humana. Debemos aceptar ese hecho y, en cambio, pasar tiempo dando gracias a Dios por lo que sí recibimos.

3. *Expresa aprecio por la vida.* Todo ser humano, sin importar su edad, anhela la aprobación de sus padres. Pero la mayoría nos olvidamos que nuestros padres, sin importar su edad, también anhelan oír palabras de aprecio de sus hijos. Muchos de nosotros hemos pasado por tiempos duros, y todavía llevamos algunos resentimientos hacia nuestros padres, pero sobrevivimos a la niñez y de algún modo tuvimos lo necesario. No es tan difícil, una vez que eres capaz de reconocer las cosas buenas que recibiste, decir: "Gracias mamá, gracias papá".

4. *Trata con el daño constructivamente.* Todos tenemos ese equipaje. Todos hemos pasado tiempos difíciles. No todos, sin embargo, se atascan allí sin jamás aprender a avanzar. Muchísimas personas salen adelante de una mala situación y viven una vida saludable y productiva. Sé uno de ellos. Trata constructivamente con cualquier problema; así podrás crecer. Si vas tras las grandes lecciones –sean ellas pocas o muchas– de la gente que Dios puso en tu vida sin tu consentimiento, entonces estarás bien equipado para seguir a grandes personas por tu propia elección.

Mira por el espejo retrovisor

¿Cómo sabes a qué grandes personas seguir? Uno de los primeros pasos es mirar al espejo retrovisor. ¿Qué personas han impactado tu vida positivamente? Cuando miras hacia atrás y ves cómo Dios usó a ciertas personas para desarrollar tu carácter, comienzas a observar patrones. Tienes una vislumbre de tus necesidades individuales y comienzas a entender la clase de personas que necesitarás en tu vida en el futuro.

Esa es la razón por la que es tan importante desarrollar tu propio "Monte Rushmore"* espiritual. En otras palabras, identifica a esas pocas personas cuya influencia en tu vida es positiva e indeleble: la gente que siempre recordarás porque ellos te inspiraron y enseñaron sobre la vida. Ellos pueden ser modelos, mentores, maestros, hermanos o hermanas mayores, amigos, cristianos, no cristianos; quienquiera que Dios haya usado para formarte. Como reflejo de los cuatro o cinco jugadores claves en tu historia personal, tendrás recuerdos de las lecciones que ellos te enseñaron. También verás con más claridad dónde ellos quedaron y dónde necesitarás encontrar nuevas grandes personas a quienes seguir.

Mi Monte Rushmore espiritual

Necesitas a alguien que crea en ti, quien hablará la verdad en amor, quien puede brindarte una imagen de la clase de persona que quieres ser, y que te ayudará a establecer metas y avanzar esforzadamente hacia ellas. Cinco personas han jugado ese rol para mí, y ellos componen mi Monte Rushmore espiritual.

El entrenador Lantz

"¡Ingram, ven aquí ahora mismo!"

Cuando el entrenador Lantz se asomaba por la ventana de su oficina y gritaba tu nombre para que se oyera en todo el vestuario, uno sabía que estaba en apuros. Y también sabía que era mejor que acudiera cuanto antes.

---

* N. de la T.: El Monte Rushmore es una escultura monumental tallada en una montaña en Keystone, Carolina del Sur, con los rostros de los ex presidentes Washington, Jefferson, Roosevelt y Lincoln, y simboliza el nacimiento, crecimiento y desarrollo de los EE. UU.

Me apuré a entrar a su oficina. Miró alrededor y luego cerró la puerta, me agarró de mi ropa y me sentó firmemente en la silla. Mis ojos estaban grandes como dos platillos. Esos eran los días en los que nadie se preocupaba si un maestro te daba una zurra, y yo no tenía la menor idea de lo que iba a ocurrir después.

El entrenador me miró directo al rostro.

–Ingram, tengo que decirle algo. Escucho cosas sobre usted, su bocaza lo va a meter en problemas. El año que viene va a ir a la secundaria, y yo creo que usted realmente puede hacer algo con su vida. Pero es tan arrogante y charlatán, que si sigue así va a acabar con algún diente roto. ¿Me entiende, Ingram?

–Si, entrenador.

El entrenador Lantz sabía cómo llamar mi atención. Él fue mi primer modelo fuera de mi propia familia. Era la clase de hombre al que todo muchacho quería parecerse. Era joven, divertido y jugaba bien al básquetbol. Pero era duro conmigo porque no quería que yo siguiera siendo un niño fanfarrón y arrogante, aunque yo fuese así porque era muy inseguro. Él me observó más allá de la superficie, y vio algún potencial que debía ser cultivado.

Cada día al mediodía el entrenador jugaba conmigo uno-a-uno.

–Chip, pega tu codo al cuerpo; no, eso no es lo que se hace en este caso; agáchate…

Tenía un tiempo individual con un hombre que creía en mí y me demostraba lo que era ser fuerte. Aprendí que uno tiene que mantenerse enseñable y dejar de tratar de impresionar a todo el mundo. El entrenador se preocupó de mirar "debajo de la alfombra", ver que había potencial en mí y sacarlo a relucir.

Mi relación con el entrenador Lantz duró hasta finales de la secundaria. Pinté casas con él durante cinco o seis años. Incluso luego, cuando me fui a la universidad, el entrenador conducía por horas para sentarse en las gradas y mirarme jugar. Cuando no había jugado bien, me decía cómo debía pensar y qué podía hacer para recobrar mi confianza. Invirtió mucho de su tiempo al trabajar conmigo, transmitirme su sabiduría y, como en el ejemplo anterior, desafiarme sin rodeos sobre temas que me impedían convertirme en el hombre que Dios quería. Tomó el tiempo para aprender cuándo yo estaba nervioso, y sabía cuándo animarme y cuándo confrontarme. Su entrenamiento se extendió mucho más allá del básquetbol y me ayudó a prepararme para la vida. Más que nadie afuera de mi hogar, el entrenador Lantz me moldeó durante los años de mi adolescencia.

Punkie

Otro de mis modelos fue mi hermana Punkie. Ella me enseñó lo que es ser un cristiano. No muchas relaciones hermano-hermana son como era la nuestra. Ella era casi un año mayor que yo, pero cuando yo venía de jugar al básquetbol me preguntaba si tenía hambre y me preparaba un sándwich. Cuando venían mis amigos a mirar algún partido, preparaba algunos refrescos para todos. Ella me mostró lo que era un corazón de servicio.

Casi a la mitad de la secundaria Punkie se relacionó con la Cruzada Estudiantil para Cristo y recibió a Jesucristo. Ella nunca me predicaba o me fastidiaba, pero su ejemplo tuvo una poderosa influencia. Recuerdo que yo estaba con un grupo de muchachos que salían a beber, y la pregunta en mi mente no era lo que pensaría Dios –yo todavía no lo conocía– ni lo que mis padres pensarían. Mi pregunta número uno era lo que Punkie pensaría. No quería decepcionarla. Nunca había tenido a alguien que me mostrara el amor y la integridad como ella lo hizo.

Todos necesitamos un modelo del carácter cristiano, alguien que demuestre la persona de Cristo en la vida cotidiana. Punkie era una cristiana bondadosa y sabia, y yo quería ser como ella.

Dave Marshall

Mi tercer modelo fue un hombre llamado Dave Marshall. Dave no fue mi entrenador, ni un maestro ni un miembro de la familia. Él es un albañil con estudios secundarios. Dave había sido entrenado por los Navegantes y quería ver a Dios obrar en el pequeño *campus* en donde yo asistía a la universidad. Él tenía un sentir por el discipulado.

La primera vez que conocí a Dave fue cuando fui con un amigo a un estudio bíblico en su casa. Era abierto para todos los estudiantes, pero solo cuatro o cinco estábamos allí. Cuando Dave abrió la puerta, yo no quedé impresionado con su estilo. Era una de las personas con menos "onda" que hubiera conocido. Sacó una guitarra, los pocos que éramos cantamos una canción sobre Jesús, y mientras tanto yo me preguntaba en qué rayos me había metido. Pero el amigo con el que había ido –un defensor del equipo de fútbol americano– dijo que estaba bueno, e insistió en que regresara una y otra vez.

En un mes Dave me enseñó a tener un tiempo a solas, aunque yo era un aprendiz reticente. Me enseñó a memorizar versículos, buscándolos en *La Biblia* y escribiéndolos en los espacios de la hoja de trabajo. Luego de un tiempo dijo:

–Chip, hay algunos muchachos en este *campus* que aún no conocen al Señor. ¿Por qué no vamos y hablamos con ellos?

Yo estaba terriblemente avergonzado de testificar junto a un tipo de lo más deslucido, pero la gente le respondía porque era muy amoroso. Durante la universidad, y más tarde cuando me mudé para enseñar y ayudar a Dave a lanzar un nuevo ministerio universitario, este autodidacta me mostró lo que era hacer discípulos.

Dave era todo sustancia: no llamativo, no exterior, simplemente auténtico. Esos estudios bíblicos en su hogar no eran de los más emocionantes en que he estado, pero eran consistentes. Él abría *La Biblia*, la leíamos juntos, y me enseñaba. Vi un patrón consistente para el discipulado de alguien que era constante y fiel.

Recuerdo haber mirado a Dave en una feria del condado, cuando dejó enganchados a un mormón y a un testigo de Jehová en un lazo doctrinal en vez de permitir que ellos lo enlazaran a una. Mientras señalaba lo que La Palabra de Dios verdaderamente enseña, ellos menearon sus cabezas y dijeron:

–¡Caramba, no sabía que eso estaba en *La Biblia*!

No había rastro de criticismo o juicio, sino solo un amor tierno pero firme. Conocía La Palabra de Dios y la vivía.

Toda la memorización de versículos y el testificar fueron de gran entrenamiento para mí, pero la mayoría de lo que aprendí de Dave vino de mirar su vida. Yo vivía en un departamento arriba de su garaje, y pasé muchas vacaciones junto a él y su familia, porque él deseaba invertir su vida en mí. Su hogar era distinto al hogar en que yo había crecido. Yo no provenía de un hogar cristiano en donde orábamos y leíamos *La Biblia*. Íbamos a la iglesia algunas veces, pero en casa no se hablaba de Dios. Pero mientras miraba a este albañil con su esposa y sus cuatro pequeños niños, capté la visión de la clase de vida que quería tener.

Recuerdo haber visto a Dave bajar las escaleras un jueves a la noche, de traje y corbata, su perfume anunciaba su presencia aun antes de verlo. No era una apariencia –o un aroma– habitual en él.

–Dave, ¿qué rayos haces? –le pregunté.

–Voy a tener una cita.

–¿Con quién?

–¿Con quién crees? –dijo–. Con Polly.

Y vi a este hombre salir cada jueves a la noche con su esposa desde hacía veintitantos años. Lo vi sentarse en la mesa a desayunar y leer *La Biblia* con sus hijos, y lo escuché derramar su corazón en oración unos años más tarde cuando uno de ellos atravesó una fase de rebeldía. Luego de una conferencia cristiana un fin de semana, lo vi detener su automóvil bajo la lluvia para echarse al barro y arreglar el auto de un hombre, mientras todos los demás personajes que habían enseñado en la conferencia seguían de largo. Él no tenía mucho dinero, pero daba con sacrificio y traía misioneros a su casa. La gente esperaba por meses o hasta un año para que él les hiciera su chimenea, porque tenía muy buena reputación. Cuando construíamos cimientos juntos, si ellos tenían medio centímetro de más, no estaba satisfecho. Yo tuve una visión de cerca de un hombre de excelencia e integridad.

Dave era el tipo de persona de 2 Timoteo 2:2: *Lo que me has oído decir en presencia de muchos testigos, encomiéndalo a creyentes dignos de confianza, que a su vez estén capacitados para enseñar a otros.* Aprendí que la vida no se trata de luces ni de grandes eventos. Se trata de personas fieles, piadosas, de dar un paso y luego otro, de abrirse paso a través de las rutinas de la vida, hacer lo recto y honrar los compromisos. Vi el fruto de su ministerio: cientos de personas a las que él discipuló hoy están en el ministerio a tiempo completo, algunos en los distintos continentes de la Tierra.

Hoy Dave trabaja con estudiantes chinos que hacen su doctorado en Virginia Occidental. Dice que está demasiado viejo para estudiantes universitarios, así que cambió a estudiantes graduados. Se esfuerza en aprender lo que necesita saber para identificarse con ellos, y ve a algunas de las mentes ateas más brillantes venir a Cristo.

Hace unos años me di cuenta en lo profundo de mi corazón que quería ser como Dave Marshall. Quería un matrimonio como el suyo, quería ser un padre como él y quería ser capaz de manejar La Palabra de Dios como él lo hace.

Howard Hendricks

El último mentor que mencionaré es Howard Hendricks, un reconocido profesor en el Seminario Dallas. Cada vez que el profesor terminaba de enseñar, sentía de pararme y correr hacia la puerta para hacer la voluntad de Dios. Nunca había oído a alguien comunicar con tanto poder; podía decir que había algo en su vida que yo quería reproducir en la mía, así que nunca faltaba a una de sus clases.

–Profe, me gustaría pasar más tiempo con usted –le dije un día. Él me contó de su agenda de viajes repleta y me recomendó que primero me incorporara a un grupo pequeño y me asegurara de hacer lo esencial. Entonces ingresé a un grupo pequeño, y seis meses más tarde pedí una cita para verlo.

–Profe, me gustaría pasar más tiempo con usted –le dije nuevamente.

Y otra vez me contó lo ocupado que estaba y que solo podía pasar tiempo con pocas personas, un grupo pequeño y los que hacían la especialización en educación cristiana. Cambié mi especialización y seis meses más tarde regresé.

–Profe, me gustaría pasar más tiempo con usted.

Otra vez me dijo de las demandas que tenía su agenda, pero esta vez me ofreció la posibilidad de ir a su casa cuando él hospedara a algún orador de renombre o un misionero, y reunirnos de manera informal. Le pedí a su secretaria las fechas y las anoté en mi calendario, y cada vez que su casa estuvo abierta en los siguientes dos años, Theresa y yo estuvimos allí.

Al final insistí en conseguir más tiempo con él, y accedió a que lo acompañara cuando tuviera que predicar en alguna conferencia, *si es que* yo podía pagar mi propio pasaje de avión. La mayoría de los seminaristas no tienen mucho dinero, y en ese tiempo Theresa y yo vivíamos en una casa subsidiada por el gobierno. Pero comencé a ahorrar y pude pagar un boleto de avión para asistir a una conferencia en Indiana, donde el Sr. Hendricks predicaba.

Me preparé para el vuelo con una lista de quince preguntas que eran las que más quería que él me respondiera. Suponía que el Dr. Hendricks tenía una presencia tan eléctrica y una personalidad tan elocuente como cuando hablaba enfrente de grandes grupos, solo para descubrir en el viaje que no le gustaba charlotear en su tiempo personal. Lo noqueé con mis quince preguntas, y a los diez minutos la charla se había acabado.

Finalmente, su esposa Jean se incorporó y comenzó a hacerme preguntas sobre mi familia y mis planes para el futuro. Ella y yo llegamos a conocernos bastante durante las próximas dos o tres horas. Luego, mientras él enseñaba su material en la conferencia, yo puse todas sus notas en el proyector en el momento indicado. En sus reuniones, me ponía cerca de él para ayudarlo en lo que precisara. Y cuando Jean se fue de la conferencia un par de días antes que terminara, me mudé a su habitación del hotel y pasé algo más de tiempo con él.

Mientras esa semana asistía al profesor llevándole sus carpetas por todas partes, mi deseo de espiar sus notas era irresistible. Quiero decir, ¿cómo se supone que un estudiante fervoroso con aspiraciones de predicar puede resistir la información confidencial de un hombre al que considera el mejor maestro del mundo? Yo había aprendido en mis clases, pero a veces sentía como que tenía un chaleco de fuerza. Tipear cada palabra de mis sermones me volvía loco. Entonces le pregunté al profesor por sus anotaciones.

–Profe, ¿qué significa "historia del barco"?

–Significa que allí es cuando cuento mi historia del barco –respondió.

–¿Qué son esos resaltados y subrayados en frases que ni siquiera llegan a ser oraciones completas?

–Esas son las cosas que quiero enfatizar cuando predico este mensaje.

–¿No se supone que debe escribirlo todo, como nos enseñan en la escuela?

–Mira Chip, te están enseñando lo básico –dijo–. Debes conocer lo básico antes de dejar que tu don fluya a su manera. Finalmente desarrollarás tu propio estilo. Cuando cuento una anécdota represento en mi mente lo que ocurrió, y lo describo como si estuviera allí. Así es como funciona para mí.

–¿Eso es lícito?

–Lo es. Tú tienes que estar cómodo con tu presentación.

Por las mañanas el profesor se levantaba y estudiaba *La Biblia* durante una hora. Elegía un libro para estudiar cada mes, y lo leía todo una y otra vez, hacía cuadros y profundizaba en él más y más. Entendí por qué conocía *Las Escrituras* mejor que nadie que yo hubiera conocido.

Cada noche antes de ir a dormir, el Dr. Hendricks decía:

–Hey, ¿quieres orar?

–Claro, le respondía.

Entonces nos arrodillábamos en el suelo, y comprendí que el centro de su comunicación no era su don para la enseñanza o ser un autor famoso. Era su pasión por Dios. Yo sentía que iba al Santísimo cuando oraba. Entendí qué era lo que había cautivado su corazón y cómo se derramaba a sus estudiantes. Llegué a oír a un hombre de Dios hablándole a su Señor.

Probablemente lo más notable para mí fue una noche, mucho tiempo después de que se había apagado la luz, cuando hablamos de una lucha que yo tenía. No lo había hablado con nadie aún y no sabía cómo solucionarlo. Recostado allí me preguntaba lo abierto que estaba y lo que él pensaría de mí por mostrar mi corazón así. Pero me sentía más cómodo con él, entonces le conté mi problema y le expliqué que no me imaginaba cómo resolverlo. Me aseguró que todos tenían esa clase de luchas, y abiertamente me contó la manera en que él mismo había vencido algunas de sus batallas personales. Luego me dio algunas sugerencias y me habló sobre alguien que podría ayudarme a salir de ellas. Era una de esas conversaciones nocturnas, de esas en las que miras el reloj y no puedes creer lo tarde que se ha hecho, y eso ayudó a comenzar una relación que ha durado décadas.

El profesor ha visitado las iglesias que yo he pastoreado, ora por mí, y ha trabajado en la junta directiva de Caminata Bíblica. Dios lo ha usado para desafiarme y formar mi corazón y mis habilidades como pastor y maestro.

Eso es lo que significa seguir a grandes personas. Te das cuenta de quiénes pueden ayudarte más y debes encontrar un camino hacia ellos. Puedes seguir tu senda suponiendo que ellos están tan ocupados y abrumados que no tendrán tiempo para ti. A veces te dirán que simplemente no encuentran un hueco para ti, entonces espera. Tal vez en un año o dos tendrán más tiempo, o tal vez Dios te señale a alguien más. Pero de una u otra forma puedes ponerte bajo un mentor como yo me puse debajo del Dr. Hendricks. Es cierto, yo era una plaga al principio, pero finalmente Dios abrió una puerta a la vida de un hombre que ha sido un amigo y mentor desde hace ya treinta años.

Theresa

El rostro central de mi Monte Rushmore es mi esposa. Más que ningún profesor o que ningún libro, más que ningún otro mentor o formador de discípulos, Theresa ha tenido la mayor influencia en mi vida. Podría hablar durante días de ella, pero solamente te daré algunos puntos principales.

Theresa me ha impactado más por su integridad. Ella es la persona más sincera que conozco, a veces al punto de ser un verdadero dolor de cabeza. No se le pasa nada por alto. Tiene que ser recto; tiene que ser honesto; tiene que ser verdadero. La exageración y las mentiras piadosas no están en su vocabulario; ella ha sido el balance imprescindible para mi personalidad de "es casi suficiente".

Lo siguiente es su devoción a Dios. Al igual que muchos otros hombres, salí con algunas chicas antes de conocer a Theresa. Para el tiempo en que de verdad buscaba una esposa, me di cuenta que todos los atributos superficiales que los muchachos buscan en la chicas van y vienen, pero que Dios no mira como lo hacemos nosotros. *La gente se fija en las apariencias, pero yo me fijo en el corazón* (1 Samuel 16:7). Y aunque ciertamente me sentía atraído hacia ella externamente, también era cautivado por lo que había en su corazón. Ha sido una experiencia poderosa por más de veinticinco años ver su pasión por Cristo, y mirar a alguien levantarse a las 05:30 y comenzar cada día orando. Veo cuánto tiempo pasa leyendo *La Biblia,* y la forma en que ha orado y ayunado por nuestros hijos cuando atravesaban momentos difíciles. Su vida de devoción me ha desafiado e inspirado profundamente.

Theresa puede ser pequeña y bonita, pero también es un ejemplo de fuerza y coraje. Una de las cosas que un entrenador busca en un jugador es la resistencia mental. Hay momentos en un partido en el que puedes mirar a los dos equipos cuyos jugadores tienen las piernas debilitadas y se cansan, pero los que son capaces de buscar adentro suyo y negarse a abandonar eventualmente saldrán primeros. Mi esposa tiene más de eso que ningún jugador que yo haya entrenado o que ningún compañero con el que haya jugado. La he llevado por los Estados Unidos, por el mundo entero y lejos de la casa y de la familia. ¿Alguna vez ha luchado? Por supuesto que sí. Pero nunca tambaleado.

Las últimas características que afectaron mi vida de manera poderosa han sido su consistencia y tenacidad. Tú sabes de esas pequeñas reuniones entre esposos en las que se planifica sobre el presupuesto, los niños, o se toman decisiones respecto al estilo de vida. Pues bien, cuando escribimos un plan en una hoja de papel, ella lo consuma, con consistencia y persistencia. Su integridad, tenacidad mental, valentía, fuerzas y determinación, me han ayudado a desarrollar esas cualidades en mí. Además de Cristo, ella ha sido la persona más influyente en mi vida.

¿Quiénes son las personas en tu vida que te han formado? Proverbios 27:17 dice: *El hierro se afila con el hierro, y el hombre en el trato con el hombre. La Biblia* es bien clara respecto de los beneficios y la necesidad de formar relaciones cercanas y positivas. Se nos dice que nos preocupemos los unos por los otros, a fin de estimularnos al amor y a las buenas obras (Hebreos 10:24-25). *Anímense unos a otros cada día, para que ninguno de ustedes se endurezca por el engaño del pecado* (Hebreos 3:13). Y Proverbios 13:20 nos brinda tanto una gran promesa como una fuerte advertencia: *El que con sabios anda, sabio se vuelve; el que con necios se junta, saldrá mal parado.*

Mirar a través del parabrisas

Una vez que has mirado en el espejo retrovisor y ha reflejado las grandes influencias de tu Monte Rushmore, tienes una mejor idea de cómo seguir después. Puedes mirar por el parabrisas y ver la gente que Dios ha puesto en tu horizonte, sabiendo que Él puso a algunos de ellos allí para moldearte hasta convertirte en la persona que desea que seas.

El profesor una vez me dijo algo que nunca olvidaré:

–Chip, todos necesitan a un Pablo, un Timoteo y un Bernabé en sus vidas; un Pablo de quien aprender como mentor y modelo, un Timoteo para sembrar semillas en la próxima generación mediante la enseñanza y el estímulo, y un Bernabé con quien abrirse completamente, un amigo alentador que esté contigo en los buenos tiempos y en el sudor y las lágrimas. Eso te mantendrá equilibrado.

No es malo pensar en lo que significa seguir a grandes personas. Necesitas tener modelos o ejemplos, y también debes ser uno.

Estas relaciones no siempre deben ser a largo plazo, y no siempre necesitan formalizarse. La variedad no solo es aceptable sino también aconsejable. Yo tengo un Pablo que tiene un doctorado, y otro que solo tiene hecho el secundario. Las grandes personas no caben en una caja; a menudo amplían tus expectativas. No buscas necesariamente a alguien que sea famoso o popular. Busca en su vida las clases de cosas que te hacen pensar: "En el fondo de mi corazón, quiero crecer en esta área".

Pablo

A. C. es uno de mis Pablos. Él ha llegado a ser un padre para mí. Me ayudó a pintar el baño en la primera casa del primer pastorado que tuve: una iglesia de más o menos treinta y cinco personas. En ese baño, juntos soñamos un gran sueño. Nuestro pequeño templo estaba a veinticinco kilómetros a las afueras de una pequeña aldea sin semáforos, y soñamos con construir una iglesia para mil miembros que transformara Kauffman, Texas (con una población de cuatro mil quinientos habitantes). A. C. no se rió. Él creyó que Dios podía obrar a través de nosotros de ese modo, y ocho años más tarde teníamos quinientas personas. Dios me hizo mudarme en ese punto, pero no hubiéramos llegado tan lejos si no hubiéramos tenido un gran sueño y si A. C. no me hubiera animado a perseguirlo.

Yo podía contarle mis luchas; asuntos matrimoniales, problemas de paternidad, relaciones difíciles en la iglesia y muchas más. Más de veinte años después, él todavía es un padre y mentor. Le pedí que estuviera en la junta directiva de Living on the Edge [Viviendo al Límite], y luego, cuando me cambié a Caminata Bíblica, también vino a integrar la junta. Todavía estoy aprendiendo y siendo animado por él.

Bill era un ingeniero, una de las personas más brillantes y centradas que conozco. Tenía una responsabilidad en una de las mayores compañías para toda la región este del río Mississippi. Llegó a Cristo de adulto y estudiaba cinco o seis horas a la noche durante las semanas en que viajaba.

Aprendí de Bill lo que era la devoción. Nunca conocí a un hombre tan sensible al Señor. Cada jueves por la noche cuando estaba en la ciudad, salíamos juntos a hablar de Cristo a las personas que habían visitado la iglesia. Una noche hablábamos con una mujer que entendía el evangelio, pero que no tenía deseos de entregarse a Jesús. No me gusta el rechazo –a nadie le gusta– y ya estaba listo para continuar con la próxima visita. Pero miré a Bill, un hombre grandote cinturón negro en judo, y vi que lágrimas surcaban su rostro. Se volteó a la mujer y le dijo:

–Usted debe entender que la decisión que toma es una decisión por una eternidad sin Cristo, y el Dios de los cielos que la ama dio a su Hijo por usted. Solo quiero que sepa que lo está rechazando y cuáles son las consecuencias de eso. Y además quiero que sepa que la amamos.

Bill me enseñó lo que significa hablar la verdad en amor, aun cuando es incómodo.

Más tarde tuvimos una situación muy violenta en la iglesia, que involucraba una indiscreción sexual y un hombre que vivía una doble vida, y eso requería verdadera disciplina. Bill y yo éramos responsables de confrontar al hombre. Teníamos toda la información sustancial y sabíamos la verdad acerca de la situación. Pero es difícil ser valiente en casos como ese, especialmente siendo un pastor joven. Es fácil decir aproximadamente el noventa por ciento de lo que debe decirse y luego, al encontrar resistencia, dejar la conversación allí y marcharse sin una resolución.

Bill debe haber sabido lo que yo necesitaba como un pastor inexperto. Él inició la conversación, expuso la situación y le explicó que la vida de un cristiano debía ser consistente. Yo me senté por allí pensando: Bill, estás haciendo un gran trabajo". Luego miró fijamente a este hombre que acababa de ser confrontado con esa conducta desviada y le dijo:

–Chip quiere decirle cómo vamos a tratar con esto.

Él sabía que a menos que un pastor aprenda a tomar iniciativa, ser hombre y hacer un disparo certero, se arriesga a perder muchas maneras en que Dios quiere usarlo. Ejemplificó para mí lo que significa ser sensible a las necesidades de las personas y a la vez no transigir sobre la verdad, y yo nunca lo he olvidado.

Bernabé

Uno de mis "Bernabés" es un amigo llamado Glen. Él y yo nos conocimos jugando al básquetbol en un viaje, y hemos sido amigos por casi treinta años. Nos ligamos como David y Jonatan, y sé que todavía ora por mí regularmente. Sabemos cuándo alentarnos y cuándo desafiarnos mutuamente.

En un viaje ministerial que hicimos juntos, una vez Glen dijo:

–¿Qué libro de *La Biblia* desearías memorizar? Tenemos tres semanas.

Fui lo suficientemente arrogante como para no decir: "¿Estás bromeando? ¿Un libro entero? Así que en cambio, dije algo así como: "Claro, hagamos Filipenses". Y a la mañana siguiente citó la primera mitad del primer capítulo; yo entendí que necesitaba despabilarme. Él no era legalista; tenía una actitud devota y agradable. Solo vive lo que cree. Estallaba en canto espontáneo en el colectivo, gozoso de la vida. Nunca he sido más desafiado espiritualmente.

Timoteo

Uno de mis "Timoteos", quien luego se convirtió en un Bernabé, es un hombre llamado Steve, un defensor de los All-American en la Universidad de Austin Peay. Vino a integrar nuestro equipo ministerial en la iglesia pequeña, y luego se mudó conmigo a California. He hablado de todo con Steve; espero que nunca decida escribir un libro sobre mí. Por cierto, estoy seguro que él tampoco desea que yo escriba un libro sobre él. Hemos sido extremadamente francos el uno con el otro.

Ese es probablemente el mayor regalo de Steve hacia mí. Ha sido brutalmente honesto, al punto en que la gente ha pensado que estaba enojado conmigo. Cuanto más Dios te da una plataforma pública, más necesitas gente que no se deje impresionar por nada. Steve ha pasado por alto todo lo que los demás piensen de mí, y me ha amado por lo que yo soy. Él es una de las personas más seguras del mundo porque solo tengo que ser Chip cuando estoy con él.

Comenzar sin decepcionarse

He aprendido a través de los años, que cuando uno busca Pablos y Timoteos puede desanimarse fácilmente si no presta atención a un par de recomendaciones. Primero: si eres un Timoteo buscando a un Pablo, no esperes encontrar a la persona perfecta que suplirá esa necesidad para el resto de tu vida. Dios probablemente use una variedad de personas –ninguna de ellas perfecta, pero todas con algo que ofrecer– en diferentes etapas de tu vida. Como ninguno de ellos es el paquete completo, Él puede traer mentores y modelos a tu vida a través de una puerta giratoria. Eso es normal.

Segundo: si eres un Pablo buscando un Timoteo, no te pongas en la posición de siempre dar y nunca recibir. Si te entregas a una persona, haz que alguien más –o esa misma persona– deposite algo en ti. De lo contrario perderás el gozo de ser cristiano y te preguntarás por qué estás cansado todo el tiempo. Necesitas algunas PMA en tu vida: Personas Muy Alentadoras. Date permiso para ser renovado y para divertirte. Algunas relaciones no tienen otro programa más que pasar el tiempo. Déjate renovar.

Mantén tus relaciones en perspectiva. Aprende a reconocer lo que Dios quiere que obtengas de ellas. Algunas personas cumplirán el rol de padre o madre. Dios pondrá a otros en tu vida simplemente para animarte o ser confidentes. En algunos momentos necesitarás un héroe, un profeta, un patrocinador, un experto o un consejero. Cuando entiendas los diferentes propósitos que Dios tiene para las personas que están a tu alrededor, eso te ayudará a no ofenderte cuando un profeta te confronte, o a aumentar tu motivación cuando un patrocinador te empuje.

Para poder seguir a grandes personas, necesitarás:

- *Orar fervientemente*. Dios está detrás de tu crecimiento espiritual; pídele persistente y fervientemente que ponga gente a tu alrededor que pueda cumplir cada uno de los roles que necesitas.
- *Tomar iniciativa*. Es probable que las grandes personas no vengan a ti. Más a menudo tendrás que ser tú quien deberá ir a ellos.

- *Comenzar por tu red de relaciones.* La mayoría de las personas a las que Dios quiere usar en tu vida ya están allí. Necesitas expandir tu red ocasionalmente, pero Él comenzará con la gente que ya ha puesto a tu lado.
- *Pedir ayuda.* Nadie crece espiritualmente o de otra forma sin precisar consejos. No importa quién seas o cuánta experiencia poseas, algunas veces en esta vida estarás desorientado y deberás pedir ayuda.
- *Perseverar.* Seguir a grandes personas no es un llamamiento momentáneo. Perseguir algo implica tiempo y esfuerzo. No desistas si la relación no marcha como deseas al principio. Dale tiempo y continúa intentando.
- *Hacerlo a la distancia.* No todo gran cristiano al que quieras seguir estará accesible en persona todo el tiempo. Algunos de ellos, de hecho, habrán vivido mucho tiempo antes de que hayas nacido. Puedes aprender de grandes personas a través de libros, grabaciones y, si la distancia es el único obstáculo, por teléfono.
- *Hacer tiempo en tu agenda.* Nunca tendrás *suficiente* tiempo para seguir a grandes personas. Al igual que con casi todo, eso es importante y tendrás que hacerte el tiempo.

Te animo a que sigas a grandes personas porque, para mejor o para peor, serás formado por quienes te rodean. Con quienquiera que pases tiempo, cualquiera sea la enseñanza bajo la cual estés, y quienquiera que elijas para que te influencie determinará en gran medida la dirección para tu vida. Si quieres ser un cristiano mediocre, rodéate de cristianos mediocres. Pero si quieres pasar de bueno a grandioso a los ojos de Dios, rodéate de grandes personas.

Pasos a seguir

1. Recuérdate varias veces esta semana que seguir a grandes personas es un proceso. Ello incluye oración ferviente e iniciativa de tu parte. Deberás pedir ayuda y ser capaz de perseverar.

2. Elabora tu propio Monte Rushmore. Haz una lista de las cuatro o cinco personas que han tenido el impacto más beneficioso y duradero en tu vida, y luego describe cuáles de sus características tuvo un efecto poderoso en ti y por qué. Si tu Monte Rushmore parece incompleto, pídele a Dios que traiga gente a tu vida que pueda completar el cuadro.

3. Identifica al menos un área en tu vida en la cual sabes que necesitas crecimiento. ¿Hay alguien actualmente en tu red de relaciones que puede ayudarte en esa área? Por el contrario, identifica al menos un área en la que sabes que Dios te ha dado mucha fuerza. ¿Hay alguien actualmente en tu red de relaciones que necesite tu ayuda en esa área? Si la respuesta a esa pregunta es *sí*, da al menos un paso esta semana para acercarte a esa persona (o personas).

4. Memoriza 2 Timoteo 2:2: *Lo que me has oído decir en presencia de muchos testigos, encomiéndalo a creyentes dignos de confianza, que a su vez estén capacitados para enseñar a otros.*

Preguntas para reflexionar y discutir

1. ¿Qué obstáculos pueden interponerse en la senda de seguir a grandes personas? ¿Es natural para ti entrar en la vida de los demás? ¿Qué consejos les darías a las personas que no son naturalmente sociables para ayudarlas a seguir a grandes personas?

2. ¿Hay alguien en tu vida que obre como mentor? ¿Como modelo? ¿Como motivador? ¿Un amigo absolutamente sincero?

¿Qué relación piensas que es más importante para ti ahora? ¿Cómo puedes saber cuándo seguir a una gran persona para que te ayude?

3. ¿Hay alguien ahora en tu vida que te necesite como mentor? ¿Como modelo? ¿Como motivador? ¿Como un amigo completamente sincero? ¿Crees que Dios te ha puesto cerca de alguien para suplir alguna necesidad específica en su desarrollo?

4

Sueña grandes sueños

El joven había dedicado toda su vida a un sueño: jugar básquetbol profesional. Se había ejercitado, practicaba entre ocho a doce horas diarias para poder jugar en el equipo universitario y así obtener una beca. Ya en el sexto grado soñaba con ser el jugador número uno y ganar un sueldo de un millón de dólares. Tal cosa era inaudita en esos tiempos, pero los sueños no se confinan a lo que ya se ha hecho. Este soñador vio grandes posibilidades.

En la universidad hacía como promedio cuarenta y tres puntos por partido en su segundo año, y cuarenta y cuatro en el tercero y cuarto año. Esos números son increíbles, mucho más en la era anterior a que los triples fueran parte del juego. Se convirtió en uno de los mejores seleccionados de la NBA, el primer jugador en cobrar un sueldo de siete cifras y el más joven de los votados para entrar al Salón de la Fama del básquetbol. Su sueño se convirtió en realidad.

Recuerdo haber leído la historia de Pete Maravich en la revista *Sports Illustrated* cuando tenía ocho años. Yo tenía un sueño similar y capté su visión de cómo lograrlo. Vi la forma en que se consagró al deporte, así que empecé a hacer los mismos ejercicios que él hacía: pases por la espalda, botes entre las piernas, interminables tiros libres y lanzamientos desde todo ángulo imaginable. Generalmente jugaba baloncesto al menos ocho horas por día, a veces hasta once o doce horas.

Hasta cuando miraba televisión, ensayaba las mecánicas de un tiro en suspensión. Era obsesivo con esto y vivía muy, muy concentrado.

Tenía menos de un metro y medio de alto cuando estaba en séptimo grado, pero ese era uno de esos detalles que el sueño pasa por alto. Mi primer año en el secundario medía solo un metro sesenta y dos. No me importaba. Las sugerencias de inscribirme en el equipo de lucha no iban conmigo. No podía permitir tampoco que una cita con una chica se interpusiera en mi camino, así que rompí de manera desalmada con una gran chica la noche anterior a que comenzara la temporada de baloncesto. Yo perseveraba en las dificultades, establecía mis horarios en torno al básquet, regulaba una dieta saludable y me sacudía de toda distracción posible. Estaba decidido y nada −absolutamente nada− podía interponerse en el camino de mi sueño.

Cuando uno es conducido por un sueño, él determina todo lo que haces. No puedo afirmar hoy que mi sueño era el correcto o ni siquiera que haya sido uno bueno. Evidentemente, mis sueños han cambiado drásticamente con los años. Pero ese sentido de absoluto compromiso con una meta ha permanecido conmigo. Y aunque mi sueño parece pequeño en retrospectiva, pagó mi educación universitaria. También me dio la oportunidad de viajar con un equipo evangelístico de básquetbol y testificar de Cristo con personas en casi todos los países de Sudamérica y del este asiático. Eso formó mi vida en maneras que no podría haber imaginado.

Los grandes logros generalmente comienzan con la persecución de un sueño. Algunos soñadores, como Pete Maravich, alcanzan exactamente las metas que establecen alcanzar. Otros, como yo, son redirigidos a lo largo del camino mientras Dios refina y moldea su pasión. De cualquier modo, el futuro es determinado por las visiones estimadas en el corazón de los seres humanos.

Hay un activo poder en un sueño. Cuando crees una imagen del futuro y esa imagen sangra por tu corazón −no porque tienes que o debes cumplirlo, sino porque lo *deseas* intensamente− sopla viento en tus velas y dirige el curso de tu vida. También puede dirigir el curso de la historia.

Muy pocos sueños han hecho eso, tanto en forma positiva como negativa. Alejandro Magno soñaba con gobernar el mundo, y sus conquistas han dado forma a la civilización occidental para siempre. Nuestro Nuevo Testamento, por ejemplo, está escrito en griego por la expansión de su imperio. Los cristianos perseguidos y políticos disconformes soñaron con una tierra de protección y libertad, y sus territorios coloniales en las Américas han florecido antes y después de su independencia. Hitler soñó con establecer la superioridad de su raza, y la guerra resultante devastó la mitad del mundo, marcó profundamente al pueblo judío y conformó el paisaje político hasta el día de hoy. Martin Luther King soñó con una sociedad sin racismo, y sus esfuerzos ayudaron a definir un movimiento que alteró radicalmente la cultura americana para mejor. No es coincidencia que el mayor discurso de King es más conocido por esta sola frase: "Tengo un sueño". Un sueño, ya sea para bien o para mal, puede ser una influencia poderosa.

Vemos la misma dinámica en la historia de la Iglesia. Pablo soñó con predicar a Cristo ante filósofos y emperadores, y la Iglesia se esparció por toda Asia y Europa. Guillermo Carey soñó con llevar el evangelio a India y de ello nació un movimiento entero de misiones. Hudson Taylor soñó con alcanzar el interior de China con el evangelio, y la Iglesia subterránea china prospera hasta el día de hoy. Dwight Moody tuvo un sueño para la juventud de Chicago, y terminó por abrir una iglesia, establecer una red de escuelas, iniciar un instituto bíblico y cultivar un movimiento evangelístico. Esos son solo unos pocos ejemplos de entre muchos otros a lo largo de la historia. Las grandes obras casi siempre comienzan con grandes sueños.

¿Cuál es tu sueño? No importa si tienes 7 ó 70 años; tu corazón debería ser cautivado por una visión de cómo servir a Dios y alcanzar logros para su Reino. Si eres como la mayoría, debes haber repudiado tu sueño hace mucho tiempo, considerándolo "irreal" o "no viable", y tal vez lo era. Pero había algún elemento de él que Dios puso en ti, algo que Él quiere usar para inspirarte y dirigirte.

Muchos de los elementos de ser grandes a los ojos de Dios apuntarán a este principio. Pensar grandes pensamientos, leer grandes libros, seguir a grandes personas, y las otras características de la grandeza que describiremos más adelante, cultivarán los sueños dados por Dios, y te brindarán elementos prácticos para cumplirlos. Para alcanzar sus propósitos y edificar su Reino, Dios primero y principalmente dirige su energía hacia una cosa: cautivar tu corazón con grandes sueños.

El sueño imposible

Lo dijo con un rostro serio. Un grupo diverso de hombres se reunieron a su alrededor, como lo habían hecho la mayor parte de los últimos tres años, y escucharon atentamente las palabras de esta persona tan excepcional. Y sin pedir disculpas o dar extensas explicaciones, esto fue lo que les dijo: "Todo poder me es dado en el cielo y en la Tierra. Ahora vayan y alcancen el mundo entero. Esa es su misión".

Dentro de los primeros cien años, la Iglesia casi alcanza su meta de llevar el evangelio a todo el mundo conocido. Tomás llegó tan lejos como la India, según varias personas. Pablo fue de camino a España. Otros de esos primeros creyentes fueron hacia el sur y llegaron a África, y algunos hacia el norte, a Asia. Después de tan solo tres siglos, una cultura poderosa, secular y corrupta estaba dada vuelta y la fe cristiana se convirtió en la cosmovisión dominante.

. . . .

Dios se deleita en hacer…
Cosas *imposibles*
A través de gente *improbable*
Para impartir gracia *abundante*
A receptores *indignos*.

. . . .

Doce personas comunes, incultas, comenzaron esa misión sin una imprenta, sin televisores ni reproductores de DVD y sin Internet. No había campañas de mercadotecnia, agencias publicitarias o plan estratégico más que la inspiración del Espíritu Santo y la sensibilidad a su guía. La mayor parte del ímpetu para la extensión de la fe vino solamente de un profundo compromiso con las palabras de Jesús y algunos sueños verdaderamente santificados.

Creo que esto combina perfectamente con el corazón de Dios. Cuando recorro las páginas de *La Biblia* veo a un Dios que se deleita en hacer lo imposible a través de gente improbable, e imparte gracia abundante a receptores indignos.

Piénsalo. Dios estableció su pueblo a través del embarazo inverosímil de una pareja muy anciana. Abrió una enorme corriente de agua para que su pueblo pudiera caminar a través de ella. Tomó una diminuta nación y la convirtió en el centro del mundo. Redujo el ejército de Gedeón a una fracción de su tamaño para derrotar a un enemigo formidable. Usó a un pastor con una honda para matar a un malicioso gigante. Preservó a su pueblo gracias a las peticiones de Ester, la reina menos pensada con una petición muy arriesgada. Reveló el mensaje del misterio eterno de la salvación a través de rudos pescadores, ex prostitutas y ex estafadores. Y no lo olvides: logró una victoria cósmica a través de un hombre nacido en un establo y ejecutado en un instrumento de tortura.

Eso significa que tus sueños no son tan descabellados para Dios, y que no es improbable que Él te use. Él se deleita especialmente en hacer lo imposible a través de gente que, por la fe, no piensan que su sueño sea imposible en absoluto. Aquellos que captan la inmensidad del poder de Dios pueden tener sueños ilimitados.

Pero Dios debe ser la fuente no solo del cumplimiento de esos sueños, sino del origen mismo. Los sueños no son para tu realización personal o autorrealización, y ellos no tienen nada que ver con hacerte famoso. Dios *quiere* que te sientas realizado, por supuesto que sí, pero solamente Él conoce la mejor manera de lograrlo. Invita a personas comunes a soñar algo tan grande que sería imposible de alcanzar si Dios no lo hiciera. Él quiere que tu corazón sea lleno de sueños bastante más grandes de lo que tú eres: *sus* sueños para *sus* propósitos, para que tú y Él puedan deleitarse en ellos juntamente y para siempre. Yo le llamo a eso sueños santificados que honran a Dios.

La base de un sueño santificado

De algún modo hemos comprado la idea de que la gente que hace grandes cosas para Dios son personas especialmente dotadas con talentos y capacidades inusuales. Generalmente sucede lo contrario. Son personas ordinarias que le han permitido a Dios hacer cosas extraordinarias a través de ellas. Cuentan con el hecho de que todas las cosas son posibles con Dios y le permiten a su mente explorar las posibilidades. Una imaginación santificada –sueños que nacen de la comunicación íntima entre Jesús y su pueblo– es el combustible que hace que los negocios del Reino sean realizados. Los grandes sueños nacen cuando comenzamos a creer que:

1. Dios puede hacerlo

Este es un concepto inusual para muchas personas, así que permíteme darte algún respaldo bíblico antes de avanzar. En primer lugar, si nuestro Dios ha de asociarse con nosotros para emprendimientos imposibles, necesitamos entender que Él puede hacer todas las cosas. Como dice Jeremías 32:17: *¡Ah, Señor mi Dios! Tú, con tu gran fuerza y tu brazo poderoso, has hecho los cielos y la tierra. Para ti no hay nada imposible.*

Piensa en la situación más difícil de tu vida, un problema que parece inamovible. No es muy difícil para Dios. Ni siquiera es *ligeramente* difícil. O piensa en el sueño más alocado que se te pueda ocurrir. Otra vez, no es demasiado difícil para Él. Para nada. No hay un conjunto de circunstancias que lo pongan en un aprieto o le hagan desear haber hecho las cosas de manera diferente. Él puede resolver todo en todo tiempo.

2. Dios desea hacerlo

No solo que Él puede hacer grandes cosas a través de nosotros, sino que, además, desea hacerlas. Quiere hacer cosas que *ningún ojo ha visto, ningún oído ha escuchado, ninguna mente humana ha concebido lo que Dios ha preparado para quienes lo aman* (1 Corintios 2:9). ¿No te suena a un Dios que quiere hacer grandes cosas? Este versículo a menudo se usa en los funerales para recordarles a los familiares que guardan luto de la esperanza que tenemos en Cristo, pero creo que también se aplica a la vida aquí y ahora. No podemos crear un sueño demasiado grande para Dios, Él nos ha dado todas las razones para creer que quiere elevar nuestro nivel de expectativa.

Muchas veces intentamos bajar nuestras expectativas y aquietar nuestros sueños, porque sentimos que son muy irreales o que Dios no haría algo grande a través de gente como nosotros. Pero esas cosas no limitan a Dios. De hecho, tenemos una Biblia llena de ejemplos de Él que hace cosas irreales a través de la gente menos pensada. Nuestras limitaciones auto impuestas no son muy parecidas a la pregunta de María al ángel Gabriel cuando anunció que Jesús nacería de ella. Quedó perpleja de que un ángel viniera a verla (Lucas 1:29) y, como nosotros, sintió que era un recipiente poco probable para un milagro así. Entonces se pregunta cómo sería posible. La respuesta de Gabriel fue: *Nada es imposible para Dios* (Lucas 1:37).

3. Dios lo ha prometido

No solo que puede y que quiere, sino, además, que lo prometió. El Salmo 37:4 ha sido muy usado como un versículo de autoayuda, pero el sentido real es completamente diferente: *Deléitate en el Señor, y él te concederá los deseos de tu corazón.* En otras palabras, vuélvete tan obsesionado, tan enamorado, tan sobrecogido con quién es Él y lo que hace, que tu deleite en Él traerá toda clase de deseos que estará ansioso de cumplir. Cuando obtenemos una visión impresionante e inspiradora de Dios, nuestros corazones comienzan a latir como el suyo. En esa comunión, los sueños se elevan y son cumplidos.

. . . .

Nuestro mayor problema no es que nuestros sueños son demasiado grandes, sino que son demasiado pequeños.

. . . .

Imagina tener un sueño para todas las madres solteras en tu ciudad, o de alimentar a toda persona hambrienta que de otro modo no podría comer hoy, o alcanzar a los ejecutivos de alto nivel de ingresos o las tribus del confín de la Tierra con el evangelio. ¿Crees que Dios estaría detrás de esos sueños? ¿Estaría interesado en conceder los deseos de tu corazón?

Yo creo que sí. Entonces, ¿por qué no vemos más sueños cumplidos? Estoy convencido de que la razón no es que la gente sueñe en grande y termine desilusionada porque Dios no respondió. El problema es que pocas personas sueñan así. La mayoría de nosotros miramos los calendarios de nuestro escritorio y tratamos de imaginar cómo haremos todo lo que tenemos que hacer esta semana. Nos concentramos en el ahora, lo estrecho, el próximo paso en nuestra supervivencia. Dios quiere que elevemos nuestros ojos más allá de eso. Nuestro mayor problema no es que nuestros sueños son demasiado grandes, sino que son demasiado pequeños.

4. Dios nos invita

Por último, además de estar seguros de la capacidad de Dios, su deseo y su promesa, también tenemos una invitación abierta. El Salmo 2 es un salmo mesiánico –profetiza sobre Jesús– pero sus palabras eran una invitación a Israel de entonces, y ahora a todos los que estamos en Cristo. La invitación en el versículo 8 es sorprendente: *Pídeme, y como herencia te entregaré las naciones; ¡tuyos serán los confines de la tierra!*

En otras palabras, Dios no piensa en términos escasos. Si deposita un sueño tan grande en su Palabra e invitó a su pueblo a formar parte de ese sueño, seguramente también nos anima hoy a mirar el cuadro completo. El todopoderoso Dios que sostiene billones de galaxias en sus manos le dice a su Hijo y a aquellos que lo siguen, que todo lo que deben hacer es pedir –soñar un sueño grande y santo e ir tras él– y Él irá más allá como para darles las naciones como herencia. Esa es una invitación asombrosa.

Esa es la razón por la que Jesús puede darles a sus discípulos las clases de promesas que memorizamos cuando necesitamos ánimo. En Juan 14, por ejemplo, luego de que Jesús hubo lavado los pies de los discípulos y les prometió que vendría el Consolador, los deja asombrados con estas palabras:

Ciertamente les aseguro que el que cree en mí las obras que yo hago también él las hará, y aun las hará mayores, porque yo vuelvo al Padre. Cualquier cosa que ustedes pidan en mi nombre, yo la haré; así será glorificado el Padre en el Hijo. Lo que pidan en mi nombre, yo lo haré.

—JUAN 14:12-14

Cuando Jesús dice "ciertamente", realmente quiere recalcar algo. Significa "con mucha seguridad" o "esto es absolutamente cierto". ¿Puedes imaginarte el asombro de los discípulos cuando Jesús les dijo que ellos ciertamente serían capaces de hacer las obras que Él hizo? Todos los milagros de sanidad, liberación y resurrección de muertos, todas las obras de compasión y misericordia, toda la sabiduría y la enseñanza que Él hizo, ahora serían llevados a cabo por esos hombres comunes. Y no solo eso, sino que Jesús les dice que ellos, incluso, harían *mayores* obras que las suyas.

¿Qué condición hay entrelíneas en este cheque en blanco de la promesa? Solo que sus discípulos permanecieran el Él (Juan 15:4, 6, 9), que su corazón sea de Él, que sus mentes estén puestas en su Reino, que su compañerismo sea genuino y que pidieran en su nombre y para su gloria.

Mira quién habla

El contexto de las palabras de Jesús es, obviamente, su ministerio terrenal, pero piensa por un momento sobre Él que hizo esta promesa de "mayores obras". Colosenses 1:15-20 nos da un retrato de la deidad de Jesús, especialmente con referencia a la creación. Él es quien habló y el universo fue creado. Todo lo que existe fue creado en Él y por Él.

¿Te das cuenta cuánto puede ampliar tu mente? Permíteme darte unos pocos datos sobre el mundo en que vivimos. Nuestro planeta gira alrededor del Sol a ciento veinte mil kilómetros por hora. Cada año su circuito se completa a precisamente la misma velocidad. Este enorme planeta en su largo viaje está oculto en un mar de aproximadamente doscientos billones de estrellas en la galaxia. Y los científicos estiman que esta galaxia está cobijada entre más de ciento veinticinco mil millones de galaxias. Cuando tratamos de calcular el número de estrellas o las distancias en el espacio, los números son absolutamente pasmosos.

Se precisa de un Dios que lo haga, ¿no es cierto? No es de extrañarse que el salmista se maravillara porque Dios tomase en cuenta al hombre (Salmo 8). Aun así, este Dios encarnado en Jesús nos dio promesas que nos invitan a soñar. Nos aseguró que podríamos hacer lo imposible, y lo ha demostrado muchas veces.

¿Qué harías si Jesús viniera a ti en una visión mañana por la mañana, se parara a los pies de tu cama y te dijera: "Pondré a tu disposición todos los recursos que necesitas, todo el valor que precisas, todo el poder que te hace falta; ahora, sueña un gran sueño que sea digno de mí"? ¿Cómo le responderías? ¿Tendrías respuesta? ¿Estás acostumbrado a llenar tu corazón con una esperanza del tamaño de tu Dios? ¿Hay alguna visión que honre a Dios que haga latir tu corazón más rápido? ¿Cómo pueden ser usadas tus pasiones para su gloria? ¿Cómo sería esa imagen de que cruzas la línea de llegada a un sueño de trascendencia eterna? Piénsalo, porque la verdad es que Jesús *ha venido* a ti y te ha hecho promesas radicales. Y la razón más común por las que esas promesas no cumplen sueños divinos, es que los soñadores tienen temor de creerlas.

Cómo Dios engendra sueños en su pueblo

Dios nos dio una Biblia llena de historias de gente con sueños del tamaño de su Dios, que dependieron de su poder y promesas para alcanzarlos. En la mayoría de los casos *Las Escrituras* describen los sueños de esos héroes como dados por Dios; en cada caso son al menos representados como bendecidos y usados poderosamente por Dios. Aunque los llamamos personajes bíblicos y héroes de la fe, eran personas comunes como el resto de nosotros: desesperadamente inseguros, en apuros financieros, propensos a conflictos de relaciones y a veces llenos de temores. Pero algo ocurrió con cada uno de ellos, alguna clase de progreso que los llevó de un gran sueño a una gran realidad para la gloria de Dios. Podemos aprender mucho de la forma en que Dios trató con ellos.

Abraham

Comenzó con una orden. Dios le dijo a Abraham que dejara su casa y se fuera... a un lugar. No a un lugar específico, como sabía Abraham. Simplemente un lugar desconocido, sin nombre, que Dios le mostraría luego. Al igual que con muchos sueños, el primer paso incluye salir de la zona de confort.

Abraham podía haber desdeñado esa voz. No sabemos si fue en forma audible que le habló Dios, pero lo que sí sabemos es que aunque el patriarca no podía ver la imagen completa en un principio, creyó que había una. Solo después de que salió de su zona de confort Dios engendró un sueño en él. Tendría descendientes que superarían en número a las estrellas del cielo y a la arena del mar. Su familia se convertiría en una gran nación.

El principio que podemos aprender de Abraham es que Dios a menudo no engendra sueños hasta que hemos demostrado que estamos dispuestos a salir de nuestra zona de confort. Así que la pregunta que tenemos que hacernos es si estamos dispuestos a hacerlo (relacional, geográfica o económicamente, o lo que Él quiera). Para soñar grandes sueños necesitamos saber dónde está nuestra seguridad. Si hallamos la seguridad en las personas que ya conocemos, el lugar en que ya vivimos o la posición con la que ya nos sentimos cómodos, podemos no llegar a realizar nunca nuestro sueño. De hecho, probablemente no lo hagamos.

PRINCIPIO
Dios nos ordena salir de nuestra zona de confort.

José

Con uno de los nietos de Abraham, Dios demostró que a veces pone un sueño directamente en el corazón de una persona. José tuvo un sueño –literalmente– que no buscaba. Recibió dos imágenes del resto de su familia sirviéndolo a él un día en el futuro: las gavillas de sus hermanos se inclinaban ante la gavilla de José; y el Sol, la Luna y once estrellas hacían reverencias ante él. Esos eran sueños arriesgados y ofensivos, pero José creía que venían de parte de Dios.

Si eres como José –y como la mayoría de las personas para esas cosas– has hallado ciertos sueños en tu corazón, que no buscabas. Tienes pasiones que nunca has contado a nadie porque suenan muy extravagantes, alocadas, maravillosas y exageradas. Como Dios lo demostró con José, no obstante, no puedes suponer que un sueño extravagante no sea un sueño de Dios. José fue primero un pastor, luego un esclavo, luego el administrador de la casa de Potifar y luego un prisionero. Pero Dios sacó a José de la prisión para cumplir su sueño alocado, y se convirtió en el segundo mayor líder de Egipto, y fue usado por Dios para preparar para la hambruna que vendría, salvando así a una nación entera como también a su propia familia.

PRINCIPIO
Dios puso su sueño en tu corazón.

Moisés

Moisés tuvo un sueño de ver a su pueblo liberado de la cautividad en Egipto, pero fracasó cuando trató de implementarlo por su propio poder y según sus maneras. Se salió de la senda de Dios y mató al guardia egipcio, cosa que derivó en tener que escapar del país y no con hacer salir en victoria a su pueblo de Egipto. Cuando Moisés vivió en el exilio por cuarenta años, tuvo mucho tiempo para reflexionar sobre la futilidad del esfuerzo humano.

Pero solamente porque Moisés trató de alcanzar su sueño en la sabiduría y fuerzas humanas, no significa que Dios no puso el sueño allí. Moisés buscó la libertad de su pueblo porque era el tiempo señalado por Dios para levantar un libertador. Su fracaso solo sirvió para prepararlo para libertar a los judíos a la manera de Dios. Aprendió la lección esencial de que un sueño a la medida de Dios es imposible de lograr, a menos que Dios sobrenaturalmente lo haga posible. Aprendió tan bien la lección, por cierto, que discutió con Dios ante la zarza ardiente sobre la dificultad de la tarea. El resultado fue un libertador que sabía confiar en el poder de Dios para hacer cosas tan asombrosas como abrir el Mar Rojo y proveer comida en un desierto árido. Dios permitió que Moisés sintiera la pequeñez humana para prepararlo para el éxito divino.

PRINCIPIO

Dios permite que fracasemos en nuestros intentos por lograr su sueño con nuestro propio poder.

David

David tenía un sueño (en realidad tenía muchos). Uno era convertirse en rey y liderar bien, un sueño que le fue impartido cuando Dios le dijo a Samuel que lo ungiera como sucesor de Saúl. Pero David pasó la mayor parte de la década siguiente esquivando las lanzas y escondiéndose en las cuevas de Israel. Enfrentó adversidad permanentemente, pero aprendió durante ese tiempo a amar y confiar en el Dios que lo había llamado y le había prometido la realeza. David demostró en repetidas ocasiones que quería agradar a Dios más que lo que deseaba cumplir su sueño, dos veces tuvo la oportunidad de matar a Saúl y asumir el trono.

Como resultado de eso, tenemos numerosos salmos que le dan gloria y honor a Dios por sobre todo lo demás. Recordando a David, Pablo lo identificó como un hombre conforme al corazón de Dios (Hechos 13:22). ¿Cómo alguien llega a ser considerado un hombre conforme al corazón de Dios? Mira el final del versículo; es porque Dios dice que él realizará todo lo que yo quiero.

A través de toda la adversidad, David aprendió que el propósito de su vida no era cumplir un sueño ni tampoco tener éxito para Dios. Era amar al Dador de los sueños más que al sueño mismo. Él estableció su corazón sobre la relación primero y sobre los beneficios luego. Para mí, el Salmo 73:25-26 ha representado mantener mi amor por Dios antes que mi pasión por ser usado por Él.

¿A quién tengo en el cielo sino a ti?
Si estoy contigo, ya nada quiero en la tierra.
Podrán desfallecer mi cuerpo y mi espíritu,
pero Dios fortalece mi corazón;
él es mi herencia eterna.

Luego observa en el versículo 28 lo que le importa más al salmista: *Para mí el bien es estar cerca de Dios.*

PRINCIPIO

Dios nos enseña a través de la adversidad a amar al Dador del sueño más que al sueño mismo.

Pablo

Pablo, el fariseo, era un asesino en una ferviente persecución de los "herejes". Lo que él pensaba que era su mayor servicio a Dios se convirtió en su mayor fracaso en la vida. Pero el Señor lo llevó a un momento de crisis, lo confrontó con el Salvador a quien perseguía. En ese momento de crisis, Dios le habló. Le dio a Pablo una gran misión que se trasformó en un sueño apasionado.

Dios a menudo nos da o clarifica un llamado durante un tiempo de crisis. Sin importar la clase de crisis (de salud, económica, en la carrera, geográfica, relacional, etc.), lo oímos con más claridad cuando estamos desesperados porque nos hable. Cuando nuestra vida está de pronto desordenada, tal vez incluso en nuestros propios fracasos, Dios tiene una plataforma desde la cual hablarnos. Él nos lleva a un punto en el que tenemos que prestarle atención.

Si piensas: "Claro, Dios lo hace con los otros, con gente santa que tiene todo en orden y que estudian sus Biblias todo el tiempo. Pero yo me divorcié dos veces, soy adicto a...". Puedes completar la línea con tus propios asuntos, cualesquiera que sean. El punto es que incluso si tus problemas son tan serios como un asesinato, no estás descalificado. Pablo fue un asesino pero aun así Dios lo usó como un poderoso misionero.

Recuerda lo que Dios hace: Quiere alcanzar lo imposible a través de personas improbables, e impartir su gracia abundante a recipientes indignos. Mi esposa Theresa se sentía una persona incapaz de mostrar la gloria de Dios cuando fue abandonada por su primer marido y dejada al cuidado de dos niños pequeños. La vida puede parecer completamente destrozada e inútil en momentos como ese. Pero Dios muchas veces comienza a cumplir los sueños, porque allí es donde nos sentimos más desesperanzados en cuanto a ellos, y la gracia puede verse con más claridad. Tus fracasos, dificultades, dolor, quebranto, heridas –lo que sea que atravieses– muy probablemente sean la plataforma que Dios usará para cumplir el sueño que te entregó. Usó la crisis de Theresa para ayudar a otros. Por causa de lo que ella había experimentado, Él pudo usarla para enseñar y dar esperanzas a otras madres solas, las ayudó a transformar su imagen hecha añicos en su verdadera identidad como hijas de Dios.

PRINCIPIO
Dios clarifica nuestro llamado en tiempos de crisis, y muchas veces usa nuestros peores fracasos como plataforma de su cumplimiento futuro.

Un sueño grande, formidable y atrevido

Recuerdo una vez en 1996 cuando la vida comenzó a complicarse realmente. La iglesia que yo pastoreaba en Santa Cruz crecía y realizábamos cinco servicios en los que proyectábamos en una pantalla. Con seis mil quinientas personas a la semana asistiendo a la iglesia teníamos tan solo un edificio de casi tres hectáreas sin capacidad de extenderse. Entonces surgió inesperadamente una oportunidad de hacer un programa de radio y lo iniciamos con dos o tres estaciones. La gente comenzó a pedirnos que expandiéramos la transmisión e imprimiéramos el mensaje también. De repente, tanto tiempo como espacio eran bienes escasos y yo estaba sobrepasado.

Me reuní con los ancianos y les dije que no sabía qué hacer. Tenía demasiadas oportunidades y responsabilidades, y todas ellas parecían ser lo correcto. Necesitaba que Dios me mostrara cómo mi vida se ensamblaba con sus propósitos.

Un punto de inflexión vino en un retiro en el que consideramos junto con el equipo *Empresas que perduran*, de Jim Collins,[1] autor del *De bueno a grandioso* original. Collins escribió que las empresas que perduran tienen "metas grandes, formidables y audaces". Nos imaginábamos que las grandes metas podían alcanzarse con esfuerzo humano, pero solo Dios podía cumplir esos sueños del tamaño de Dios. Así que hicimos que cada miembro del equipo tomara un tiempo a solas para hacer algo de "sueño santificado", y volver con su sueño grande, formidable y audaz, algo que solo Dios pudiera hacer y que no pudiera ser definido como producto de energía o esfuerzo humano.

Nuestro pastor de misiones, por ejemplo, tuvo un sueño en el que nuestra iglesia daba un millón de dólares a las misiones en uno de los tres años siguientes. En ese tiempo, nuestras contribuciones anuales a las misiones eran menos de la mitad de esa suma. Pero en dos años y medio pudimos dar más de un millón de dólares. Nunca hubiera sucedido si nadie hubiera soñado con hacerlo. Pero cuando la gente o las iglesias comienzan a soñar, empiezan a gravitar hacia esos sueños, y sus prioridades y expectativas se realinean.

Mi sueño grande, formidable y atrevido, era un poco menos específico. Vino a mí cuando estaba sentado en el campo en un retiro. Generalmente Dios me habla como le habla a la mayoría de las personas: deducciones lógicas y principios aprendidos de la lectura de *La Biblia* y la oración. Pero sobre este asunto del programa de radio y la expansión del ministerio, le pedí a Dios que me mostrara cómo mi vida encajaba en ese plan. Le dije que haría lo que Él quisiera, pero le pedí que me diera un enfoque menos disperso.

Cuando me senté en el pasto verde de ese campo, oré y esperé en silencio; luego sentí al Espíritu Santo decir muy claramente: "Chip, quiero que seas un catalizador para transformar la manera en que los estadounidenses piensan acerca de Dios, cómo los pastores piensan acerca de la predicación, cómo las iglesias piensan acerca de sus comunidades y cómo los creyentes viven cotidianamente su fe en el hogar y en el trabajo". No fue una voz audible, pero fue igualmente clara y muy tangible; yo tenía un fuerte sentir de que no era solo una sugerencia sino más bien una directiva firme. De hecho, oí vívidamente a Dios decirme: "Chip, escríbelo. ¿Fui demasiado rápido? Escríbelo". Fue uno de los encuentros más inusuales y poderosos que tuve con Dios.

Un catalizador es generalmente una muy pequeña cantidad de un químico que, cuando es puesto dentro de otro compuesto, tiene un efecto transformador en todo el conjunto. Ser un catalizador implica no tener la presión de ser una persona famosa ni una voz fuerte. Significa simplemente tener un foro que pueda convertirse en un punto de influencia, el comienzo de una cadena de reacción para ayudar a la gente a tener una visión más elevada de Dios y de *Las Escrituras*, ayudar a los pastores a enseñar *La Biblia* de una manera relevante y aplicable, ayudar a las iglesias a dejar de tratar de ser la más grande de la zona y comenzar a unirse a otras iglesias para alcanzar su comunidad, y de ayudar a los creyentes a dejar de vivir de una manera los domingos y de otra el resto de la semana. "Pediste una visión, y aquí está", parecía decirme el Señor. "Así es como encaja todo junto. Ahora ve y hazlo".

Esa visión se volvió el timón de mi vida desde 1996. Cuando Caminata Bíblica me pidió que fuera su líder, comprendí que algunas partes de mi visión no podrían ser cumplidas en una ubicación sobre la costa de California. Podía tener un programa de radio y escribir libros desde allí, pero tener un ministerio entre los pastores e iglesias requería conectarse con un ministerio más amplio. Caminata Bíblica tenía un ministerio para cuarenta mil iglesias en los Estados Unidos, y brindaba recursos para la enseñanza a ochenta y cinco países. Eso se alineaba perfectamente.

Al igual que José, me di cuenta que Dios había puesto un sueño en mi corazón para los propósitos que Él había planeado para mí. Pero como Abraham, realmente tenía que salir de mi zona de confort. Me sentía cómodo en Califormia. Vivía cerca de la playa, amaba la Iglesia Bíblica Santa Cruz, y no tenía planes de desarraigar a mi familia y mudarme al otro lado del país. Pero tuve que preguntarme si estaba aquí en este mundo para mí o para Dios, para el ahora o para la eternidad, para predicarle a la gente o para vivir realmente la verdad que predicaba.

Dios tomó mi oración por un sueño bastante en serio, incluso más en serio de lo que yo mismo lo hice. Regresé de ese campo y hablé con el equipo ministerial, casi pidiendo disculpas sobre mi sueño grande, formidable y audaz de convertirme en un catalizador de la transformación. Era un sueño descabellado cuando tu iglesia tiene un programa de radio en dos estaciones y pastorea algunas iglesias. Pero el equipo no se rió de mí, y cinco años más tarde estábamos en alrededor de seiscientas estaciones de radio. Solo Dios pudo haberlo hecho.

Aunque Él alcanza grandes metas, usualmente solo lo hace a través de personas que toman una decisión acerca de un sueño que Él ha puesto en sus corazones. No está en la naturaleza humana salir de nuestra zona de confort hacia un impacto a largo plazo, a menos que haya un sueño que nos impulsa en esa dirección.

La mayoría de nosotros tenemos sueños pequeños, no de los audaces. Queremos comprar una segunda casa, o estar económicamente seguros o jugar al golf por los últimos diez años de nuestra vida. Los sueños pequeños de esta clase afectan a un puñado de personas aquí y allá, y en general por un breve período de tiempo. Un día, cuando veamos la clase de sueños que *podríamos* haber tenido, veremos esos sueños pequeños como oportunidades perdidas.

¿Puedes imaginarte de pie ante Jesús un día diciéndole: "Señor, gracias por prepararme con experiencia, enseñarme con tu Palabra y darme todos los recursos para poder reducir de quince a cinco mi *hándicap*"? Dios diría: "¿No entiendes? Yo te preparé para el tiempo más importante de tu vida y no estabas en sintonía conmigo. La vida no se trata de ti. Tengo propósitos eternos para ti, pero estoy ocupado en hacer cosas imposibles a través de gente improbable para impartir gracia abundante a receptores indignos. Te posicioné para una tarea grande, eterna, y tú te la perdiste".

El Señor nunca va a decirle eso a alguien que haya soñado grandes sueños nacidos de la comunión con Él. Si no tienes un sueño, pídele uno. No es muy complicado, y Él se deleita en la petición.

El sueño te costará la vida

Imagina lo inútil y ridículo que parecía el ministerio de Jesús mientras Él colgaba de la cruz: un predicador que no precisamente tuvo éxito, un milagrero que de repente no pudo hacer un milagro, un perdedor de proporciones colosales. Pero Jesús había dicho que a menos que el grano de trigo cayera en tierra y muriera, no llevaría fruto (Juan 12:24). El sueño, según parece, nos costará la vida.

Esta es una razón por la que la mayoría de nosotros no queremos el sueño de Dios. El sueño nos costará la vida y parecerá ante los demás como el colmo de la locura, justo antes de que Dios haga lo imposible a través de nosotros. Habrá un tiempo en el proceso del cumplimiento del sueño que Dios ha depositado en tu corazón cuando Él te llevará al límite, y tú deberás morir.

Todo sueño pasa por la cruz. Todo sueño te lleva adonde te despojas de todo y de todos, de todo plan y expectativa personal, y allí es solamente cuando el Señor te resucita y tu sueño puede continuar.

Gastamos mucho de nuestro tiempo y energía tratando de evitar ese lugar. Queremos lo suficiente de Jesús como para que nos haga feliz, lo suficiente como para que nos dé paz y lo suficiente como para que las cosas se encaminen para cumplir nuestros sueños y planes. Mientras tanto, Él quiere llevarnos a la cruz, en donde nuestros sueños egoístas, nuestro ego y planes para los "grandes logros" tienen que morir. La cruz te lleva a un lugar de total y absoluta rendición a todo lo que tienes y todo lo que eres. Rindes todo en obediencia a la visión o el sueño que Dios te ha dado para tu vida.

Las Escrituras y la historia están repletas de ejemplos: Martín Lutero y otros de los primeros reformadores se negaron a retractarse de sus convicciones cuando sus vidas fueron puestas en peligro. En los primeros días de las misiones modernas, los misioneros empacaban sus pertenencias en un ataúd, porque la probabilidad de regresar a su tierra con vida era mínima. Dietrich Bonhoeffer, que defendió la verdad (y murió por ella) en la Alemania nazi, dijo: "Cuando Dios llama a un hombre, le ofrece venir y morir".[2] Abrazar los sueños de Dios significa sacrificar los sueños inspirados en uno mismo, y eso es a menudo un intercambio doloroso. Pero los beneficios siempre superan el costo.

No puede haber resurrección sin muerte. No es divertido, pero es necesario. Si no mueres a ti mismo, entonces operarás en tus dones y talento natural, y con gusto recibirás la alabanza por ser listo, inteligente e hiperespiritual. Ese no es el objetivo. El objetivo es que Dios sea glorificado en tu vida al hacer algo imposible a través de alguien improbable como tú.

Cómo desarrollar los sueños

Una miembro de la iglesia vino una vez a mí con una preocupación. "Tengo una hija de treinta y tres años que tiene síndrome de Down, y he estado en varias iglesias a lo largo de estos años. A nadie parece importarle ella. Se sienta junto a mí, y yo sé que hace sonidos extraños, pero realmente ama a Jesús y quiere crecer".

Ese era un problema que yo verdaderamente quería resolver, pero no teníamos a nadie que pudiera hacerlo. De modo que le di mi respuesta típica del modo más amable que pude. "Sueñe un sueño, forme un equipo, escriba una página". La política de nuestro liderazgo era que nosotros estábamos para equipar, pero no éramos profesionales contratados que hacían la obra del ministerio a favor de la iglesia. Entonces cuando alguien en nuestra congregación venía con un deseo o una carga que Dios le había puesto en el corazón, le decíamos que en oración buscara a otros que tuvieran la misma pasión y escribieran un resumen de una página de cómo el equipo podría hacer algo al respecto.

Antes que pasara mucho tiempo esta mujer, que no era talentosa como líder o como administrativa, había encontrado a otras dos señoras con esos dones y un corazón por las necesidades especiales, y juntas comenzaron a ministrar en esa área. Al poco tiempo teníamos casi sesenta personas con síndrome de Down o con otros problemas mentales en la parte delantera de nuestros servicios, y un año o dos más tarde bautizábamos a un montón de ellos. La gente sabía que podían venir a nuestra iglesia para recibir esa clase de ministerio. No tuvimos que decirles que buscaran un programa en Los Ángeles, o en Dallas o en ningún otro lugar donde pudieran suplir sus necesidades. Alguien soñó un sueño y formó un equipo, y Dios levantó un ministerio.

Sé de una misionera en Lima, Perú, que vio la situación apremiante de los niños de la calle –niños huérfanos o abandonados que crecieron valiéndose por sí mismos– y comenzó a suplir las necesidades de algunos de ellos. Su agencia misionera le ayudó a concluir el proyecto, y en poco tiempo se había expandido a muchas otras ciudades del mundo. La compasión del corazón de una mujer creció hasta transformarse en una herramienta poderosa en el Reino de Dios, todo porque ella soñó un sueño y lo puso en acción.

Ningún sueño es demasiado grande para Dios. Muchos de ellos, sin embargo, son demasiado grandes para nosotros (al menos al principio). Tenemos que cultivar el arte de soñar, el cual, al principio, como la mujer de nuestra iglesia y la misionera en Perú, a veces significa comenzar con nada más que un corazón compasivo y una idea para suplir una necesidad. El cumplimiento suele empezar con pequeños pasos. Creo que Dios a menudo comienza con sueños del tamaño de un bocadillo en áreas específicas de nuestra vida. Comenzamos a expresarle nuestros deseos, y Él toma algunos de ellos y los une, formando algo que puede cumplir.

He tenido algunos deseos en estos años, y generalmente los ubico en dos categorías: personal o ministerial. No todos ellos son enormes, aunque algunos sí lo son. La mayoría son pequeños pasos de un gran viaje. He encontrado muy útil escribir algunos de mis sueños personales y ministeriales en fichas de quince por diez centímetros, y leerlos de tanto en tanto. Permíteme darte algunos ejemplos que pueden ayudarte a desarrollar tus sueños.

Terminar bien:

Deseo caminar con Dios en la integridad de mi corazón hasta el día en que muera.

Uno de mis sueños es terminar bien, caminar con Dios en la integridad de mi corazón hasta el día en que muera. Puedo revisar mi progreso regularmente, porque lo he escrito en una ficha que me recuerda que debo seguir intentando hacia ese objetivo.

Adoración:
Quiero ser un verdadero adorador.

Otro sueño es ser un verdadero adorador, enfocarme menos en mí mismo, disfrutar más a Dios, cantar de su grandeza y darle honra y alabanza a Él.

Matrimonio:
Quiero amar a Theresa de manera sacrificial.

Con respecto al matrimonio, escribí el sueño de amar a Theresa de manera sacrificial, en un modo que tenga sentido para ella todos los días. Durante veinte años lo he leído una y otra vez, y le he pedido a Dios que me ayude con él. También he soñado con orar seriamente con ella al menos una vez por semana, y en forma rápida al menos una vez al día.

Paternidad:
Deseo ayudar a mis hijos a descubrir la voluntad de Dios para sus vidas.

Mientras mis hijos crecían, mis sueños eran ayudarlos a descubrir la voluntad de Dios para sus vidas y ayudarlos a moverse en esa capacidad, ayudarlos a identificar sus dones espirituales y desarrollarlos, verlos hambrientos y sedientos por la justicia, y saber en lo profundo de su corazón cuán amados e importantes son en Cristo.

Ministerio:
Anhelo ver crecimiento numérico sin sacrificar la intimidad espiritual y la comunión entre los miembros de la congregación.

Mis sueños para el ministerio han asumido diferentes formas

en diferentes épocas. Allá por 1982 lideraba una iglesia de treinta y cinco personas en un pueblo de cuatro mil quinientas. Encontré una ficha que había escrito después de haber estado allí un año: ver un crecimiento numérico de más de mil personas sin sacrificar la intimidad espiritual y la comunión entre los miembros de la congregación. Eso puede sonar ridículo, pero me imaginaba que Dios iba a edificar una gran iglesia en algún pequeño pueblo en algún lugar, ¿o no? Y yo era tan improbable como cualquier otro tipo para que Dios me eligiera para ese imposible. Aunque mi visión de mil no se materializó, la iglesia creció de treinta y cinco a unos quinientos, y entonces Dios me envió a ese "algún lugar". No creo que esa clase de crecimiento hubiera ocurrido sin un sueño audaz que encendió a este pastor pueblerino.

Predicación:
Quisiera predicar mensajes que transformen las vidas para la gloria de Dios.

También tenía el sueño de predicar grandes mensajes que trasformaran las vidas para la gloria de Dios. Suena un poco arrogante, ¿no es cierto? ¿Pero cuál es la alternativa? ¿Hubiera sido mejor tener el sueño de predicar mensajes malos o mediocres? No hay nada de malo en soñar con lograr grandes cosas, siempre y cuando ese deseo no esté enfocado en la gloria personal de uno. Soñar con hacer grandes cosas para la gloria de Dios, es una meta bíblica, y ser capaces de poner en palabras el resultado que queremos ver nos mantiene atentos a las prioridades, y nos ayuda a perseverar en los obstáculos y dificultades.

Muchos de los ejemplos que enumeré son pequeños pasos para una visión de por vida, y probablemente tú tengas algunos tuyos que también te acercarán a tus metas. Dividir la visión en porciones más pequeñas nos ayuda a evitar los emprendimientos-castillos-en-el-aire (esos sueños tan indefinidos que nunca podemos alcanzarlos).

El proceso. Prepararse para soñar grandes sueños

En términos prácticos, ¿cuál es el proceso para ir tras un sueño grande?

- *Escríbelo.* A mí me resultó práctico primero escribirlo en papel. Escribe un sueño audaz para un área de tu vida (matrimonio, hijos, profesión, ministerio, etc.) sobre una ficha de cartón, y luego elabora varios pasos más pequeños que te llevarán en la dirección de ese sueño. Luego haz lo mismo para cada una de las otras cuatro áreas de la vida. No tienes que mostrárselas a nadie; yo guardé las mías en privado por muchos años, porque muchas de ellas sonaban demasiado audaces e irreales. Pero escribirlas es como hacer un contrato contigo mismo de avanzar en la dirección correcta.

- *Léelas regularmente.* Una vez que hayas escrito tus sueños, léelos con regularidad. Si constantemente te recuerdas que quieres ser un gerente cuya integridad influencie tu medio laboral y atraiga a la gente a Cristo, por decir algo, o una madre cuyos hijos tengan una pasión por Dios porque tú los has criado así, no será sencillo que te desvíes por mucho tiempo. Leer tus sueños una y otra vez siempre te llevará de regreso a tu enfoque central.

- *Ora por ellos.* Luego ora por tus sueños. Si Dios es quien los originó, serán imposibles de cumplir por tus propios medios. Mientras los lees recordarás que estás en completa dependencia de Él y sentirás la necesidad de orar que su poder los haga realidad.

- *Está atento a la intervención de Dios.* Por último, observa la intervención y dirección de Dios. Él es tu mayor benefactor y quiere ver tus sueños cumplidos, incluso más que tú mismo. Siempre que sean nacidos de tu comunión con Él, ellos serán tanto asunto suyo como tuyo. Puedes esperar que Él obre en ellos a su manera y en su tiempo.

Pasos a seguir

1. Pasa algo de tiempo esta semana orando acerca de lo que quieres lograr en la vida. Pregúntale a Dios qué sueños tiene para ti. Quita todo obstáculo e ignora todo pensamiento sobre cómo pueden llegar a reaccionar los demás ante tus sueños, sobre los recursos que te faltan o sobre cualquier otra cosa que te limite. Deja que el Espíritu de Dios llene tu corazón con profundos anhelos.

2. Escribe en cuatro fichas una oración que exprese tu sueño último y de toda la vida, en cada una de estas cuatro categorías:
   - Crecimiento personal
   - Soltería, matrimonio, familia
   - Carrera profesional
   - Iglesia y ministerio

   Luego, en el reverso de cada una de las fichas, enumera los próximos tres pasos que crees que necesitas dar para cumplir tu sueño. Después considera qué pasos puedes dar inmediatamente. Tú quieres ser sensible al tiempo de Dios, por supuesto, pero muchas personas aplazan sus sueños indefinidamente porque, por alguna razón, no se sienten listos para ellos. Tú no lo hagas. Pídele a Dios que te guíe decididamentè en la dirección de tus sueños esta semana.

3. Memoriza uno o dos de los siguientes versículos:

¡Ah, Señor mi Dios! Tú, con tu gran fuerza y tu brazo poderoso, has hecho los cielos y la tierra. Para ti no hay nada imposible.
—Jeremías 32:17

Al que puede hacer muchísimo más que todo lo que podamos imaginarnos o pedir, por el poder que obra eficazmente en nosotros, ¡a él sea la gloria en la iglesia y en Cristo Jesús por todas las generaciones, por los siglos de los siglos! Amén.
—Efesios 3:20-21

Preguntas para reflexionar y discutir

1. ¿Alguna vez te han dicho o enseñado que se supone que los cristianos no debían buscar el cumplimiento de sus sueños? ¿Bajo qué condiciones esa declaración es verdadera? ¿Cuándo es falsa?

2. ¿Cuándo puedes saber la diferencia entre un sueño inspirado en uno mismo y uno dado por Dios? ¿Qué pasaría en cada caso si los llevaras a la cruz?

3. ¿Qué sueños del tamaño de Dios están actualmente en tu corazón? ¿Hay algún paso de fe que puedas dar ahora mismo para avanzar hacia el cumplimiento de ese sueño? ¿Cuál es? ¿Qué te está impidiendo dar ese paso?

5

Ora grandes oraciones

Walt Baker se aseguró de nunca sentirse desconectado de Haití. Había pasado allí veinte años como un misionero de carrera, antes de ser invitado para enseñar sobre misiones en el Seminario Teológico de Dallas, y solo tenía una condición innegociable bajo la cual aceptaría el rol: tenía que permitírsele pasar cada verano en el lugar en donde había invertido su corazón. Así que cada año, Walt les daba a un grupo de estudiantes una materia en el campo misionero en uno de los países más pobres de la Tierra.

En 1982 fui en uno de esos viajes a Haití con Walt y algunos pastores y líderes laicos. Después de un viaje que incluyó avión, jeeps, buses plagados de gallinas y monos, acabamos en un orfanato médico en una barraca en la selva. Los niños abandonados que precisaban atención médica ocupaban la mayoría de las camas en este "hospital del dolor". Al igual que la mayoría de los haitianos, esos niños estaban en una situación desesperada. Nunca había visto tanta pobreza y nunca volví a ver algo similar.

Walt y yo compartimos parte de una casa en donde habían puesto un par de catres. La primera noche me preguntó si quería unirme a ellos en oración antes de ir a dormir. Nos arrodillamos junto a un pequeño escritorio, y me pidió si quería comenzar yo. Pensé que tendríamos una linda oración de buenas noches, de modo que agradecí sinceramente al Señor por ese día y le pedí que ayudara a los huérfanos.

Luego de un prolongado silencio, Walt puso su enorme manota en mi hombro y comenzó a derramar su corazón por Haití. Habló con Dios con tanta pasión que comencé a sentir que mi oración no calificaba como verdaderamente sincera. Me di cuenta que estaba en la habitación con un hombre que de veras conocía a Dios a un nivel que yo jamás había experimentado. Por momentos había un profundo sentido de reverencia y largas pausas en silencio, algunas de las cuales me hacían sentir muy incómodo. Walt hablaba con Dios con un sentido de autoridad, como si en verdad esperara que Dios hiciera lo que le pedía. Puso las necesidades sobre la mesa, reconoció los recursos ilimitados de Dios y apeló a las promesas que Él había hecho. Walt había estado rodeado de una pobreza espantosa durante la mayor parte de tres décadas, y regresaba a Haití cada verano luego de veinte años en el campo misionero. Él sabía que oraba a un Dios con poder.

Ser testigo de la comunión de Walt con Dios me hizo entender por qué Él usaba su vida. Tenía un arma secreta de oración. Yo no sé cómo sucedió, pero algo cambió en mi corazón esa noche. Le dije a Dios que quería conocerlo con el grado de intimidad que tenía Walt. No quería simular ser como él o imitar sus oraciones, sino que quería lo auténtico.

Hemos hablado acerca de pensar grandes pensamientos y soñar grandes sueños, pero orar grandes oraciones nos conduce a un terreno más santo. Tenemos una invitación sagrada a llevar nuestros pensamientos y sueños a la presencia de Dios. Jesús pronunció esa invitación en Juan 16:23-24:

> *En aquel día ya no me preguntarán nada. Ciertamente les aseguro que mi Padre les dará todo lo que le pidan en mi nombre. Hasta ahora no han pedido nada en mi nombre. Pidan y recibirán, para que su alegría sea completa.*

Imagina lo que sucedería si creyéramos esa promesa, incluso en un grado pequeño. Recibir lo que pidamos en su nombre –basado en su mérito y en nuestra relación con Él– es una oferta increíble.

Es como si Jesús nos diera una tarjeta de crédito espiritual con su nombre en ella, y esa tarjeta fuera reconocida siempre en el almacén del Padre, donde hay provisiones ilimitadas. Tenemos que usarla con responsabilidad. Nuestros gastos deben ir a tono con sus propósitos. Pero las condiciones son menores considerando el alcance de la promesa. Jesús nos hace una invitación abierta –hasta nos implora– que oremos grandes oraciones.

Las grandes oraciones son profundamente personales

Este capítulo no contiene un acercamiento sistemático a la oración. Es la opinión de un hombre basada en su caminar con Dios por más de treinta años, y en el hecho de estar rodeado de gente cuyas oraciones son respondidas poderosamente por Dios. Las grandes oraciones parecen ir acompañadas de ciertas características en común.

Una de las características más notables es que las grandes oraciones son profundamente personales. Fluyen de una pasión de conocer a Dios. Cuando un creyente está intensamente enamorado del Señor, sus oraciones comienzan en Él y terminan en Él. En vez de ser estructuradas, mecánicas, rutinarias o basadas en el desempeño humano, las grandes oraciones son íntimas y sinceras.

Moisés oró una gran oración en Éxodo 33:17-19. Los israelitas acampaban en la base del Monte Sinaí, donde Dios les había dado la Ley (y donde el pueblo se rebeló haciendo un becerro de oro al que adorar), pero Dios le acababa de decir a Moisés que era tiempo de continuar hacia la tierra prometida. Moisés ya había visto la zarza ardiente, oído la voz de Dios varias veces y visto milagro tras milagro, de modo que una rica vida de oración no le era extraña. Pero quería más. Oró que la presencia de Dios fuera con ellos, y Dios le aseguró que lo haría. Luego hizo un pedido audaz: le pidió a Dios si podía ver su gloria. Todas las obras de Dios –la drástica liberación de Egipto, los milagros y el poder– eran grandiosas, pero no suficientes para él. Moisés quería una experiencia más profunda con Dios mismo.

Dios le había dicho que de responder esa oración completamente, lo mataría. La luz inaccesible y la santidad de Dios le volarían los circuitos y el poder lo destruiría. Pero aun así contestó la oración hasta el punto en que podía hacerlo, puso a Moisés en la grieta de una peña, lo guardó con su mano, pasó por delante de él y le permitió experimentar la manifestación de su presencia. Cuando Dios pasó, le reveló sus atributos de bondad, misericordia y compasión. Moisés se encontró con Dios más personalmente porque lo había pedido.

David oró oraciones personales también, y tenemos muchas de ellas registradas en los salmos. Era un gran guerrero, un músico consumado y el rey de Israel. Tenía todo lo que quería en términos de salud y mujeres. ¿Pero qué cosa valoró más? ¿Cuál era su mayor deseo?

> *Una sola cosa le pido al Señor, y es lo único que persigo: habitar en la casa del Señor todos los días de mi vida, para contemplar la hermosura del Señor y recrearme en su templo.*
>
> —Salmo 27:4

La mayor pasión de David no era obtener algo de parte de Dios, sino estar con Él mismo.

Pablo expresó la misma pasión. Tenía un linaje impresionante, una educación de elite y una posición altamente respetada. Pero todo eso era "basura" comparado con

> *(...) el incomparable valor de conocer a Cristo Jesús, mi Señor. Por él lo he perdido todo (...) a fin de conocer a Cristo, experimentar el poder que se manifestó en su resurrección, participar en sus sufrimientos y llegar a ser semejante a él en su muerte.*
>
> —Filipenses 3:8, 10

Más que nada de lo que el mundo podía ofrecerle, Pablo quería tener una comunión íntima con Jesús.

Eso se alinea perfectamente con la voluntad de Jesús para aquellos que lo siguieran. La noche anterior a su crucifixión oró al Padre una oración profundamente personal por sus discípulos: *Y ésta es la vida eterna: que te conozcan a ti, el único Dios verdadero, y a Jesucristo, a quien tú has enviado* (Juan 17:3). El deseo número uno de Dios para nosotros es que lo conozcamos, y que los discípulos de Jesús pudieran ver su comunión con Dios en la naturaleza de sus oraciones. Ellos lo habían observado por bastante tiempo como para conocer la calidad de esa relación, así que cuando quisieron aprender a orar, le pidieron a Jesús que les enseñara.

Jesús les dio un ejemplo a seguir. Lo llamamos "el Padrenuestro", y las primeras palabras en él establecen el contexto de la clase de relación que debemos tener con Dios: "Padre Nuestro". Literalmente, eso es *abba*, un término extremadamente familiar que se asemeja a nuestras palabras *papi* o *papá*. En una época en la que el judaísmo era altamente formal y centrado en la trascendencia de Dios, esa era una manera muy radical de dirigirse a Él. Un término tan cariñoso como ese habría asombrado a los oyentes de Jesús.

Sentado junto a una piscina en Israel hace unos años, noté que había una pareja que conversaba y tomaba un trago después de nadar. Su hijo, quien al parecer tenía unos tres años de edad, jugaba cerca y llamaba al papá. Pero el padre tenía una conversación con su esposa y no quería levantarse. Finalmente, el niño fue hasta donde estaba su padre, le tiró de su *short* de baño y le dijo: "*Abba, abba, abba*". El papá extendió un brazo y levantó al niño hasta sentarlo en su falda. Mientras yo observaba a este padre responder al llamado de su hijo, las instrucciones de Jesús a sus discípulos se hicieron más claras para mí.

La familiaridad de este padre e hijo es la clase de relación que Jesús enseñó en la oración modelo. El todopoderoso y trascendente Dios nos invita a ir a Él como en una dependencia infantil y llamarlo *abba*. Puedes saber que eres muy amado, que Dios no tiene otra cosa sino bien para ti, y que nada jamás se interpondrá entre tú y Él. Así de personal es la cosa.

Las grandes oraciones nacen en el quebranto

No solo que las grandes oraciones son inmensamente personales, sino que, además, nacen en el quebranto. Cuando venimos a Dios con un sentido de estar en bancarrota, al saber que estamos en una situación desesperada y que no tenemos recursos para salir de ella, Dios presta especial atención. El quebrantamiento nos hará derramar el corazón ante Dios más bien que tratar de hallar las palabras justas o los argumentos más persuasivos para presentarnos delante de Él. Es la desesperación que sentimos cuando una enorme crisis nos golpea o cuando estamos llenos de un remordimiento abrumador, pesar o confusión. Las oraciones que fluyen de un corazón contrito claman: "¡Te necesito!" Ellas provienen de personas que están al límite.

David también sabía cómo estar quebrantado delante de Dios. Él era un hombre piadoso que, en un momento de debilidad, cometió adulterio y homicidio al tomar a Betsabé para sí, e hizo los arreglos de modo que su marido, Urías, fuera dejado solo en las líneas de batalla para que el enemigo lo matara. Cuando el profeta Natán lo confrontó con su pecado, la respuesta de David no fue ponerse a la defensiva y hacer valer su autoridad como rey. Respondió con una culpa y desesperanza abrumadoras. En el Salmo 51 David confiesa su pecaminosidad y suplica por restauración. Se dio cuenta de lo grave que era su pecado a los ojos de Dios. El rey, que casi tenía recursos ilimitados de ganado a su disposición para sacrificar a Dios en arrepentimiento, podría haber hecho un número impresionante de holocaustos delante de Él. Pero sabía que mil toros nunca podrían reconectarlo con Dios tanto como su quebrantamiento lo haría. *El sacrificio que te agrada es un espíritu quebrantado; tú, oh Dios, no desprecias al corazón quebrantado y arrepentido* (Salmo 51:17), escribió en su desesperación. Dios promete encontrarse con aquellos que, al igual que David, vienen a Él reconociendo su necesidad.

Nehemías es otro ejemplo de alguien que oró en su quebranto y desesperación. Él vivió en un punto crucial en la historia de Jerusalén, luego de que muchos judíos exiliados habían regresado de la cautividad en los imperios babilónico y persa, y comenzaban a restaurar la ciudad. Nehemías era la mano derecha del rey de Persia, y escuchó un reporte angustiante de algunos compatriotas judíos que habían llegado de Jerusalén. Los exiliados que habían regresado a la tierra natal estaban en problemas; los muros de la ciudad habían sido derribados y sus puertas quemadas. Cuando Nehemías oyó las noticias, se quebró. Se enlutó, ayunó y oró una de las más grandes oraciones en toda *La Biblia*. Este laico –ni sacerdote ni profeta– se refirió a Dios por su nombre, por el pronombre personal o por un adjetivo descriptivo cuarenta y cuatro veces en el corto lapso de siete versículos (Nehemías 1:5-11). Estaba completamente compenetrado en Dios.

Esa clase de enfoque centrado en Dios solo puede provenir de un espíritu quebrantado. Cuando sentimos que lo tenemos todo, basamos *nuestra* oración en *nuestra* situación y nuestras necesidades. Pero cuando vemos nuestra insuficiencia a la luz de la santidad y el poder de Dios, nos concentramos en *su* plan y en *su* carácter. Nos damos cuenta que sus atributos son dignos de confianza y los nuestros no lo son. Basamos nuestras oraciones en quién es Él.

Todos, en un momento u otro, experimentamos la desesperación de una situación imposible. Una que yo recuerdo bien fue en la primavera de 2003, no mucho tiempo antes de entrar a Caminata Bíblica. Estábamos cortos de dinero para Viviendo al Límite, nuestro programa de radio, teníamos efectivo para alrededor de quince días antes de cerrarlo definitivamente. Clamé a Dios –literal y figurativamente– en mi sótano, completamente quebrantado e incapaz de resolver el problema. Parecía imposible. Nunca antes había estado tan consciente de la insuficiencia humana, y sabía que no tenía nada en qué apoyarme excepto en el carácter de Dios.

Al mes siguiente –junio, el mes en el que generalmente bajan las contribuciones ministeriales– recibimos la respuesta financiera más grande que hayamos tenido en un mes de verano. De la nada, parecía como si Dios soltara sus recursos. Nunca nos quedamos sin dinero y nunca tuvimos que interrumpir la audición.

Parece contradictorio decir, por una parte, que las grandes oraciones comienzan de manera tan personal como con "nuestro papito" y, por la otra, reconociendo la enorme brecha entre su santidad y nuestra completa pobreza espiritual. ¿Cómo reconciliamos estas dos primeras características de las grandes oraciones? Jesús las abarcó a ambas en la primera línea de la oración modelo. Vimos que cuando les enseñó a los discípulos a orar, comenzó con un término muy personal para ser Dios. Pero no se detuvo en el "Padre nuestro". Este no es un padre común y corriente, un padre terrenal. Cuando Jesús se dirigió a Él en un modo familiar, continuó con palabras reverentes: *Padre nuestro que estás en los cielos, santificado sea tu nombre* (Mateo 6:9). Por un lado, una conciencia de la cercanía de Dios hace a la oración muy personal. Por otro, la conciencia de la absoluta santidad de Dios produce ese sentido de desesperada dependencia delante de Él.

¿Cuándo fue la última vez que te presentaste delante de Dios con un sentido de absoluto quebranto? ¿Cuándo te has sentido desahuciado para cumplir lo que pensaste que era la voluntad de Dios, y supiste que no tenías otra cosa en qué apoyarte más que en el carácter de Dios? Las grandes oraciones son profundamente personales y también fluyen de nuestro sentido real de necesidad. Pero aun en nuestra necesidad más honda, las oraciones se enfocan en el plan de Dios y no en el nuestro.

Las grandes oraciones abogan por el plan de Dios

Dios se deleita cuando nuestro enfoque cambia de nuestras propias necesidades en nuestro pequeño mundo a su plan para su mundo. No hay nada de malo en orar por nuestras necesidades, por supuesto. Jesús nos enseñó a pedir por el pan de cada día y las cosas específicas de nuestra vida. Podemos venir ante Dios en una conversación cálida y practicar el estar atentos a su presencia a lo largo de todo el día. Presentarle aun los más pequeños detalles es algo que a Él le agrada. Pero las oraciones verdaderamente grandes defienden su plan. La gente que ora grandes oraciones entiende la voluntad de Dios para este mundo, y desea apasionadamente ver el gobierno de su Reino convertirse en una realidad en su esfera de influencia.

Echemos otro vistazo a la oración de Moisés. Cuando él estaba en el Monte Sinaí recibiendo los diez mandamientos de parte de Dios, el pueblo que Dios acababa milagrosamente de liberar, estaba al pie de la montaña haciendo un becerro de oro para adorarlo. Ya habían visto las plagas en Egipto, habían caminado por en medio de las aguas abiertas del Mar Rojo, habían oído la voz de Dios tronar desde el monte y visto el humo de su presencia, pero aun así presionaron a Aarón para hacer un ídolo como representación de Dios. Entonces edificaron un altar, sacrificaron ante el becerro y se volvieron a los bailes y al libertinaje.

Dios le presentó a Moisés un "Plan B". En su enojo, Él destruiría a Israel por su obstinada rebelión y, en cambio, haría una gran nación de Moisés. Eso sería un trato bastante conveniente para Moisés y, si él hubiera albergado alguna clase de interés personal, se habría abalanzado sobre él. Pero Moisés intentó convencer a Dios de no implementar el Plan B, por dos razones: (1) ante los egipcios parecería que Dios había sacado a su pueblo con la intención de destruirlos y, (2) rompería la promesa que Dios le había dado a Abraham, Isaac y Jacob, de hacer grande su descendencia. Moisés oró desde el celo por la reputación de Dios y la conciencia de sus promesas. No hay indicativo de que siquiera acariciara la posibilidad de convertirse en el padre de una gran nación. Defendió lo que sabía que era el plan de Dios.

Nehemías hizo lo mismo en su gran oración. Luego de alabar a Dios y de apropiarse de los pecados de su pueblo, basó su petición en la promesa de que si el pueblo exiliado regresaba a Dios, Él los reuniría desde los horizontes más lejanos y los restauraría a su tierra. Le recordó a Dios que esta era una promesa que había sido dada a *su* siervo Moisés, sobre *su* pueblo a quien Él había redimido por *sus* fuerzas para la gloria de *su* nombre. Enfocó la oración en el plan de Dios.

No hay nada malo en apelar reverente pero valientemente a las promesas que Dios ha dado y a los planes que ha revelado. Nuestras oraciones a menudo le piden a Dios que nuestra vida marche en la manera en que deseamos, de modo que podemos ser ambiciosos, cómodos, realizados y profundamente espirituales, sin sufrir. Pero las *grandes oraciones* buscan abrir camino para lo que Dios quiere hacer en el mundo, más que lo que nosotros queremos que se haga en nuestras vidas. Las grandes oraciones le piden grandes cosas a un gran Dios para su gloria.

Al principio del reinado de Salomón, cuando era humilde y quebrantado, pidió sabiduría para guiar a la nación. Su oración reflejó su conciencia de que su reinado era una mayordomía sagrada sobre el pueblo escogido de Dios. Le pidió discernimiento entre lo bueno y lo malo para poder guiarlos a cumplir la voluntad de Dios. Dios se complació tanto de la oración de Salomón, que le concedió no solo la sabiduría que pedía, sino también riqueza, victoria y larga vida, cosas que podría haber pedido pero no lo hizo. Porque la oración de Salomón abogó por el plan de Dios, el corazón de Dios fue conmovido.

La primera petición en la oración modelo que Jesús enseñó a sus discípulos también se centra en el plan de Dios: *Venga tu reino, hágase tu voluntad en la tierra como en el cielo* (Mateo 6:10). Se trata de ver el cuadro completo, y Dios usa esta clase de oración para dirigir el curso de la historia. Él busca gente común como tú y yo para que escudriñemos su rostro y defendamos su plan en este mundo herido.

Las grandes oraciones toman a Dios en serio

La gente que ora grandes oraciones, de veras piensa que Dios dice en serio lo que dice. Sus oraciones son centradas en las promesas, no en los problemas. Porque Dios es soberano, omnisciente, siempre bueno e incapaz de mentir; y cuando dice que hará algo, lo hará. Las grandes oraciones toman seriamente a la persona, el plan y las promesas de Dios.

Comenzamos orando por temas serios –un hijo caprichoso, una crisis económica, un matrimonio fracasado– con una actitud de fe. Pero con el tiempo, nuestra tendencia natural será hacer que nuestras oraciones se transformen en una sesión de preocupaciones en la cual le decimos a Dios lo indignante de la situación, lo frustrados que estamos con sus demoras y los detalles de los que queremos que se ocupe para aliviar así nuestra ansiedad. Hasta le recordamos lo fieles que hemos sido al asistir a la iglesia, diezmar y leer *La Biblia* (y cómo el haber presionado todos esos botones debería habernos mantenido alejados de experiencias como la prueba en la que nos encontramos ahora). Terminamos completamente absortos en nuestros problemas más que enfocados en sus promesas.

Cuando miramos a Dios a través de nuestros problemas, ellos parecen hacerse más grandes y Él más pequeño. Pero cuando lo miramos a Él a través de sus promesas, nuestra fe crece y comenzamos a verlo actuar. Eso no significa que la vida de pronto se vuelva fácil; Él nunca nos ofreció una vida sin sufrimiento. De hecho, su Palabra nos asegura que en este mundo tendremos tribulación (Juan 16:33) y que todo el que desee vivir una vida piadosa será perseguido (2 Timoteo 3:12). Pero considera algunas de las maneras en las que nosotros mismos nos salimos de la verdad al enfocarnos en el tamaño de nuestro problema en vez de mirar el poder de su promesa:

No vamos a tener lo suficiente para sostenernos.	*Mi Dios les proveerá de todo lo que necesiten, conforme a las gloriosas riquezas que tiene en Cristo Jesús.* —Filipenses 4:19
Estoy tan abrumado con todo lo que sucede; no estoy seguro cuánto tiempo más podré soportar.	*Te basta con mi gracia, pues mi poder se perfecciona en la debilidad.* —2 Corintios 12:9
Sé que esto es lo que Dios quiere que haga, pero no puedo. Es muy difícil.	*Todo lo puedo en Cristo que me fortalece.* —Filipenses 4:13
No quiero pasar por esto sola.	*Les aseguro que estaré con ustedes siempre.* —Mateo 28:20
Nunca podré perdonarla por lo que hizo.	*Porque si perdonan a otros sus ofensas, también los perdonará a ustedes su Padre celestial.* —Mateo 6:14

Esta última es una promesa con una condición extremadamente relevante para nuestra vida de oración. Uno de los obstáculos más grandes a la oración es la falta de perdón. Jesús les enseñó a sus discípulos a pedirle al Padre que los perdonara *así como ellos perdonaban a otros* (Mateo 6:12). La palabra que usó para perdonar (*aphiēmi*) literalmente significa "dejar de lado", "enviar lejos" o "ceder". Cuando Dios nos perdona, Él no carga en nuestra cuenta las cosas que hemos hecho mal. Las aparta y las envía lejos. Esta promesa del perdón divino está ligada a la condición de que perdonemos a otros. Cuando dejamos de lado los reproches a los demás por sus ofensas, Dios hace lo mismo por nosotros.

Intenta este experimento: cuando piensas en la necesidad de perdonar a aquellos que te ofendieron, ¿quién viene primero a tu mente? Si oyeras que esa persona tuvo alguna clase de infortunio –nada demasiado serio, sino uno de los típicos malos tragos de la vida– ¿secretamente sentirías un poquito de regocijo? Si tu ex-pareja que te abandonó estuviera en problemas, ¿tendrías un sentido de satisfacción? Si el jefe que arruinó tu carrera o el socio que te robó trepara a un alto nivel de éxito, ¿albergarías algunas fantasías de odio? La mayoría nunca admitiría tener esos sentimientos, pero si somos completamente francos con nosotros mismos, no podemos negar que los tengamos –o que al menos seamos tentados a tenerlos– de tanto en tanto.

La gente que realmente cree en La Palabra de Dios toma las promesas como esta –y las condiciones que vienen con ellas– en serio. Eso significa que si hay amargura en nuestro corazón, tenemos que tratar con ella. Si nuestras relaciones horizontales con la agente no están bien, nuestra relación vertical con Dios tampoco puede estar bien. *El que afirma que está en la luz, pero odia a su hermano, todavía está en la oscuridad* (1 Juan 2:9). Para poder orar grandes oraciones tenemos que creer las promesas de Dios en los términos en que Él las ofrece. Eso significa pedirle a Dios que haga por los demás (que sea misericordioso y perdonador) lo que queremos que haga por nosotros. Perdonamos porque hemos sido perdonados.

Los que oraron grandes oraciones en *Las Escrituras* se remitieron a la fidelidad de Dios en sus mismas palabras. Una y otra vez, Moisés le recordó al Señor lo que Él les había prometido a los patriarcas:

> *Acuérdate de tus siervos Abraham, Isaac e Israel. Tú mismo les juraste que harías a sus descendientes tan numerosos como las estrellas del cielo; ¡tú les prometiste que a sus descendientes les darías toda esta tierra como su herencia eterna!*
>
> –ÉXODO 32:13; (ver, además, Deuteronomio 9:27).

Nehemías se basó en Deuteronomio y le recordó a Dios sus promesas a Moisés:

> *Recuerda, te suplico, lo que le dijiste a tu siervo Moisés: "Si ustedes pecan, yo los dispersaré entre las naciones: pero si se vuelven a mí, y obedecen y ponen en práctica mis mandamientos, aunque hayan sido llevados al lugar más apartado del mundo los recogeré y los haré volver al lugar donde he decidido habitar".*
>
> –NEHEMÍAS 1:8-9

David se remitió a Moisés también, apelando en el Salmo 103 a los atributos que Dios dijo de sí mismo cuando le mostraba a Moisés su gloria: *El Señor es clemente y compasivo, lento para la ira y grande en amor* (v. 8). David tomó seriamente esa descripción y declaró que Dios se lleva nuestro pecado tan lejos de nosotros como están el este del oeste (v. 12). Cuando la vida de David terminó, él no fue conocido mayormente como un adúltero y asesino; fue conocido como *un hombre conforme a mi corazón* [de Dios] (Hechos 13:22). Él no diría lo que muchos de nosotros a veces decimos: "Simplemente no puedo perdonarme", porque el Dios del universo había borrado su pecado. La gente que ora grandes oraciones se rehúsa a vivir con el bagaje del pasado, porque saben que cuando Dios dice que perdona, es cierto.

Pablo reflexionó sobre este tipo de confianza en cada una de sus cartas. Cuando describía sus oraciones por los filipenses, estaba seguro de que *el que comenzó tan buena obra en ustedes la irá perfeccionando hasta el día de Cristo Jesús* (Filipenses 1:6). Para los colosenses, su oración era que ellos pudieran conocer la voluntad de Dios, a fin de agradarle con una vida irreprensible (Colosenses 1:9-10). Oró que los efesios conocieran la esperanza del llamado de Dios, las riquezas de su herencia y la grandeza de su poder (Efesios 1:18-19). Cuando Pablo oraba por las iglesias que había ayudado a plantar, se afianzaba sobre la verdad de las promesas y la realidad de lo que Dios había hecho. Oraba que esas verdades penetraran en las vidas de los creyentes, porque tomaba La Palabra de Dios muy en serio.

Los que toman seriamente a Dios y su Palabra, lo ven obrar en situaciones serias. Las grandes oraciones no se caracterizan por un pensamiento positivo o por momentos meramente emocionales con Dios. Las grandes oraciones llevan nuestras mayores necesidades y nuestras luchas más difíciles a un Dios amoroso y servicial, sobre la base de su carácter y de sus promesas. ¿Qué gran necesidad deberías llevarle a Él hoy? ¿Qué promesa precisas reclamar?

Las grandes oraciones demandan gran valentía

Las grandes oraciones pueden ser peligrosas. Ellas insisten audazmente –aunque en reverencia– en que Dios haga honor a su carácter. Tienen el potencial de provocar gran deleite en el corazón de Dios, pero nos sacan de nuestra zona de confort porque traen una exigencia al Rey todopoderoso. Sabemos que no tenemos derecho a *exigir* nada de Dios, de modo que este es un concepto algo incómodo para nosotros. Pero nuestras oraciones nunca se trataron de derechos, en primer término. Se tratan del Dios que ha revelado sus atributos y nos ha dicho que confiáramos en ellos. Las grandes oraciones requieren una gran valentía, porque insisten audazmente, a pesar de las reservas naturales que tenemos, sobre lo que Dios ha dicho acerca de sí mismo.

Abraham demostró esta clase de valentía cuando intercedió por Sodoma y Gomorra. El Señor le había contado de la maldad de esas dos ciudades y de sus planes de destruirlas. Seguro de que había un puñado de justos que vivían allí, Abraham confrontó a Dios con la injusticia de barrer a los justos con los injustos.

¡Lejos de ti el hacer tal cosa! ¿Matar al justo junto con el malvado, y que ambos sean tratados de la misma manera? ¡Jamás hagas tal cosa! Tú, que eres el Juez de toda la tierra, ¿no harás justicia?

—GÉNESIS 18:25

Abraham apeló a la justicia de Dios, recordándole que la injusticia no era parte de su carácter. Pidió un cuarto intermedio y argumentó que darle a los justos un trato crudo no estaba en la naturaleza de Dios.

¿Puedes imaginarte hablando con el Dios del universo de este modo? Abraham no tenía derecho a ser tan brusco con Dios, no en sus propios méritos. Así que basó su oración en el carácter de Dios, e insistió en que Él cumpliera. Recordarás que el patriarca insistió tenazmente. ¿La destruirás si hubiera cuarenta y cinco justos allí? ¿Cuarenta? ¿Treinta? ¿Qué si hay veinte? ¿O incluso diez? Luego de la primera petición Abraham reconoció que él no era más que "polvo y cenizas". Pero continuó de todos modos. Luego de la tercera petición, le pidió al Señor que no se enojara con él por ser persistente. Pero todavía insistía con el tema. Estaba muy consciente que podía estar al límite de ofender a un Dios santo y omnisciente, pero también sabía que un Juez justo sería justo. Entonces siguió pidiendo (Génesis 18:26-33). Eso es lo que hacen los intercesores, y Dios lo honra. Es un poderoso lugar desde el cual orar.

¿Has oído alguna oración de este tipo últimamente? La respuesta a veces no llega enseguida; la prueba de la verdadera oración es cuando no ves los resultados y todavía te aferras a ella de todos modos. Puedes hacerlo cuando sabes que tu oración está de acuerdo al carácter de Dios. Por causa de quién es Él, estás seguro de que quiere resolver el conflicto en una relación, comenzar un ministerio a través de tu iglesia o suplir las necesidades económicas de una familia desesperada, así que perseveras.

El peligro radica no solo en persistir valientemente delante de Dios sino también es pararte en la brecha como intercesor. ¿Por qué? Porque esa posición te convierte en un candidato favorito para convertirte en la respuesta a la oración. Al final de tu persistencia, Dios a veces contestará tus oraciones usándote a ti como parte de la respuesta. Con frecuencia, Él dice: "La respuesta a la oración eres tú. Ve y habla con esa persona. Comienza el ministerio. Vacía tu cuenta y suple esa necesidad". Cuando una causa por la que estás preocupado viene a tu mente, es una señal de que Dios quiere que ores sobre ello; pero también suele ser una señal de que quiere que seas su agente y te involucres. El peligro en las grandes oraciones es que cuando intercedes con Dios a favor de la gente, su respuesta es pedirte que intercedas con la gente a favor de Dios. Se precisan agallas.

Esa era la posición en la que se encontraba Ester. El pueblo judío hacía frente al exterminio y Ester estaba en una posición de reina para intervenir. Ir delante del rey sin ser llamada era peligroso; arriesgaba su vida. Pero, como su tío Mardoqueo le dijo: *¡Quién sabe si no has llegado al trono precisamente para un momento como éste!* (Ester 4:14). Ester comprendió que Dios la había puesto en una situación singular para suplir las necesidades de su pueblo. Aceptó con una actitud sacrificial ser la respuesta a las oraciones judías: *Y si perezco, que perezca* (v. 16).

Lo mismo ocurrió con Nehemías. Llevaba la carga de la situación apremiante de Jerusalén, y oró desesperadamente por casi cuatro meses. Descubrió que había una razón por la que sentía tanta carga por Jerusalén. Él iba a ser parte de la respuesta. Al igual que Ester, tendría que arriesgar su vida en la presencia del rey. Valientemente pidió que lo dejara ir para poder supervisar la construcción de los muros de Jerusalén (Nehemías 2:1-5). Y en el caso tanto de Ester como de Nehemías, el curso de la historia mundial fue cambiado porque ellos valientemente oraron y actuaron según la voluntad de Dios.

Jesús oró la suprema oración valiente. Una noche en el jardín de Getsemaní luchó contra el hecho de que pronto enfrentaría la peor combinación de dolor físico, emocional y espiritual que la humanidad ha conocido jamás. Por ser completamente Dios, sabía que Él y el Padre habían decidido este plan desde la fundación del mundo. Por ser completamente hombre, temía el costo de salvar a la humanidad. Su pedido de que "esta copa" pasara de Él fue un ruego por un Plan B. Si hubiera otra forma en que la raza humana fuera redimida, si hubiera alguna manera en que este sacrificio espantoso pasara de largo, Él lo quería. Pero más que nada quería que la voluntad del Padre fuera hecha. Y estaba dispuesto a ser la respuesta (Mateo 26:39).

Jesús les enseñó a sus discípulos a orar de este modo: *Venga tu reino, hágase tu voluntad en la tierra como en el cielo* (Mateo 6:10). En muchas maneras, este tipo de oraciones es exponencialmente mayor que los grandes pensamientos, grandes sueños y grandes personas de los que hemos tratado antes. E. M. Bounds, un pastor estadounidense de fines de 1800, conocido por su ejemplar vida de oración y sus escritos sobre el tema, dijo que lo que el mundo necesitaba más eran personas que oraran; no personas que hablaran acerca de la oración o la explicaran, sino que verdaderamente lo hicieran. Cualquiera que ore desde una relación profundamente personal con Dios, movido por un sentido de quebrantamiento, tomando a Dios y a su Palabra absolutamente en serio, tiene el potencial de cambiar el mundo. Cuando podemos pararnos en la brecha y estamos dispuestos a ser instrumentos a través de los cuales Dios obre –aunque estemos muertos de miedo– la gente común como nosotros puede impactar dramáticamente el curso de la historia.

Las grandes oraciones siempre se remiten a Jesús

Las grandes oraciones piden lo improbable, esperan lo imposible y reciben lo impensable. Esa clase de emprendimiento extravagante solo puede estar basado en la obra de Jesús. Él es el Sumo Sacerdote que abrió camino para que nosotros vayamos confiadamente delante del trono de la gracia (Hebreos 4:14-16). Nuestra posición delante de Dios, cualquier poder que tengamos para tocar su corazón, está basado solamente en Jesús y en lo que Él ha hecho. El favor que Dios le ha conferido es mayor que cualquier imposibilidad que se nos pueda ocurrir. ¿Es improbable que un ministerio se expanda a todas las naciones del mundo? ¿Que una familia que ha sido disfuncional durante quince años sea restaurada? ¿Que una nación pagana se arrepienta y experimente un avivamiento? ¿Que tus dones sean usados para impactar tu iglesia, tu comunidad y hasta tu mundo? Tal vez para los estándares humanos lo sea, pero nada es imposible para Dios. Los que oran sobre la base del favor de su Hijo verán a Dios hacer lo impensable, *muchísimo más que todo lo que podamos imaginarnos o pedir* (Efesios 3:20).

Jesús prometió que si pedimos, buscamos y llamamos persistentemente, recibiremos lo que pedimos, hallaremos lo que buscamos y veremos las puertas abiertas (Mateo 7:7-8). Mientras nos volvemos parte de lo que el Padre quiere hacer en este mundo, comenzamos a experimentar su incomparable poder.

John Knox vivía en Escocia durante la Reforma Protestante, cuando las tensiones políticas y religiosas eran particularmente altas y la persecución era rampante. El currículum de John Knox no era muy impresionante: un joven sacerdote, guardaespaldas, ministro protestante no ordenado y prisionero por sus creencias. Pero tenía una enorme visión, y Dios usó su vida en manera poderosa. Knox una vez fue oído mientras oraba: "¡Dame Escocia o me muero!" Él se convirtió en un instrumento en la transformación de la vida espiritual de su país, y sus oraciones fueron consideradas el poder que yacía detrás de su influencia. Se dice que María, la reina de los escoceses, había comentado que temía las oraciones de John Knox más que un ejército de diez mil hombres.

John Hyde oraba la misma oración por India: "¡Dame almas o me muero!" Siendo misionero a principios de 1900, Hyde llegó a ser tan identificado por sus oraciones que quienes lo conocían lo llamaban "Orador Hyde", y más tarde un biógrafo lo nombró "el apóstol de la oración".[1]

Pasaba largas horas cada día delante de Dios, se levantaba tres o cuatro veces en la noche para orar, y a menudo se tendía sobre su rostro en intercesión por noches enteras. Tenía pocos de los dones que asociamos con los misioneros eficaces: era parcialmente sordo y tenía problemas para aprender los idiomas indios, no tenía una personalidad extrovertida y a menudo se veía ausente y parecía más interesado en el estudio de *La Biblia* que en el evangelismo en las calles. Pero Hyde tuvo la audacia un año de pedirle a Dios al menos un convertido por día, y aunque muchos de sus colegas lo consideraban un pedido imposible, para fines del año había guiado a cuatrocientas personas a Cristo. Lejos de estar satisfecho, Hyde dobló su apuesta al año siguiente: dos almas por día. Y para el final de ese año había visto más de ochocientas personas venir a Cristo. Más adelante duplicó el pedido y llevó a más de mil seiscientos a Cristo en un año. John Hyde oraba grandes oraciones, y miles de indios fueron salvos a través de su ministerio.

Hudson Taylor aprendió a orar grandes oraciones por provisión antes de ir a China. Razonó que en el campo misionero no tendría a nadie de quien depender sino de Dios, y precisaría saber "cómo movilizar a los hombres solo con oración". Su primer gran esfuerzo de este tipo consistió en recibir su salario sin recordarle a su empleador –un doctor muy olvidadizo– que le pagara. Después de haberle dado su última moneda a un hombre pobre, Taylor regresó a su casa con los bolsillos vacíos y un espíritu dispuesto a ser sorprendido. Pero tarde en la noche su jefe hizo una visita inusual a la oficina –aparentemente se había olvidado algo– y encontró un reparto sin precedentes para el fin de semana, el cual incluía el pago de un paciente en un billete. Se detuvo y le pagó a Taylor su salario, llenando al misionero de fe y enseñándole una lección de la providencia divina que recordaría por el resto de su vida.

George Müller experimentó la provisión económica con la misma clase de fe; pidió a Dios que supliera todas sus necesidades financieras mientras él abría orfanatos e influenciaba a miles sin tener nada más que unas pocas libras esterlinas en una cuenta bancaria. Todas estas personas extraordinarias establecieron ministerios increíblemente fructíferos, mucho más allá de sus propios recursos. Creyeron que Dios hablaba en serio cuando prometió que las cosas imposibles serían posibles. Y valientemente apostaron sus vidas a esa promesa.

Tengo que confesar que no oro grandes oraciones muy seguido. Pero voy de camino hacia orar de la manera que Jesús quiere que ore, y a entender la oración en un nivel mayor del que la he entendido hasta ahora. Creo que Dios quiere que tú también emprendas ese camino, y comienza con el patrón que Él les dio a sus discípulos:

Abba Padre, santo es tu nombre. Quiero que tu Reino, tus planes, vengan y que tu voluntad sea hecha en la Tierra con la misma eficacia y poder que es hecha en el cielo. Quiero que proveas para mis necesidades diarias, pero no voy a detenerme allí. Quiero que me perdones y hagas la obra en mi corazón para que yo pueda perdonar a aquellos que me han ofendido y lastimado de la misma manera en que tú me has perdonado. Quiero que tu Reino, tus reglas, tu poder y tu gloria sean supremos. Lo quiero tanto que si me palmeas en el hombro a pesar de mi debilidad y dices: "La respuesta a esto mismo eres tú", tomaré la iniciativa y me pondré en marcha. Creo que en mi debilidad me darás lo que necesito, en tu tiempo y forma. Hoy me darás lo que necesito hoy, y mañana me darás lo que necesite mañana, y mientras lo haces, tu Palabra, tus planes y tu gloria serán cumplidos.

Ese es el camino en el que estamos, y no estoy seguro que alguna vez nos graduemos. Pero he leído y escuchado acerca de algunas personas que están mucho más adelante que yo, y he conocido a algunos de ellos, como Walt Baker, que me brindó una clara imagen de lo que eran las grandes oraciones. Cuando pensamos en orar como Moisés, David, Nehemías y otros héroes bíblicos que tuvieron una vida poderosa de oración, nos sentimos sobrecogidos con facilidad. Pero todos ellos eran personas comunes que empezaron donde tú y yo empezamos. Estoy convencido que si le pides a Dios que te ayude a aprender a orar grandes oraciones, Él te llevará en un sendero similar al que ellos transitaron. Y lo experimentarás en maneras que nunca antes lo has hecho.

Pasos a seguir

1. De un lado de una tarjeta describe una situación imposible que atraviesas. Del otro lado, escribe tu pedido para que Dios resuelva la situación y Jeremías 32:17: *¡Ah, Señor mi Dios! Tú, con tu gran fuerza y tu brazo poderoso, has hecho los cielos y la tierra. Para ti no hay nada imposible.* Lleva la tarjeta en el bolsillo esta semana, y cada vez que ores, sácala para recordarte la gran oración que haces.

2. Elige uno de los ejemplos de este capítulo de la historia reciente –John Knox, John Hyde, Hudson Taylor o George Müller– y busca más información en Internet sobre la vida de esa persona. Al familiarizarte más con él, mira especialmente tres elementos: los aspectos comunes de su trasfondo, la pasión y el sentido de propósito que lo llevaron a tomar sus grandes riesgos, y las formas en que Dios honró su fe. Luego pregúntale a Dios qué lección de la vida de esta persona Él quiere que aprendas.

3. Memoriza Juan 16:23-24: *En aquel día ya no me preguntarán nada. Ciertamente les aseguro que mi Padre les dará todo lo que le pidan en mi nombre. Hasta ahora no han pedido nada en mi nombre. Pidan y recibirán, para que su alegría sea completa.*

Preguntas para la reflexión y discusión

1. ¿Por qué crees que muchos cristianos oran tentativamente o limitan sus peticiones a lo que parece "realista"?

2. ¿Hasta dónde son audaces tus oraciones? ¿Alguna vez le has pedido a Dios que haga lo imposible? ¿Cuál fue el resultado?

3. ¿Las historias de Nehemías, John Hyde y los otros ejemplos dados te inspiran o te intimidan? ¿Piensas que Dios basó sus respuestas en las calificaciones especiales de la persona, o en la naturaleza de las oraciones que hicieron?

6

Asume grandes riesgos

Conocí a Tom Randall en 1976. Lo recuerdo como una imagen borrosa sobre la cancha de básquetbol. Ambos nos preparábamos para viajar al exterior en equipos evangelísticos de básquetbol: él para Filipinas y yo para Sudamérica. La diferencia entre nosotros dos era que Tom había liderado la nación en puntuación para la NAIA [Asociación Nacional de Deportes Intercolegiales, por sus siglas en inglés] en la Universidad Judson. Medía alrededor de 1,93 m.

Tom era de los suburbios de Detroit. Hablaba con un acento gracioso y parecía un poco loco. Había sido cristiano solamente unos meses antes de ir a las Filipinas a hablar de Cristo, pero regresó siendo un hombre diferente. Más adelante dejó escapar la oportunidad de ponerse a prueba con los Chicago Bulls, para responder al llamado de Dios de regresar a Filipinas y edificar allí un ministerio. Para prepararse económicamente trabajó en las fábricas de Detroit, y luego vendió todo lo que tenía y se marchó. Ahora, casi treinta años después, ha establecido una organización misionera, World Harvest Ministries [Ministerios Cosecha Mundial], ha construido orfanatos y miles de personas respondieron al evangelio a través de su ministerio.

La clave del éxito de Tom no tiene nada que ver con su educación teológica o con "respetar las normas". Él es alguien que corre riesgos. Cuando ha oído la voz de Dios responde sin preocupaciones.

He estado en un jeep con Tom, con una ametralladora apuntándome al rostro, mientras me explicaba que su amigo, "el general", estaría molesto si él no podía ir al pueblo en donde le tocaba jugar. He estado en la parte trasera de una motocicleta con Tom zigzagueando entre el tránsito, preguntándome si sobreviviría a la experiencia. Tengo más historias de Tom Randall de las que puedes asimilar, pero todas ellas tienen dos cosas en común: riesgo y fe.

Tom partió para Filipinas hace treinta años con una Biblia, sin ningún entrenamiento bíblico formal, un gran corazón y un deseo de amar a los necesitados que lo movilizaba en lo profundo. En un verano Dios transformó al mayor anotador de la NCAA segunda división de básquetbol, en un misionero deportista, arriesgado, cuya biografía sería algo así como el *Indiana Jones* del cristianismo. Es conocido como un loco, desaforado, encendido con el amor de Cristo. Tom asume grandes riesgos, pero ha experimentado historias increíbles una tras otra.

Su vida planteó algunos interrogantes importantes para mí: ¿por qué Dios usa a algunas personas mucho más que a otras? ¿Por qué algunos emanan presencia de Dios, tienen historias increíbles y experiencias sobrenaturales? ¿Y por qué algunos cristianos parecen estar en una categoría especial mientras que el resto de nosotros vivimos vidas *comunes*?

Quisiera sugerir que todo cristiano está signado por ventanas de oportunidades que demandan un paso de fe radical para poder seguir a Cristo y cumplir sus propósitos para nuestra vida. La diferencia entre bueno y grandioso no es una cuestión de conocimiento o pedigrí, sino de disposición de dar un paso radical de fe.

Lo que hace que un paso de fe sea radical es que lleva incorporado un riesgo significativo. En casi todos los aspectos de tu relación con Él, el Señor te llevará al borde de una decisión, al punto en que tendrás que decidir si saltar en la dirección a la que Él te llama o retroceder a un lugar que parece más seguro. Esa era la cuestión con los judíos creyentes cuando se escribió la carta a los Hebreos, y el escritor los motivó con la verdad de que sin fe era imposible agradar a Dios (Hebreos 11:6). Donde no hay riesgo, no hay fe.

Eso significa que tú puedes ser una persona buena, moral, que hace lo que se espera que haga: leer *La Biblia*, ir a la iglesia, ser un esposo y padre responsable, servir en la comunidad; pero si no vives por fe, no serás muy agradable delante de Dios. Todas esas actividades sistemáticas son maravillosas, sigue haciéndolas. Puedes haber arriesgado mucho para llegar hasta este nivel de fidelidad. Pero si buscas lo seguro y te mantienes alejado del tenebroso borde de la fe, en última instancia no agradarás a Dios al cumplir sus propósitos para ti. Hay ventanas de oportunidades que traspasar para llegar a un nuevo nivel en tu matrimonio, tu profesión, tus finanzas, una relación o cualquier otra cosa en la vida, pero esos avances significativos requieren pasos de fe riesgosos. Para vivir una vida cristiana grandiosa, debes esperar lo sobrenatural de parte de Dios.

Así es como esto funciona: en un punto crítico en cada aspecto de la vida, tendrás una decisión que tomar que enfrentará la obediencia con la comodidad o conveniencia. Si es una decisión económica, puedes tener que elegir si comenzar a diezmar o hacer ajustes en tu estilo de vida actual. Si es en tu matrimonio, tal vez tengas que elegir si abrir tu alma en consejería, o dejar que los viejos patrones de comportamiento mantengan tu relación en un estado de mediocridad. Si es en tu profesión, puedes tener que elegir si moverte en dirección al llamado que ha cautivado tu corazón, o permanecer en donde tienes un mejor salario y una rutina confortable. Y mientras que sabes qué dirección Dios quiere que escojas, también sabes que la mayoría de las personas pensarán que estás absolutamente loco por elegir su voluntad. De modo que, además de tu comodidad y conveniencia, también arriesgas tu reputación (al menos con algunas personas).

· ·

Donde no hay riesgo, no hay fe; donde no hay fe,
no hay poder, gozo o intimidad con Dios.

· ·

A veces esas personas que piensan que te has vuelto loco, están cerca de ti. Dicen cosas como: "¿Por qué llevas tu familia tan lejos? Tus hijos no verán nunca más a sus amigos y familiares", o "Arruinas tu carrera", o "Si das ese dinero a la iglesia, no podrás pagar tus cuentas". Si no tienes cuidado, las palabras negativas de las personas que no tienen la misma visión o convicción que Dios te ha dado, finalmente sonarán más fuerte que las suyas. Solo recuerda que donde no hay riesgo, no hay fe; donde no hay fe, no hay poder, gozo o intimidad con Dios. Tampoco hay milagros sobrenaturales ni recompensa y, en última instancia, no se agrada a Dios.

Sin fe acabas en una actividad religiosa vacía, en reglas moralistas y una ortodoxia muerta. Muchos niños crecen en organizaciones o iglesias que tienen grandes programas y dicen cosas verdaderas acerca de Dios, pero con el tiempo su actividad religiosa se convierte en un montón de reglas con poco y nada de poder. No hay un sentido de que Dios obre. Las vidas de las personas no cambian. Para algunos, su exposición inicial o no exposición a la fe cristiana es pura religión sin poder, hay poca motivación para seguir en ella.

Contrario a la creencia popular, es posible llevar adelante una iglesia sin fe. Puedes tener a la gente toda junta, llevar a cabo programas eficaces, tomar decisiones sensatas acerca del presupuesto y la misión de la iglesia, enseñar en la escuela dominical y predicar sermones, todo sin salir de tu zona de confort y esperar que Dios haga algo sobrenatural. Un montón de iglesias consideradas grandiosas por la gente, son consideradas vacías por Dios. Pierden el común denominador de todos los grandes cristianos: una fe radical.

¿Cómo hacemos para vivir una vida de grandes riesgos como seres humanos comunes que somos, con temores comunes? Algunas personas tienen una personalidad ideal para hacer cosas como salto en bungee, paracaidismo y hasta invertir en bonos volátiles. Pero a la mayoría de nosotros los riesgos nos asustan. Cuando se trata de nuestra seguridad y protección podemos ser bastante conservadores. Aunque tendemos a pensar que los superhéroes de *La Biblia* eran estrellas con personalidades muy valientes, generalmente fueron como el resto de nosotros, que vivimos la vida vacilando. No eran grandes porque no tenían temor, sino porque actuaron en fe a pesar de sus temores.

Como nuestra ansiedad acerca del futuro puede impedirnos dar importantes pasos de fe, debemos recordar el resultado de las promesas de Dios. Podemos esperar que las cosas resulten bien porque Dios nos asegura que así será. Jeremías 29:11 dice que el Señor sabe los planes que tiene para nosotros, *"planes de bienestar y no de calamidad, a fin de darles un futuro y una esperanza"*. Tenemos un Dios soberano, y ya nos ha contado el final de la historia. Nuestro Rey regresa montando un caballo blanco y su Reino gana la batalla. Él está de nuestro lado y nada puede frustrar su victoria. Pasaremos por algunos altibajos; muchas veces obtendremos grandes victorias de fe y otras veces tropezaremos. Pero podemos esperar un gran resultado final de nuestra fe, porque eso es lo que Él nos prometió. Si nunca perdemos de vista eso, podremos avanzar con una fe, radical y ver a Dios hacer milagros, así como esas personas comunes en *La Biblia*, que creyeron en un Dios extraordinario.

Los que asumieron riesgos en el Antiguo Testamento

Cuando Dios seleccionó a un pueblo a través del cual bendecir a las naciones con salvación, comenzó con un hombre llamado Abram. Abram se enfrentó con la opción de un estatus o una aventura riesgosa, y eligió seguir la voz de Dios. Y Dios no empezó de a poco con él. Su primera instrucción fue que dejara su casa, su tierra y su familia extendida y que fuera donde este Dios invisible lo guiara. ¿A dónde? Dios no lo decía. No todavía. Primero tenía que irse, luego su destino le sería revelado.

Eso fue un gran paso de fe. Abram probablemente se sentía seguro con el *statu quo*. Luego, de repente, un Dios al que no podía ver pronunció un mandato con un final abierto, y él y su esposa empacaron todas sus pertenencias y salieron hacia Canaán (Génesis 12:1-5). Él creía que las intangibles promesas de Dios eran más reales que la realidad visible en la que vivía, y actuó conforme a lo que aún no veía. Eso es fe, y en el caso de Abram –su nombre le fue cambiado a Abraham después de que creyó– era radical.

Moisés fue otro hombre que Dios llamó a asumir un riesgo. Su paso de fe tenía que ver con regresar a una nación de la que había sido exiliado, entrar en la hostil corte de Faraón y exigirle que liberara más o menos a un millón de esclavos (Éxodo 3:1-10). Moisés no era precisamente intrépido; discutió con Dios, tratando de convencerlo de enviar a otro. Sabía que en Egipto era buscado vivo o muerto. No quería volver atrás. Pero Dios insistió, él obedeció, y aunque al principio parecía una misión suicida, Dios honró su promesa y el paso de fe radical de Moisés.

David era joven e idealista, pero también lo eran cientos de soldados en el ejército de Israel. Muchos de ellos probablemente sabían usar una honda como lo hizo David. Cada miembro del ejército, sin embargo, miró a Goliat, oyó sus insultos contra Dios y su pueblo, y solo *deseó* poder hacer algo al respecto. Nadie salió a la cancha, excepto David. David se sintió tan ofendido por el gigante que calumniaba al Dios de Israel, que estuvo dispuesto a arriesgar su vida (1 Samuel 17:20-37). Dios se complació con ese gesto de fe... y el resto es historia.

Ester confrontó la maldad en las altas esferas de autoridad. Leemos su historia en Ester 5-7–cómo esta muchacha judía se convirtió en la reina de Persia y Dios la usó para salvar a los judíos del exterminio– y tal vez no nos damos cuenta el riesgo que ella corrió. Pero su vida estaba literalmente en el borde. Era sencillo para el rey tener una nueva esposa de su enorme harén si la actual hacía algo que lo ofendiera. Eso fue lo que le había sucedido a la reina anterior; tuvo un mal día y la echaron. Así que cuando Ester quebró el protocolo y entró en la corte real para contarle del complot para matar a los judíos, podría haber sido ejecutada por capricho del rey. ¿Tenía miedo? Por supuesto, cualquiera lo tendría. Pero ella actuó en fe, Dios se agradó y los judíos fueron salvados de la amenaza de aniquilación.

Los que asumieron riesgos en el Nuevo Testamento

Para que no pensáramos que todas las grandes personas de fe estaban en el testamento en el que se construyeron arcas, se abrieron mares, se derribaron murallas y sucedieron otros hechos igualmente espectaculares, al Nuevo Testamento tampoco le faltan arriesgados. Hablemos de Pedro, por ejemplo. Jesús caminaba por la playa, vio a Pedro y Andrés echar sus redes al lago y dijo: *Síganme (...) y yo los haré pescadores de hombres* (Marcos 1:16-17). Entonces Pedro y su hermano arrojaron sus redes y lo siguieron, y nosotros pensamos "Qué linda historia", y pasamos al siguiente versículo. ¿Pero has pensado en las implicancias de esa decisión? Puedo imaginarme a su padre: "¿Que están haciendo, qué cosa? Construí este negocio durante años. ¿Cómo se sostendrán ahora?" Más adelante nos enteramos que Pedro era casado. ¿Te imaginas la reacción de su esposa?: "¿En serio sigues a un predicador itinerante y te irás algunas semanas cada vez? ¿Cómo sustentarás a nuestra familia? ¿Qué será de nuestro futuro?" Pedro dejó la seguridad de su familia y su base económica y confrontó sus temores, ya que las autoridades judías habían amenazado con echar de la sinagoga a los seguidores de Jesús. ¿No suena eso como un paso de fe radical y arriesgado? Puedes estar seguro que sí.

Pablo asumió algunos riesgos. Pensaba que su llamado era matar a los herejes seguidores de Cristo, pero luego él mismo se encontró con Jesús en el camino a Damasco (Hechos 9:1-6). Tenía que ir a los apóstoles que había intentado matar y, de no haber sido por Bernabé, ni siquiera hubieran aceptado verlo. Más adelante fue a su ciudad natal de Tarso. Como ciudadano romano y como judío bajo la tutoría de Gamaliel, el rabino más famoso de la región, había disfrutado de una cierta cuota de prestigio y privilegios. Pero regresó a la ciudad donde la gente lo llamaba necio luego de haber dejado todo lo que tenía por seguir a un maestro ejecutado por el gobierno unos años antes. Una vez, luego de haber sido arrastrado fuera de la ciudad, apedreado y dado por muerto, Pablo recobró la conciencia, se levantó, e inmediatamente se dirigió hacia la misma ciudad (Hechos 14:19-20). ¿Por qué? Porque la promesa y el llamado de un Dios invisible eran mayores para él que las circunstancias que amenazaban su vida. Eso es radical.

Jairo es otro ejemplo. Era un líder de la sinagoga que entregó su reputación para buscar la ayuda de Jesús. Aun el acto de sugerir que Jesús viniera a sanar a su hija podría haber sido suficiente como para hacerle perder su posición, el beneficio de todos sus años de entrenamiento religioso y el derecho de adorar en la sinagoga. Pero la hija de Jairo se moría y él estaba desesperado. Arriesgó todo lo que tenía por la oportunidad de experimentar el poder de Dios (Lucas 8:41-42, 49-56).

Lo mismo hizo una mujer que padecía flujo de sangre. Por doce años había sangrado, una afección que la hacía ritualmente impura y por ende incapaz de adorar en el templo aun para las festividades y sacrificios obligatorios. Ella violó toda clase de normas culturales e instrucciones bíblicas como persona impura, al abrirse paso entre la multitud y tocar los vestidos del mismo Hijo de Dios. Temblaba de temor cuando lo hizo, especialmente cuando Jesús se dio vuelta y preguntó quién lo había tocado. Aun así, ella le refirió su vergonzosa situación frente a la multitud, que en su mayoría la habrían castigado y echado inmediatamente. Pero a Jesús le encantó el riesgo que ella asumió. Demostró una gran fe (Lucas 8:43-48).

Alguien que corre riesgos de manera radical es un jugador de póquer que se encuentra en un momento de "ahora-o-nunca" y pone todas sus fichas en el centro de la mesa. Dice: "Me juego todo" y no retiene nada. Familia, finanzas, reputación, futuro: todo o nada está en juego en un paso radical de fe, y pones todas tus fichas al centro de la mesa y dependes enteramente de Dios. Para poder cosechar una gran recompensa, tiene que haber un gran riesgo.

Las situaciones desesperadas y las actitudes humildes nos permiten poner todo en juego a pesar de nuestros temores. La gente que da pasos radicales de fe no lo hace porque llega a un momento surrealista, divino en su vida, en donde se sienten seguros y súper espirituales. Dios a menudo trae esas ventanas de oportunidad cuando estamos más desesperados y no tenemos dónde acudir. Nuestros oídos se abren y estamos dispuestos a escucharlo decir: "Ve y toma un nuevo empleo". "Trata con ese problema matrimonial". "Múdate a otra ciudad". "Sal de tu zona de confort y alcanza a las personas que yo quiero alcanzar". "Da tu dinero". "Enfrenta esa adicción, aunque tu reputación está en juego". Las situaciones que creemos malas, Dios puede usarlas para bien. Él nos lleva al punto de la desesperación que sea necesario para hacernos dar ese paso de fe. Pero los que dan esos pasos de fe radicales y arriesgados hacia los lugares que Dios los guía, son los que Él usa grandemente. Y los que no, no lo son.

Sin embargo, tienes que tener cuidado. La dinámica entre la fe y la necedad puede ser muy engañosa. Muchos cristianos han hecho algunas cosas descarriadas o hasta peligrosas bajo una apariencia de fe. El asumir grandes riesgos debe estar de acuerdo con la voluntad de Dios claramente revelada. Él nunca va a guiarte a hacer algo que contradiga su Palabra, y espera que toda decisión "riesgosa" que tomemos sea acompañada de consejo sabio y mucha oración. Hay una diferencia entre pasos radicales de fe y pasos imprudentes de estupidez. Cuando Dios nos ha llamado a movernos en cierta dirección, un paso de fe nos conducirá allí. Cuando no lo ha hecho, un paso de fe nos sacará de su voluntad.

Eso no significa que nuestros riesgos lucirán razonables para las personas que nos rodean. *La Biblia* está llena de ejemplos de personas temerosas de Dios que parecían absolutamente ridículas al obedecer las instrucciones de Dios. Abraham y Sara creyeron que Dios les daría un hijo a edad avanzada, algo que muchos de nosotros consideraríamos como ilusorio si no hubiéramos leído la historia de antemano (Génesis 18:1-15; 21:1-7). Dios le dijo a Gedeón que disminuyera su ejército de tres mil doscientos a trescientos hombres, un acto de fe que el "consejo sabio" de los observadores piadosos hubiera desaconsejado fuertemente. Pablo parecía bastante tonto cuando, luego de ser arrastrado fuera de la ciudad, apedreado y dado por muerto, se levantó y marchó hacia la misma ciudad. Jesús liberó al pueblo de Dios al hacer lo que parecía contrario a su liberación: cuando se sometió a la ejecución de los romanos. Cuando decidimos si asumir o no un riesgo, tenemos que recordar que Dios a menudo escoge planes aparentemente estúpidos para avergonzar la sabiduría de este mundo (1 Corintios 1:27). La diferencia entre fe y necedad no está en el grado de riesgo. Está en la voluntad de Dios. La única manera de saberlo es sumergirse en oración y en su Palabra, mientras que consideramos seriamente lo que Él puede decirnos a través del consejo de personas piadosas con mentalidad bíblica.

El riesgo está en el ojo del observador

El riesgo no se ve igual para todos o en todas las situaciones. Lo que yo pienso que es un paso radical puede ser casi nada para ti, y lo que tú piensas que es un gran salto de fe puede ser algo sencillo para mí. Dios puede guiar a algunos a salir de una relación no saludable y dejarla atrás. Ese no es el lugar correcto en este tiempo en tu vida. Para otros, permanecer en una relación complicada –o regresar a enfrentar aquella que se rompió hace mucho tiempo– puede ser un paso de fe que Dios les pida. Los riesgos pueden tomar la forma de salir y pelear, como David hizo con el gigante Goliat; pueden significar confrontar tus asuntos o los de alguien más, o incluso pueden ser esperar en Dios cuando todo en ti quiere avanzar y actuar sobre una promesa para el futuro. Tenemos que ser muy cuidadosos en cuanto a definir un paso de fe para los demás.

También tenemos que ser prudentes en no pensar que la fe es un concepto nebuloso que siempre está allí pero nunca podemos alcanzarlo. Los pasos radicales de fe son concretos. Siempre tienen al menos dos cosas en común: incluyen un riesgo, y encajan con la voluntad claramente definida de Dios.

Los que asumen riesgos siempre tienen algunas cosas en común. Una de ellas es el temor; las emociones que sientes que te hacen desear encontrar una razón para no hacer lo que Dios te pide que hagas, son normales. Todos las tenemos. Tememos a lo que puede suceder. Ester no entró a la corte real pensando: "Muy bien, hagámoslo pronto porque tengo un turno con el peluquero a las 14:30". Estaba muerta de miedo. Pedro no dijo: "Claro, Jesús, te seguiré un tiempito. Nada difícil, hasta puede resultar divertido". El temor y la fe no son necesariamente antitéticos.

Los mayores pasos de fe que yo he dado en mi vida han sido todos acompañados de temor (a veces terror absoluto). Por eso el mandato más común en *La Biblia* es "no temas" o algo similar. Generalmente cuando Dios habla, ya sea a través de un ángel o algún otro suceso dramático, las primeras palabras son "no temas". Eso no es una condenación del temor; está bien tener miedo. Pero lo que no está bien es dejar que el temor te paralice y te impida dar un paso de fe. En la batalla entre la fe y el temor en tu vida, la fe debe prevalecer.

La historia está llena de héroes que avanzaron en fe cuando tenían todas las de perder. Cristóbal Colón tenía muchas probabilidades de caerse del borde de la Tierra, según muchos de sus contemporáneos, pero de todos modos navegó rumbo al oeste. Martín Lutero confrontó una sólida institución medieval cuando clavó en la puerta de la iglesia sus noventa y cinco tesis desafiando la corrupción y las tradiciones no bíblicas reinantes en la Iglesia. Rosa Parks soportó la ira de una cultura profundamente arraigada, cuando se rehusó a ceder su asiento en el colectivo simplemente porque era negra. Casi todos los que se hicieron célebres por ser "primeros" enfrentaron enormes contrariedades, y nosotros los honramos por eso. La grandeza solo viene a través de los obstáculos.

Los que asumen riesgos se atreven a dar un paso de fe a pesar de sus temores, sin importar los obstáculos y peligros que perciban. Los que creen en las promesas de Dios como para avanzar a pesar de los peligros, tienen algo en común: reciben favor de Dios. Esa es la parte esperanzadora. La recompensa y las bendiciones de Dios vienen a sus vidas. A menudo citamos la primera parte de Hebreos 11:6: *Sin fe es imposible agradar a Dios*. Es verdad. Pero la segunda parte del versículo es igualmente importante: *Ya que cualquiera que se acerca a Dios tiene que creer que él existe y que recompensa a quienes lo buscan.*

La primera mitad de esa verdad es que debemos vivir nuestras vidas como si un Dios todopoderoso, omnisciente, amoroso y compasivo existiera de verdad y cuidara de nosotros. Muchas personas creen en Dios, pero nunca actúan como si realmente existiera. No podemos hacer eso y seguir actuando en fe. La segunda mitad de esa verdad es que debemos creer que Dios realmente recompensa ricamente a los que lo buscan con diligencia. Él no es un padre de brazos cruzados que solo espera que hagamos algo mal para repartir castigos. Él nos alienta a saltar del trampolín al agua, para poder experimentar lo bien que se siente. Quiere que demos ese salto para poder conocer la recompensa y para poder revelarse a nosotros en maneras poderosas.

Cuando damos un paso de fe así, eso agrada al corazón de Dios. Te animo a leer los evangelios con nuevos ojos. Prepárate una taza de café y siéntate a leer tu Biblia. Comienza con Mateo y lee tan rápido como puedas, buscando las palabras *fe, creer* y *confiar*. Los cuatro evangelios tienen el tamaño de una novela corta, y solo debes buscar estas tres palabras, así que no te llevará mucho tiempo encontrarlas. Lo que descubrirás es que Jesús tiene un solo plan. En gran parte, las únicas veces que se enoja con sus discípulos, su falta de fe es el motivo. Su plan singular es que ellos confíen en su carácter y en su Palabra.

La *fe* es simplemente hacer lo que Dios te dice que hagas, ya sea que lo sientas o no (y especialmente, por cierto, cuando *no sientes* hacerlo). Obedeces a pesar de las circunstancias porque Él lo dijo y su Palabra es verdadera. Los que asumen riesgos obran en fe, a pesar de sus temores, y experimentan el favor de Dios no porque sean mejores, más inteligentes, fueron criados en mejores hogares, conocen más *La Biblia* y no tienen problemas. Si esos fueran los requisitos, la mayoría de los personajes bíblicos habrían sido descalificados. Si piensas que vienes de una familia disfuncional, prueba leer las historias de Abraham, Isaac, Jacob y José alguna vez. Y aun así ellos son considerados los "padres de la fe". Son representados en el Antiguo Testamento lejos de ser perfectos, pero están instalados en la "galería de la fama por la fe" del Nuevo Testamento. ¿No es alentador eso? El favor de Dios viene no sobre los que tienen todo en orden, sino sobre los que eligen creer, los que actúan por fe a pesar de sus temores.

¿Dónde estás tú?

Mientras leías este capítulo, ¿en qué área sentiste que Dios te estaba desafiando a dar un paso de fe? ¿Ha usado el Espíritu de Dios alguno de estos ejemplos para empujarte hacia una cierta acción arriesgada que requiere que dependas completamente de Dios? Piensa en tus relaciones, tu trabajo, donde vives, cómo gastas tu dinero; en otras palabras, piensa en las áreas claves de tu vida. ¿En dónde puso Dios su dedo?

Con ese tema en mente, permíteme hacer otra pregunta. Si Dios trae a nuestras vidas ventanas de oportunidad para actuar en fe, y si nuestra vida es determinada realmente por nuestra respuesta a esas oportunidades y el nivel de riesgo que estamos dispuestos a asumir, ¿cómo podría la gente común como nosotros convertirse en grandes intrépidos? Algunos de nosotros, después de todo, todavía tomamos la misma clase de desayuno que tomábamos en 1972. Era bueno en ese entonces, siempre lo ha sido, ¿así que por qué cambiar ahora? A algunos simplemente no nos gusta el riesgo.

Odio dar malas noticias, pero evitar el riesgo no es una opción en la vida cristiana. Dios entiende que la fe puede ser aterradora y que nuestro sentido de seguridad se siente amenazado, pero Él no nos ha dado alguna clase de "cristianismo dietético" sin riesgos agregados. Solo hay un Jesús al que seguir, y no podemos seguirlo sin estar dispuestos a dar pasos radicales de fe. ¿Entonces cómo podemos salir de nuestra zona de confort y alcanzarlo?

Cómo convertirse en alguien arriesgado para Dios

El final de Hebreos 10-11 nos brinda tres grandes respuestas a esa pregunta: reenfocar tu temor, rejuvenecer tu fe y recordar su fidelidad. Cuando hagas estas tres cosas, progresivamente te convertirás en un gran "arriesgado".

Reenfoca tu temor

La carta a los Hebreos fue escrita a los judíos que habían aceptado a Jesús como el Mesías. Él había cambiado maravillosamente sus vidas, habían comenzado a caminar con Él, y las cosas marchaban bastante bien (al menos por un tiempo). Luego vino la persecución y el precio de seguir a Jesús se hacía cada vez más alto. Muchos de sus amigos y familiares les decían que podían volver al judaísmo, adherir a las leyes y enseñanzas de los rabinos y lentamente dejar a Jesús de lado. De ese modo, podrían volar bajo el radar como judíos y no ser perseguidos por las autoridades religiosas.

El escritor de Hebreos expresa cómo se siente Dios acerca de la gente que quiere sumergirse nuevamente en el moralismo religioso y los rituales vacíos, en contraste a una vida de fe.

> *'Pero mi justo vivirá por la fe. Y si se vuelve atrás, no será de mi agrado'.*
> *Pero nosotros no somos de los que se vuelven atrás y acaban por perderse,*
> *sino de los que tienen fe y preservan su vida.*
>
> —Hebreos 10:38-39

Luego explica que la fe, teniendo esa clase de importancia, en verdad es *la garantía de lo que se espera, la certeza de lo que no se ve* (Hebreos 11:1).

En otras palabras, la fe opera en la realidad que sabemos que es cierta, aunque no la veamos. Cuando *La Biblia* utiliza la palabra *esperanza*, no expresa el mismo concepto que nosotros imaginamos cuando usamos esa palabra. Decimos que esperamos que el clima esté lindo o que las acciones de la bolsa suban. Eso no es esperanza, eso es pensamiento positivo o deseo. La *esperanza* es fijar nuestros ojos en una promesa que tiene cumplimiento garantizado, y vivir en el presente en vista de esa certeza futura. De manera que la *fe* es estar seguros de una realidad invisible y actuar en consecuencia.

Esto, según el siguiente versículo, es lo que les fue elogiado a los creyentes del Antiguo Testamento. Ellos pueden o no haber hecho todos sacrificios descritos en el momento justo y del modo indicado. Ninguno de ellos era moralmente perfecto u obró bajo motivaciones completamente puras. Ellos experimentaron el favor de Dios por causa de su fe, nada más. Y los que retrocedieron y no estuvieron dispuestos a dar un paso radical de fe, no agradaron a Dios.

Para señalar lo irracional que es la incredulidad, el autor recuerda a los lectores en quién se supone que confían en realidad: *Por la fe entendemos que el universo fue formado por la palabra de Dios, de modo que lo visible no provino de lo que se ve* (Hebreos 11:3). Un universo infinito, eterno, existente por sí mismo, recibe órdenes y de la nada vienen dos mil millones de galaxias. En una de ellas que consiste en dos mil millones de estrellas, hay un pequeño sistema solar. En ese sistema solar, un pequeño planeta llamado Tierra fue diseñado para preservar la vida. Y un diminuto punto en ese planeta eres tú. El escritor de Hebreos señala que el que con su palabra hizo existir todas las cosas, es el mismo que prometió que estaría con nosotros siempre. Si Él dice: "Este es mi Hijo", podemos creer en su Hijo a pesar de la persecución. Si dice: "Confronta ese problema en tu matrimonio", podemos confrontarlo en confianza. Si dice: "Quiero que seas libre de aferrarte al dinero y las posesiones como tu seguridad", podemos dar generosamente. Todo lo que Él diga que hagamos, ya sea enfrentar la tentación, deshacernos de una adicción o cualquier otra cosa que parezca atemorizante para nosotros, podemos hacerlo porque sabemos quién es Él.

Entonces, ¿por qué titulé este punto "reenfoca tu temor" en vez de "deshazte de tu temor"? Esta es mi teoría acerca del miedo: siempre vamos a sentir temor de algo, pero prefiero temer a Dios antes que temer a las personas o a las circunstancias. La razón por la que muchos de nosotros no tomamos riesgos, es porque tenemos miedo de perder personas, cosas o nuestra seguridad. Cuando enfrentamos una de esas ventanas de oportunidad para una fe radical, a menudo veremos que esa decisión está entre hacer lo que Dios quiere y mantener la opinión que los otros tienen de nosotros. Si tratamos de agradar a Dios, no les agradaremos a ellos, y si tratamos de agradarles a ellos, no agradaremos a Dios. Buscaremos el favor de quienes respetamos y honramos (o tememos) más.

Esto es lo que La Palabra de Dios dice: *El principio de la sabiduría es el temor del Señor* (Salmo 111:10). El temor de Dios hoy es un concepto novedoso, pero es bíblico. Conduce a la sabiduría, el entendimiento de cómo Dios ha planeado que sea la vida, cuáles son las prioridades y cómo mantener las relaciones, el dinero y todo lo demás a su manera.

Billy Graham una vez dio un paso radical de fe que ilustra el deseo de temer a Dios más que a otras personas. El contexto era el conflicto racial de los años '50 y el comienzo del movimiento por los derechos civiles. El ministerio de Graham comenzaba a crecer rápidamente y en el norte y el oeste hablaba ante audiencias integradas por gente de toda raza. En el sur, sin embargo, los organizadores de sus cruzadas siempre segregaban a la audiencia. Eso fue en realidad un gran paso en la dirección correcta, porque en las décadas anteriores solo se permitía la asistencia de personas blancas. Las personas importantes que rodeaban a Graham reconocieron la necesidad de hablar tanto a blancos como a negros en el sur, pero ellos dijeron que mezclarlos le haría perder su reputación entre quienes lo apoyaban económicamente.

Al principio Graham trató de crear una posición intermedia que se oponía tanto a la integración obligada como a la segregación forzada. Pero con el tiempo el asunto se volvió tan intenso que ya no pudo encontrar un terreno común. Los periodistas le preguntaban una y otra vez por qué se refería al racismo en sus sermones en el norte y el oeste pero no en el sur. Los eventos segregados siempre le habían parecido erróneos, pero nunca había tomado una acción decisiva, hasta una cruzada en Jackson, Mississippi.

El gobernador de Mississippi había sugerido que se hicieran reuniones separadas para negros y blancos, pero Graham no estuvo de acuerdo en eso. Entonces predicó en una cruzada en donde todos los blancos estaban de un lado y todos los negros del otro, y había sogas que dividían el pasillo y los mantenían separados. Justo antes de uno de sus mensajes, se dirigió hacia las sogas que separaban y las arrancó. Los ujieres, desconcertados, las levantaron y trataron de acomodarlas nuevamente, pero Graham personalmente se puso en el medio. Regresando al escenario dijo que no había base bíblica para la segregación y que ella no tenía lugar en la iglesia. Dijo también que había conmovido su corazón el ver a blancos y negros parados uno al lado del otro ante la cruz. Este gesto poderoso dividió las aguas en su ministerio; nunca más lideró una cruzada con una audiencia segregada.

Leemos acerca de Billy Graham y lo consideramos un superhéroe espiritual. Tuve el privilegio de hablar en su centro de liderazgo varias veces, y he llegado a conocer gente que lo conoce muy bien; todos hablan sobre lo auténtico y sólido que es este granjero en la actualidad. Es un hombre común con una actitud humilde. ¿Entonces por qué Dios lo usa tan poderosamente? Él estuvo dispuesto a dar pasos radicales de fe. Recibió una lluvia de críticas por su postura sobre la segregación, al igual que todos los demás que participaron del movimiento de los derechos civiles. Había riesgos extraordinarios en juego. Pero en las ventanas de oportunidad serias en su vida y ministerio, Dios le dijo: "Quiero que avances en fe". En el momento en que Graham derribó esas cuerdas, todo su ministerio podría haberse derrumbado. Él estaba en la posición de escoger entre temer a Dios o temer al hombre, y eligió ser obediente a Dios.

¿A quién le temes? Si tienes miedo de lo que otra gente piense, ¿por qué lo tienes? ¿Qué hace que su opinión sea tan importante y por qué no te importa más la opinión de Dios? Lo peor que puede ocurrirte temiendo a Dios, es ofender a las personas. Lo peor que puede ocurrirte temiendo a las personas, es ofender a Dios, y perderte muchas de las bendiciones que Él quiere que recibas.

Rejuvenece tu fe
Los dos versículos siguientes de Hebreos 11 son interesantes:

Por la fe Abel ofreció a Dios un sacrificio más aceptable que el de Caín, por lo cual recibió testimonio de ser justo, pues Dios aceptó su ofrenda. Y por la fe Abel, a pesar de estar muerto, habla todavía. Por la fe Enoc fue sacado de este mundo sin experimentar la muerte; no fue hallado porque Dios se lo llevó, pero antes de ser llevado recibió testimonio de haber agradado a Dios.

–HEBREOS 11:4-5

Después del recordatorio del versículo 3 de quién Dios es en realidad, el escritor nos da dos ejemplos de fe radical que generalmente no se mencionan en las dramáticas historias como la apertura del Mar Rojo o Daniel en el foso de los leones. El primero es sobre un hombre que vino a Dios con una ofrenda, y el segundo es sobre otro que tuvo una relación tan cercana con Dios que el Señor se lo llevó al cielo directamente, en vez de esperar a que muriera. Y luego viene el tan conocido versículo que ya hemos citado: *En realidad, sin fe es imposible agradar a Dios, ya que cualquiera que se acerca a Dios tiene que creer que él **existe y que recompensa a quienes lo buscan*** (Hebreos 11:6, énfasis agregado).

Creo que Dios inspiró al escritor de Hebreos a poner primero esos dos ejemplos por una razón. Si quieres rejuvenecer tu fe, comienza por las cosas pequeñas. La ofrenda de Abel fue un acto normal de fidelidad en el área de sus entradas. Una de las maneras más rápidas y sencillas de rejuvenecer la fe es en el área que Jesús enfatiza con más frecuencia: tus finanzas. Él les dijo a sus discípulos que ellos podían adorar a mamón (dinero, seguridad, posesiones) o a Él (Mateo 6:24). No hay punto intermedio. También les dijo que cualquiera que fuera fiel en lo poco –dinero– sería fiel en lo mucho (Mateo 25:23). En otras palabras, si la gente no puede confiar en Él para sus finanzas, ni siquiera están listos para confiarle las cosas espirituales. Podemos decir que amamos a Dios, ir a la iglesia y adorarlo con lágrimas en los ojos y nuestras manos en alto, pero si Él no tiene nuestro tesoro, tampoco tendrá nuestro corazón.

Devolverle a Dios lo primero y lo mejor de lo que nos ha dado nos recordará que todo le pertenece a Él, lo cual aumentará nuestra fe. Lo mínimo es el diezmo, pero si Él te ha dado mucho, te invita a que pruebes y veas qué fiel y poderoso es darle más. El evangélico típico en los Estados Unidos da el 2,7% de su ingreso. ¿Sabes lo que eso le dice a Dios? "Sé que creaste el universo, amo a Jesús, creo que puedes perdonar mi pecado y llevarme al cielo, y te pido que proveas para toda mi familia, pero no creo que seas lo suficientemente grande como para manejar mi dinero (es decir, el dinero que tú me has confiado). No creo que puedas proveer para mí si te doy algo de ello".

¿Cómo responde Dios a eso? "Muy bien, acepto tu decisión. Puedes manejar tu vida con tus recursos. No necesito tu dinero; ese no era el punto. Quería tu corazón y deseaba cultivar tu fe". Una de las maneras más rápidas y sencillas de ver a Dios obrar en lo sobrenatural es dar, luego pensar cómo van a ser suplidas tus necesidades y después observándolo actuar. Muchos cristianos nunca lo han experimentado, pero si comienzas por allí, tu fe será rejuvenecida. Comenzarás a ver a Dios obrar en maneras que nunca imaginaste a medida que comienzas a confiar en Él más y más con tu dinero.

La segunda manera de renovar tu fe es reflexionar sobre grandes temas. La historia de Enoc contiene muy poca información, pero lo que hay es fascinante. Cuando Hebreos 11 comienza con esos ejemplos de cómo realmente caminar con Dios, mi primera reacción es preguntar por qué Abel y Enoc son los primeros dos que se mencionan. ¿No podría Dios haber inspirado algunas historias mejores para llegar a este punto? Pero si retrocedes hasta Génesis y miras la genealogía en la que aparece Enoc, descubrirás una profunda lección sobre cómo agradar a Dios.

La genealogía en Génesis 5 es uno de esos pasajes que uno tiende a saltearse cuando está en un plan de lectura bíblica. En la versión Reina Valera es un manojo de *engendrós*. Pero los *engendró* son interrumpidos por un par de comentarios acerca de Enoc:

> *Y caminó Enoc con Dios, después que engendró a Matusalén, trescientos años, y engendró hijos e hijas. Y fueron todos los días de Enoc trescientos sesenta y cinco (…) años. Caminó, pues, Enoc con Dios, y desapareció, porque le llevó Dios.*
>
> —Génesis 5:22-24

Uno no encuentra esa clase de declaración en la mayoría de los árboles genealógicos, pero Dios quería señalar algo notable sobre Enoc. ¿Qué fue lo que hizo a este hombre tan sobresaliente? ¿Por qué Dios atesoró esa relación con Enoc al punto que, en vez de dejarlo morir, lo transportó de manera sobrenatural directo al cielo? Este era un hombre normal que hacía su vida, trabajaba duro para vivir, experimentaba las presiones normales de la vida que todos enfrentamos y siguió con ellas por un largo tiempo. Luego ocurrió algo que reacomodó sus prioridades y transformó su perspectiva. Pasó de ser simplemente otro hombre que "engendró", a ser un ejemplo en Hebreos 11 de uno de los grandes hombres de fe en todos los tiempos. ¿Qué sucedió? Lo que sabemos primeramente de Enoc es que caminó con Dios. En medio de las presiones de la vida, Enoc hizo de su relación con Dios su prioridad, y el pasaje está expresado de modo tal que parece indicar que el nacimiento de su primer hijo fue un catalítico para cambiar esas prioridades. Enoc aparentemente cargó a ese niño en sus brazos y comenzó a reflexionar sobre las cosas grandes de la vida; comprendió que las mayores cosas son las relaciones.

Recuerdo vívidamente cuando sostuve a mi primogénito en mis manos, minutos después de que llegó a este mundo; yo estaba llorando, abrumado por la emoción. La vida es increíble. Las personas son lo que verdaderamente importan. Eso debe ser algo parecido a lo que Enoc sintió. Y su vida reflejó de tal manera esa verdad que Dios no quiso esperar a que muriera para llevarlo a casa.

Por el contrario, he conocido muchas personas en la mitad de su vida que se lamentan no haber pasado más tiempo relacionándose con sus padres. Ahora esos padres están sentados en algún geriátrico, y conectarse en este punto parece prácticamente imposible porque las relaciones han sido muy distantes y tensas en los últimos veinte años. Muchas de esas personas estarán sentadas en la misma clase de geriátrico unos años más adelante, porque tienen tantas otras prioridades al presente que no construyen relaciones con sus propias esposas e hijos. Cuando la mayoría de la gente finalmente se da cuenta de que seremos solamente recordados por la gente que hemos tocado y no por las cosas que hemos logrado, es bastante tarde como para invertir en el tesoro eterno. Enoc construyó una vida alrededor de los grandes temas –una relación con Dios y con el prójimo– y Dios se complació tanto como para llevarlo de esta vida.

Para rejuvenecer nuestra fe debemos practicar la fidelidad en las pequeñas cosas, y meditar en las grandes cosas mientras recordamos lo principal: agradar a Dios. Sin fe es imposible agradarle.

Desafortunadamente, muchos de nosotros tratamos de agradarle de otras maneras. La senda que se supone que logra su aprobación está apegada a nuestra cultura y arraigada a nuestro pensamiento. Creemos que si podemos mantener recta nuestra moral, tener nuestra familia en regla, casarnos (si somos solteros) o tener hijos (si no los tenemos), encontrar la clase de trabajo apropiado en el lugar correcto y en el tiempo indicado, e incluso servir en la iglesia o ir a los viajes misioneros, nos sentiremos realizados y Dios estará complacido. Inconscientemente tenemos una figura mental de lo que sería una vida "todo bien". Tratamos de dejar de hacer cosas malas, comenzamos a hacer cosas buenas, y suponemos que el resultado será la "vida abundante" de satisfacción personal y realización. Pero el objetivo de la vida es agradar a Dios, y sin fe eso es imposible.

¿Estoy diciendo que estas cosas están mal? No, en absoluto. Ir a la iglesia, leer tu Biblia, orar, tener una familia, hacer un trabajo importante para los demás, y todas las otras cosas que hacemos para tratar de agradar a Dios, son buenas, pero si tienen la motivación correcta. Si las hacemos no para ganar el favor de Dios sino para vivir esa verdad, entonces son maravillosas. Pero para agradarlo de verdad, tiene que haber fe.

Recuerda la fidelidad de Dios

Lee el resto de Hebreos 11 de vez en cuando (vv. 7-40) y ello reforzará la fidelidad de Dios en tu mente. Verás lo que Dios hizo por aquellos que asumieron grandes riesgos. A través de Noé, Él salvó a la raza humana de la destrucción completa; le dio a Abraham su propia nación y bendijo a todas las demás naciones a través de él; le dio a Sara un hijo cuando tenía noventa años; liberó al pueblo de Dios a través de Moisés; derribó los muros de Jericó mediante la obediencia de su pueblo ante una orden extraña; hizo de una prostituta una heroína; y la lista prosigue. No termina con Hebreos 11 tampoco. A lo largo de la historia de la Iglesia y de tu vida y la mía, Dios sigue abriendo ventanas de oportunidades para que gente ordinaria como nosotros ejercite su fe en las áreas de la familia, finanzas, ministerio, empleo, relaciones y más. Y cuando lo hacemos, tenemos una vislumbre de lo que realmente es la fe en un Dios fiel.

Recordar la fidelidad de Dios es una razón por la que leo su Palabra cada día. Me levanto en la mañana y la leo primero, porque necesito recordar que Él ha guardado sus promesas hacia todos los que han avanzado en fe. Si por mí fuera, me olvidaría eso y terminaría terriblemente asustado. Entonces durante mi tiempo de quietud suelo escribir todos mis miedos en un diario –como lo hice esta mañana– y luego le digo al Señor que no puedo manejarlos. De buena gana le entrego las circunstancias de mi vida y le pido que me muestre cómo es confiar en Él en cada área de mi vida. "¿Cómo quieres que confíe en ti en mi reunión de las diez?" "¿Cómo sería tener fe en esta presión que siento en mi área económica?" "¿Cómo puedo depender de ti para cumplir con el plazo de entrega de este libro? Estoy sobrecargado y cansado". Luego, unos días más tarde, vuelvo y pongo una pequeña marquita de visto y escribo la fecha al lado de cada tema que Él me ayudó a resolver. Conservo pilas y pilas de diarios marcados con el signo de visto de las dos décadas anteriores, para recordarme que lo que era imposible un martes fue hecho posible el jueves o viernes, o incluso un año o dos más tarde. Releer esos escritos me ayuda a edificar mi fe increíblemente.

Eso es especialmente cierto cuando tengo una gran decisión que tomar. Cuando Dios me llamó de la Iglesia Bíblica Santa Cruz a ser presidente de Caminata Bíblica en Atlanta, mi respuesta fue: "Señor, ¡por favor no me hagas ir! Amo a la iglesia; amo a mi esposa, que no quiere ir; amo mi seguridad aquí; y la vida realmente va bien aquí. Es maravillosa. Mis hijos aman estar aquí. Por favor, por favor, déjame quedarme". De algún modo pasé de eso a "Está bien, iré. Y estoy seguro que será maravilloso también".

No fue maravilloso para nada (por los dos primeros años, solamente). Mi esposa entró en un tiempo horrendo, hubo un bajón en la economía, los recursos del ministerio eran tirantes justamente por eso, y Dios me llevó en un peregrinaje que nunca hubiera decidido emprender por propia decisión. ¿Por qué? Porque su plan es hacerme más como su

Hijo y usar mis dones para impactar y amar a los demás. Cuando Dios quiere hacer algo mayor a través de ti de lo que hace actualmente, tu paso radical de fe con frecuencia te llevará a una experiencia mayor con Él. El sufrimiento crea dependencia, y el dolor trae un aspecto de pureza a tus motivaciones que ninguna otra cosa puede hacer. Pero el sufrimiento por causa de la fe siempre viene con la promesa de Dios de que Él recompensa a los que lo buscan con diligencia.

Pudimos tomarnos un respiro recién cuatro años más tarde; y Theresa y yo recientemente reflexionábamos sobre la bondad y soberanía de Dios en esa decisión. Recordamos cómo estuvimos dispuestos a someternos a Dios solo después de una lucha bastante intensa. Dios nos dejó bien en claro que quería que yo hiciera eso, pero Theresa no quería. Yo luché con eso y ella también. Finalmente ella dijo:

–Si realmente crees que es la voluntad de Dios, confiaré en ti e iré. Pero sabe que emocionalmente no quiero hacerlo.

Y cuando nos sentamos en nuestro escritorio hace unos meses y consideramos todo lo que había sucedido, contamos nuestras bendiciones. Dos de nuestros hijos se mudaron con sus familias a Atlanta. No teníamos nietos cuando llegamos, pero hemos tenido uno por año desde que nos mudamos, y hay tres o más en camino. El ministerio ha multiplicado grandemente su impacto alrededor del mundo y está en posición de llevar mucho más fruto del que jamás pensé posible. Ni Theresa ni yo hubiéramos elegido esto para nosotros por anticipado, pero mirando hacia atrás puedo ver la asombrosa riqueza de la recompensa y gracia de Dios sobre nuestras vidas. Y nunca hubiéramos experimentado la gracia en este modo si no hubiéramos dado ese paso radical de fe.

Ahora cuando tengo que tomar una gran decisión, puedo mirar atrás y ver la gracia de Dios y su fidelidad en esa situación –así como también en muchas otras que he vivido– como recordatorio de que Él estará allí en los temibles riesgos que soy llamado a asumir. El carácter que ha demostrado en el pasado es cierto también para el futuro, porque Él nunca cambia. Recordar la gran fidelidad de Dios en el pasado nos capacita para confiar en Él para cosas mayores en el futuro.

Fe es un verbo

Los grandes arriesgados ven la fe como un verbo, no como un sustantivo. No es tanto lo que *tengas* como lo que *hagas*. La clase de fe que impulsó a Abel a dar una ofrenda aceptable, a Noé a edificar un arca debajo de un cielo soleado, a Abraham a dejar su hogar, a Daniel a orar bajo la amenaza de muerte, y así sucesivamente, es la fe que lleva a la acción. Es vivir lo que Dios ha dicho, sabiendo que es verdad por su carácter, y sabiendo que podrá haber un alto precio incluido.

Muchos de los ejemplos que enumera Hebreos 11 son personas que agradaron a Dios pero no vieron el reino que les fue prometido. Su fe no terminó siendo el Sueño Americano. Algunos fueron asesinados, exiliados o perseguidos, y el mundo ni siquiera era digno de ellos. Pero insistieron y corrieron grandes riesgos, porque eso es lo que hace la fe.

Los grandes cristianos no van a lo seguro. Donde no hay riesgo, no hay fe. ¿Qué pasos específicos de fe sientes que Dios te impulsa a dar? ¿Hay algo o alguien que Dios quiere que dejes atrás? ¿Algo o alguien a quien regresar y poner las cosas en orden?, ¿confrontar?, ¿pelear valientemente? ¿Necesitas dejar de preocuparte sobre lo que la gente piense y hacer lo que sabes que Dios te ha llamado a hacer?

Te animo a que consideres en oración cada una de estas preguntas. Mientras las leíste, una o dos situaciones específicas probablemente vinieron a tu mente. Pregúntale al Señor qué quiere que hagas en esas situaciones. Escribe tus temores y pídele que te muestre cómo sería confiar en Él en medio de cada una de ellas.

Luego, cuando haya puesto una respuesta clara y bíblica en tu mente y corazón, actúa en fe, incluso si es riesgoso, porque Dios busca grandes cristianos, y los grandes cristianos asumen riesgos.

Pasos a seguir

1. Piensa en un gran sueño u oración que sientes que Dios ha puesto en tu corazón. Luego dibuja tres columnas en un papel. En la primera columna escribe los pasos que deberías dar para que tu esperanza en esa área se haga realidad. En la segunda, enumera los obstáculos externos (circunstancias, gente, dinero, etc.) que están en el camino. En la tercera, anota todos los obstáculos internos (temores, dudas, etc.) que pueden impedirte tomar ese gran riesgo. Usa ese papel en tus tiempos a solas esta semana para orar por esos temas que enfrentas. Pídele a Dios que te ayude a discernir entre la fe y la necedad, y que te ayude a moverte en la dirección a la que te ha llamado.

2. Identifica a alguien en tu red de relaciones que haya tomado un gran riesgo en una decisión respecto a su profesión o familia. Prepara un tiempo para hablar con esa persona en el almuerzo o el café, y hazle un montón de preguntas a modo de entrevista. ¿Qué temores tuvo que vencer? ¿Fue muy difícil? ¿Fue satisfactorio? ¿Qué consejo podría darle a alguien que está orando para tomar una decisión tan riesgosa? Deja que la experiencia de esa persona te informe, inspire y anime.

3. Memoriza Hebreos 11:6: *Sin fe es imposible agradar a Dios, ya que cualquiera que se acerca a Dios tiene que creer que él existe y que recompensa a quienes lo buscan.*

Preguntas para la reflexión y discusión

1. Piensa en una situación en tu pasado en la cual tomaste un riesgo. ¿Qué temores trajo aparejado para ti? ¿Qué aspectos de ese riesgo te resultaron atractivos?

2. ¿Qué reacciones esperarías recibir de parte de tu familia y amigos si tomaras un gran riesgo que no tuviera sentido para

ellos? ¿Qué criterios seguirías para distinguir entre el consejo divino y la sabiduría humana?

3. ¿Sientes que Dios te guía a dar un paso de fe riesgoso? De ser así, ¿qué podría detenerte de dar ese paso, y cómo podrías vencerlo?

7

Haz grandes sacrificios

Sentados a la mesa, el pastor de una iglesia subterránea casera en China me contaba lo que sucedía en su vida y cómo andaba su ministerio recientemente. Había venido a Hong Kong para un seminario de entrenamiento de Caminata Bíblica que yo conducía, y luego de una de las sesiones salimos a cenar. Su congregación tenía que moverse frecuentemente, porque los oficiales del gobierno en su provincia eran particularmente implacables con las iglesias en los hogares. Me contó sobre sus viajes evangelísticos y cómo extrañaba a su esposa e hijos cada vez que viajaba.

Cuando estaba fuera de casa en un viaje reciente, la policía entró a su casa y comenzó a interrogar a su esposa. Ella los convenció de que ella, y no su esposo, era pastora –una situación normal en China– y que la iglesia se había dispersado. Ella era la única que quedaba, les dijo. Entonces, para poner un ejemplo con ella, la llevaron a la estación de policía y la golpearon hasta dejarla sangrando y amoratada.

Mientras escuchaba la historia de este pastor, trataba de imaginarme cómo reaccionaría si eso le pasara a mi esposa. Ese es un alto precio a pagar por estar en el ministerio, y sinceramente, no estoy seguro de cómo respondería yo. La frustración, enojo y deseos de venganza serían muy difíciles de contener.

–¿Cómo lidió con eso? –le pregunté.

Nunca olvidaré su respuesta:

–Cuando hablamos de ello más tarde, mi esposa me dijo: "¿No es increíble que Jesús nos haya dado el privilegio de sufrir por su causa y que podamos hacer esta clase de sacrificio para agradecerle lo que él sufrió por nosotros?"

Yo estaba alegre de no haber verbalizado mis pensamientos de temor y venganza mientras él contaba esta historia. Ciertamente él miraba la vida a través de unos lentes diferentes. No veía el sufrimiento necesariamente como algo negativo sino que, en cambio, era una manera de expresar amor por Dios y un aspecto normal de seguir a Jesús en ese país. Mientras meditaba en esa conversación en el largo viaje a casa, me di cuenta de cuán americanizada estaba mi visión sobre el sacrificio y el sufrimiento. Nosotros tendemos a evitar el sufrimiento a toda costa. Aun así con frecuencia admiro en mayor medida a los que más se han sacrificado y han sufrido.

Algo ocurre cuando escuchamos la historia de un gran sacrificio. Es poderosa e inspiradora. Desata una respuesta profundamente emocional, incluso si la leemos en un libro o la vemos en una película. Por eso las cadenas televisivas muestran esos documentales cortos sobre las olimpíadas: la historia de una pequeña niña que se levantaba a las 03:00 durante años para practicar para ese preciso momento en la balanza, o del corredor que venció su enfermedad o la extrema pobreza para entrenar para la competencia y para tener una vida mejor. Debo confesar que me pongo a llorar cuando escucho esas historias.

Hay algo acerca de las Madres Teresas, los Gandhis y Martin Luther Kings del mundo que despierta sueños más nobles y elevados dentro de nosotros. Siempre ha sido de ese modo; es así como Dios nos hizo. La historia está llena de gente que sufrió bajo la persecución de otros y, en vez de amargarse o volverse vengativos, perdonaron a sus enemigos. Cuando vemos a alguien como Nelson Mandela pasar veinticinco años en prisión, finalmente ser liberado y no mostrar ningún rastro de represalia, nos admiramos del sacrificio que llevó al fin del *apartheid*. En la iglesia todavía recordamos a los primeros cristianos que sufrieron a manos de los emperadores romanos. El mundo está lleno de estatuas y vitrales que conmemoran los costosos sacrificios que personas han hecho por algo o alguien mayor que ellos mismos.

¿Por qué sentimos una atracción magnética hacia la gente que hace grandes sacrificios? ¿Por qué esta conexión mística entre nuestra alma y la nobleza de los actos de abnegación? Creo que la respuesta es que el sacrificio es la evidencia más clara y más grande de la extensión del amor y la devoción de uno hacia una persona, causa o cosa. Jesús les dijo a sus discípulos: *Nadie tiene amor más grande que el dar la vida por sus amigos* (Juan 15:13). Cuando alguien paga un precio extremo por razones no egoístas, la profundidad de su amor es clara. La medida de nuestro sacrificio demuestra lo que importa más.

La medida del amor

Encontré una gran ilustración de este principio en un programa de Animal Planet hace poco. Una leona pequeña tenía problemas para conseguir alimento para sus cachorros, pero finalmente cazó a su presa. Siendo demasiado pequeña como para arrastrar la comida hasta ellos, la leona fue a buscarlos y traerlos hasta el lugar. En su viaje de regreso, siete u ocho hienas la rodearon a ella y a sus bebés. Ella tenía la oportunidad de correr, pero no lo hizo. Enfrentó lo imposible, la leona estuvo dispuesta a morir para salvar a sus cachorros. Y por razones que no puedo explicar, las emociones me inundaron al verla frenéticamente golpear a las hienas que intentaban atacar a sus pequeños. Esa clase de devoción está puesta en el diseño de la creación. Resuena dentro de nosotros.

Cuando estamos verdaderamente consagrados a algo o a alguien, estamos dispuestos a hacer sacrificios. Si quieres saber lo que realmente amas, todo lo que tienes que hacer es observar en dónde das tu tiempo, energía, dinero y tus sueños. Para la mayoría de las personas eso sería una combinación de esposo, hijos, trabajo y pasatiempos. Si eres realmente bueno en algo –tocar un instrumento, invertir capital, hacer pinturas, construir casas, practicar un deporte– probablemente gastes bastante tiempo y energías para ser bueno en eso. Puedes tener talento natural en esa área y puedes haber disfrutado el proceso, tanto que no parece un sacrificio en absoluto, pero aún así requirió del sacrificio de tiempo, energía y probablemente dinero. Con mucho gusto nos dedicamos a lo que nos gusta hacer.

No es difícil ver cómo se aplica este principio al ser un seguidor de Jesús. Lo que sea que tengamos para ofrecer, naturalmente fluirá en la dirección de nuestros más profundos afectos. El grado de nuestro sacrificio corresponde al grado de nuestro amor. Los grandes cristianos demuestran gran amor al hacer grandes sacrificios.

Entender el sacrificio y la adoración según La Biblia

Este concepto está claro en el ministerio de Jesús, pero era parte del diseño de Dios desde el principio. Para entenderlo completamente necesitamos ver cuánto énfasis se le pone a lo largo de *Las Escrituras*. El amor y la adoración están entretejidos en el sistema sacrificial del Antiguo Testamento, y si no captamos la naturaleza de las relaciones entre ellos, perderemos tanto el significado del sacrificio de Jesús por nosotros como la correcta profundidad de nuestro discipulado.

Levítico es un libro de instrucciones para los sacerdotes de Israel, para que conocieran cómo liderar a la nación en adoración. Describe los sacrificios requeridos para demostrar amor y respeto por Dios. Cinco ofrendas son prescriptas en los primeros diez capítulos de Levítico, y dos de ellas eran obligatorias. Uno de los sacrificios obligatorios era el sacrificio por el pecado: el sacrificio de un toro o un macho cabrío para expiar o cubrir sus pecados. El otro era el sacrificio de la culpa: otro sacrificio animal para absolver la culpa. Esos eran exigidos en ciertos tiempos, y se esperaba que todos los hicieran.

Pero las tres ofrendas voluntarias eran una expresión de fidelidad. La primera era el holocausto para expresar la profundidad de su devoción. La segunda era una ofrenda de granos dada en gratitud por la provisión de Dios. Cuando la cosecha era levantada, la primera porción era traída al altar y mecida delante de Dios en acción de gracias. La tercera era una ofrenda de paz, dada simplemente para reconocer lo bueno que Dios había sido. El sacerdote se quedaba con parte de ella, y el que daba la ofrenda comía el resto allí mismo como una celebración de la bondad de Dios.

¿Qué nos demuestra eso? En primer lugar, que el acceso a Dios demanda sacrificio; para poder venir a su presencia necesitamos ser expiados, es decir, nuestros pecados deben estar cubiertos. Pero después de eso, la comunión con Dios crece a través del sacrificio. Las ofrendas obligatorias hacían posible la comunión con Dios, pero las voluntarias procedían del corazón. Expresaban la clase de amor en el que se construyen relaciones.

Mucho tiempo antes de Levítico, Abraham hizo un enorme sacrificio desde la profundidad de su corazón. Dios le había prometido muchos descendientes, y luego esperó más de dos décadas para darle un hijo. Abraham probó la espera de fe. Luego intentó ayudar a Dios teniendo un hijo con la criada de su esposa, un esfuerzo que solo empeoró las cosas. Entonces Abraham volvió a esperar en fe, aunque debe haber habido veces en las que se preguntaría si Dios alguna vez cumpliría su promesa. Pero cuando él tenía cien años y su esposa noventa, Isaac nació y la promesa pareció cumplida.

Sin embargo, años más tarde Dios pareció desafiar su propia promesa. Le dijo a Abraham que llevara a Isaac a la cima de una montaña y lo sacrificara. El niño milagro, el "hijo de la risa" que representaba el único medio para que Dios cumpliera su promesa, fue elegido como ofrenda por el mismísimo Dios. Abraham hizo lo que los grandes cristianos hacen, aun cuando no entienden el porqué o sienten que no pueden, obedeció. Se levantó temprano en la mañana –mejor obedecer temprano, porque la motivación y el coraje pueden no estar allí por la tarde– y emprendió viaje con su hijo.

El viaje desde el hogar de Abraham a la región de Moriah, el lugar que Dios había designado para el sacrificio, probablemente no muy lejano geográficamente. Pero emocionalmente, debió ser el más lento y arduo viaje que hizo en toda su vida. El hijo amado que viajaba a su lado estaba, hasta donde Abraham sabía, a punto de ser asesinado por la propia mano de su padre. Los sacrificios no pueden ser mayores que ese.

–¿Dónde está la ofrenda? –le preguntó Isaac cuando alcanzaron la montaña.

–El Señor proveerá –le respondió Abraham con gran fe. Y luego construyó un altar, ató a Isaac a él y levantó su cuchillo. Él pudo inicialmente estar increíblemente desconcertado por la orden de Dios, pero supo dos cosas con certeza: se requería obediencia y Dios guarda sus promesas. De una manera u otra, la contradicción se reconciliaría; Hebreos 11:17-19 dice que Abraham creyó que recibiría a Isaac por medio de la resurrección. Esta era una prueba increíblemente difícil.

El ángel del Señor apareció y le dijo a Abraham que no hiciera el sacrificio. Sus prioridades estaban claras. Él estaba dispuesto a sacrificar a su único hijo, el hijo amado que Él le había anticipado por décadas, porque amaba más a Dios (Génesis 22:1-18).

¿Por qué Dios le pidió a Isaac? Su hijo era lo más precioso que podía haber ofrecido. Su disposición a sacrificarlo confirmó visiblemente lo que Dios ya sabía: Abraham adoraba a Dios por encima de todo lo demás. En efecto, Dios le preguntó quién era más importante, y él señaló a Dios.

No creas que fue una única pregunta para un solo hombre en la historia. Dios periódicamente prueba en cada uno de nosotros la singularidad de nuestra devoción a través del sacrificio. Cada relación que tienes, cada bien que posees, cada sueño al que apuntas, tendrán que ir al altar de tanto en tanto. No será una prueba superficial; dolerá. Los sacrificios siempre duelen. Pero te demostrarán a ti y a los demás dónde está tu verdadero amor.

Eso suena cruel para nosotros, pero Dios nos prueba en su bondad y misericordia. La mayoría ni consideraría una orden de sacrificar a su precioso hijo (o precioso lo que sea) por esa causa. Pero la gente buena que tiene cosas buenas y no es probada, con el tiempo se desviará de Dios y abrazará esas cosas buenas como ídolos en su corazón. Y cuando eso sucede, su relación con Dios –la fuente de la verdadera vida– se deteriora. Así que cuando Dios nos palmea en el hombro y nos dice: "Dame esa relación, ese trabajo, ese sueño que amas", es un pedido misericordioso. Nos mantiene cerca de Él.

Lo resistimos, por supuesto, porque no entendemos la diferencia entre el sacrificio y la adoración. En el capítulo sobre asumir grandes riesgos, describí lo desafiante que fue para mí aceptar formar parte de Caminata Bíblica. Al igual que la mayoría de los hombres, pasé la mayor parte de mi vida tratando de averiguar qué era lo que se suponía que debía hacer. Luego pasé por ese tiempo que atraviesan la mayoría de los hombres de cuarenta años, cuestionar si estaba en el camino correcto. Me encerré en lo que pensaba que era la respuesta, y por la gracia de Dios Él me dio una ventana de oportunidad al hacerlo con un gran equipo de gente en la Iglesia Bíblica Santa Cruz. Teníamos todos los edificios que necesitábamos, el ministerio de radio surgió de la nada, me hice muy amigo de grandes pastores, desarrollé un gran equipo ministerial, mis hijos comenzaron a surfear, y por diez años pensé que finalmente estaba aprendiendo cómo hacer lo que Dios me había llamado a hacer por tanto tiempo.

Luego Dios me llamó a dejar todo e ir en una dirección diferente. Eso no tenía sentido para mí. Le expliqué las cosas muy detalladamente:

–Señor, a mi esposa le gusta vivir aquí, mis hijos se van a volver acá, y vamos a cantar "Kumbaya" alrededor de la mesa cada Día de Acción de Gracias. He sido obediente y quiero hacer tu voluntad aquí, a mi manera. Lo tenemos todo planeado.

Su respuesta fue bastante abrupta:

Si alguno viene a mí y no sacrifica el amor a su padre y a su madre, a su esposa y a sus hijos, a sus hermanos y a sus hermanas, y aun a su propia vida, no puede ser mi discípulo. Y el que no carga su cruz y me sigue, no puede ser mi discípulo.

–Lucas 14:26-27

Algunas cosas en La Palabra son difíciles de entender, pero esta no es una de ellas. Es difícil de realizar, pero no es complicada. Jesús dejó en claro que seguirlo, aun cuando contradice todo lo demás que es importante para nosotros, es la prioridad número uno. Cuando les dijo a sus discípulos que debían estar dispuestos a llevar una cruz, no quiso decir que solamente usaran una cadenita en sus cuellos. La cruz era el equivalente a ir a la silla eléctrica o recibir una inyección letal: era una forma común de morir para los criminales. Seguir a Jesús significa dejar morir nuestros planes y en cambio tomar los suyos. Y si seguirlo a Él no es nuestro máximo y supremo propósito en la vida, no podemos ser sus discípulos. En otras palabras, amar y adorar a Jesús es ponerlo por encima de toda otra relación y asunto en nuestra vida. Eso requiere absoluto sacrificio.

Jesús continuó esta enseñanza de cargar la cruz con ilustraciones de lo que significaba pagar el precio. Los edificadores de una torre deben calcular el costo antes de poner los cimientos. De lo contrario serán ridiculizados por comenzar un proyecto que no pueden terminar. Un rey tiene que calcular la fuerza de su ejército antes de ir a la guerra, y si su ejército es superado en número o en cantidad de armamento, tendrá que negociar la paz. El discipulado, dijo Jesús, no es diferente. Hay un alto costo en seguirlo, y sus discípulos necesitan saber eso cuando van a ingresar. *De la misma manera, cualquiera de ustedes que no renuncie a todos sus bienes, no puede ser mi discípulo* (Lucas 14:33). Amarlo es sacrificarse por Él. La adoración barata es un oxímoron; no existe.

Cuando Dios me llamó a mudarme de Atlanta y liderar Caminata Bíblica, fue más que una decisión laboral. Mi adoración estaba en juego. Me daba cuenta de que la esposa que Dios me había dado como un regalo precioso había, con el tiempo, comenzado a tomar la primera posición en mi corazón. Yo quería agradarle. Dios probó esa relación, y someterla a Él ha sido, en retrospectiva, lo mejor posible en nuestro matrimonio. No puedo imaginar mi relación mejor de lo que es ahora. La obediencia a la directiva de Dios nos llevó al próximo nivel de madurez en nuestra relación con Dios y con el otro.

Cuando enseño sobre esto la gente en general se pone nerviosa. Los veo inquietos en sus sillas. *Todo* es una palabra verdaderamente grande. Incluye tus más preciosas relaciones, la carrera en la que has trabajado duro para levantar, la ubicación de la que nunca quisieras mudarte, y todo lo demás que estimas. Pero si realmente entendemos quién es Jesús, y si realmente captamos la profundidad de su bondad y compasión, nos damos cuenta que solo nos pide que dejemos *todo* atrás porque, comparado a Él, *todo* es mediocre.

Aprende la lección de las perlas de plástico

Imagina una pequeña niña jugando con un collar de perlas de plástico. Ella lo ama; es uno de sus juguetes favoritos. ¿Cómo te sentirías si tuvieras que pedirle que te dé sus perlas a cambio de un costoso collar de perlas reales y ella rechazara el regalo? Lógicamente, su apego a ese juguete no tiene sentido. Ella perdería muy poco y ganaría mucho más si aceptara tu oferta. Un día recordaría el intercambio, estaría agradecida por las perlas reales y se preguntaría por qué en ese momento era una decisión difícil de tomar. Pero ahora no lo ve. En la ingenuidad de su infancia, todo lo que sabe es que le gustan sus perlas de plástico. Convencerla de dejarlas sería un tanto difícil.

Así es como muchos de nosotros pensamos, especialmente los que vivimos en lugares en donde los cristianos no son perseguidos. El dolor ayuda a las personas a discernir entre las perlas de plástico y las verdaderas, pero los que vivimos cómodamente como cristianos tenemos problemas en diferenciarlas. Nos aferramos a nuestra profesión, familia e ingresos, como si ellos fueran el tesoro supremo. Cuando Dios nos pregunta "¿Me amas más que a esos?" casi no podemos creer que un Dios bueno nos confronte con esa pregunta. Tenemos miedo de renunciar a nuestros juguetes para tomar las valiosas perlas por dos razones: porque no estamos seguros de que Él realmente entienda el valor de ellos, y porque sospechamos que las perlas no son reales. Mientras tanto Dios dice: "Te amo de veras, quiero lo mejor para ti, y ponerme en primer lugar en tu corazón es un tesoro mayor de lo que puedes imaginar. Vale la pena cualquier sacrificio que puedas concebir".

Sacrificios vivos

Pablo estaba íntimamente familiarizado con esta clase de sacrificios. Los veía como la respuesta apropiada a la misericordia de Dios y un acto de verdadera adoración. Les decía a los creyentes de Roma:

> *Por lo tanto, hermanos, tomando en cuenta la misericordia de Dios, les ruego que cada uno de ustedes, en adoración espiritual, ofrezca su cuerpo como sacrificio vivo, santo y agradable a Dios.*
>
> –ROMANOS 12:1

¿Notaste la motivación para este acto de adoración? Es "tomar en cuenta la misericordia de Dios", una respuesta de gratitud que reconoce la dignidad de Dios por todo lo que ha hecho por nosotros. Cuando Pablo habla de "ofrecer" nuestros cuerpos como sacrificio vivo, el término literalmente significa "presentarte" a ti mismo. Es la misma palabra usada en la versión griega del Antiguo Testamento para la ofrenda que era presentada por el sacerdote en el altar del sacrificio.

La progresión lógica de Pablo desde el principio de Romanos nos ha llevado a esta imagen del sacrificio. Los capítulos 1 a 3 demuestran que todos tienen un problema con el pecado, pero Dios lo resolvió a través del regalo de Cristo en la cruz. Los capítulos 4 y 5 consideran cómo recibir el don gratuitamente por la fe, y luego del 6 al 8 se nos dice cómo al morir con Él seremos resucitados a una nueva vida, y ahora vivimos en el poder del Espíritu Santo. Los capítulos 9 al 11 responden a la pregunta de Israel de cómo esta salvación se relaciona con el plan especial de Dios para el pueblo hebreo y cómo se conecta con sus tratos para con Israel en el pasado. Y luego el capítulo 12 comienza la sección en la carta que contesta a la pregunta de "¿ahora qué?" En vistas de lo que Dios ha hecho ¿cómo quiere que vivamos?

La respuesta está en el versículo uno de ese capítulo. Que cada uno *ofrezca su cuerpo como sacrificio vivo, santo y agradable a Dios* (Romanos 12:1). Dios quiere que nos ofrezcamos a nosotros mismos. Él no quiere simplemente nuestros trabajos, nuestro dinero o nuestras cosas.

Quiere todo de nosotros, que nos entreguemos en cuerpo y alma. La imagen es la de esas ofrendas voluntarias de devoción descritas en Levítico, solo que en este caso la ofrenda no es de un animal muerto, sino de un siervo agradecido que continúa viviendo como posesión de Dios. No puede darse solamente los domingos u otro día de la semana. Son las veinticuatro horas del día, los siete días de la semana, los trescientos sesenta y cinco días del año. El tiempo verbal implica un momento de decisión cuando uno dice: "Señor, todo lo que tengo es tuyo". Es un acto de rendición al señorío de Cristo. Al igual que con el casamiento, es un punto particular en el tiempo en el que te rindes a otra persona, y comprendes que debes reafirmar y vivir de acuerdo a ese compromiso por el resto de tu vida.

No vivimos en una sociedad agraria, así que esta imagen de ofrecer el primer grano de la cosecha o el mejor animal del rebaño es un poco extraña a nosotros. Yo visualizo el equivalente moderno de ver toda tu vida como un cheque en blanco; luego, en vistas de tu amor por Dios y confianza en su bondad hacia ti, firmar el pie del cheque. Entonces tomas el cheque, lo deslizas por debajo de la puerta del salón del trono celestial, y dices: "Señor, llénalo como tú quieras. Dime lo que deseas que haga, dónde deseas que vaya, lo que deseas que dé, y a quién deseas que yo sirva. Lo que escribas en la parte superior del cheque, eso es lo que haré".

Esa es la vida cristiana normal. No es la vida cristiana *típica*, muchos han abandonado completamente la enseñanza de este principio. Pero cuando Jesús dijo que lo siguiéramos, eso es lo que quería decir. Lo llamamos *señorío* o *dedicación*, una parte necesaria para el proceso de santificación que experimentamos después de ser salvos. Es la base del vivir por fe.

Recuerdo cuando escuché por primera vez a alguien explicar Romanos 12:1 y de qué manera la vida de Abraham ilustra el principio de un sacrificio vivo. Era 1975 en una conferencia de la Universidad de Pennsylvania. Yo había nacido de nuevo hacía dos años y sabía que mis pecados habían sido perdonados. Había asistido al estudio bíblico cada jueves por la noche (y los viernes y sábados iba a los bares con mis compañeros). Como muchos otros cristianos, yo vivía con un pie en el Reino de Dios y con otro en el mundo. Y era un miserable.

Cuando aprendí que adorar y sacrificar iban juntos, comprendí que ese era el ingrediente que me faltaba. Por eso la vida cristiana parecía tan difícil. Ocupaba todo el día en las tareas que se suponía que debía hacer, como por ejemplo leer mi Biblia, orar, ir a la iglesia, memorizar versículos bíblicos y todo eso, sin darme cuenta que lo que Dios realmente quería era a mí: cada pieza de mi ser, todo el tiempo. Entonces, sentado en el suelo junto a un grupo de personas que leíamos Romanos 12, le dije a Dios que estaba firmando el pie del cheque. Lo que Él quisiera que yo hiciera, adonde Él quisiera enviarme, obedecería.

Eso me hizo morir de miedo, y creo que la mayoría de las personas pueden identificarse conmigo. El temor es la razón principal por la que a muchos de nosotros se nos hace difícil ofrecernos sin reservas como sacrificio vivo. Siempre hay algo a lo que queremos aferrarnos –tal vez sea una relación, una carrera profesional o hasta un estilo de vida– y tenemos miedo de que Dios nos haga dejarlo. En algún lugar de nuestra mente está el pensamiento de que Él pueda enviarnos a África, donde tendremos que vivir con las serpientes y comer comida que no conocemos. Y aunque una guía así es ciertamente posible, Dios probablemente tiene algo en mente que encajará con nosotros y nos completará mejor de lo que nosotros hayamos planeado. Él no está interesado en hacernos hacer algo que detestamos. Solo quiere que estemos dispuestos a hacer lo que Él diga, aun cuando sea costoso.

Intelectualmente lo sabemos. Su voluntad, aunque sea difícil, nunca es mala para nosotros. Pero emocionalmente luchamos con el pensamiento de que rendir la voluntad va a causarnos más dolor que gozo. Es la misma dinámica que experimentamos cuando éramos niños y nuestros padres nos hacían comer verduras. Sabíamos que tenían razón, que una buena dieta era realmente lo mejor para nosotros. Pero estábamos convencidos de que no lo disfrutaríamos y que los beneficios serían muy a futuro como para motivarnos inmediatamente. Cuando esta dinámica se da en nuestra relación con Dios, la cuestión es mucho mayor. Podemos pasar una gran parte de nuestras vidas luchando con el temor de perder todos nuestros deseos cuando firmemos el pie del cheque en blanco y se lo demos a Dios.

Si luchas hoy con esa decisión en alguna área de tu vida, déjame animarte. Es verdad que los sacrificios de los que hablamos son bien reales, pero también es verdad que los beneficios hacen que valga la pena pagar el precio. Jesús prometió grandes recompensas, tanto en esta vida como en la venidera, para aquellos que rinden todo a Él (Marcos 10:29-30). Dios nunca usa un cheque en blanco de manera egoísta. Siempre se ocupa del que lo firmó.

Desde ese día de compromiso en 1975, he tratado de ser completamente de Dios. Al igual que le sucede a cada uno de los que toman esa decisión, no siempre ha resultado fácil. Parece que cada vez que doy tres pasos hacia delante, doy al menos dos hacia atrás. He seguido a Jesús de forma muy imperfecta. Pero la conclusión final es que cuando Él me palmea el hombro, como lo hizo en esa oportunidad en Caminata Bíblica, la cuestión es si voy a obedecer o no. Puedo tener que trabajar con mi disposición para obedecer –puedo incluso preguntarle veinte veces si lo escuché correctamente– pero el cheque ya fue firmado hace mucho tiempo. Él tiene todo el derecho de llenarlo como quiera.

¿Has tomado alguna vez esa decisión? ¿Ha habido una cierta vez en un cierto día en que específicamente le dijiste algo parecido a Dios? "Señor, soy tuyo, como un sacrificio vivo y santo. Me rindo enteramente a ti y tienes completa libertad de hacer lo que quieras hacer en mi vida sin resistencia".

Cuanto más fuerte sea tu personalidad, más difícil te resultará hacerlo. Para aquellos que estamos al límite de ser obsesivos de tener todo bajo control, llegar a esa decisión puede convertirse en un verdadero tire y afloje. Ciertamente para mí lo fue. Pero puedo asegurarte, al menos por dos razones, que es la decisión más inteligente y más satisfactoria emocionalmente que jamás tomarás. Primero, porque no serás decepcionado al confiar en la sabiduría de Dios para tu vida, ya que Él desea lo mejor para ti y sabe lo que eso es. Segundo, la otra alternativa es una decisión inconsciente de ser el gerente de tu propia vida y tener la última palabra en todo, lo que, por supuesto, sería completamente irracional. Si crees que es difícil ofrecerte como sacrificio vivo, considera la otra alternativa. Las personas que se niegan a someterse a Dios y eligen manejar sus vidas ellos mismos, en última instancia acaban sintiéndose frustrados. Es cierto, presentar tu vida como sacrificio vivo te costará todo. Pero *no entregarte* te costará más aún.

¿Qué motiva a los grandes cristianos?

Jesús dijo que el mayor amor es poner la vida por los demás. Eso es lo que Él hizo por nosotros y nos llama a hacer lo mismo por Él. Cuando definió el seguirlo como morir al yo y tomar la cruz cada día, le hablaba a una gran multitud. Este es un mandato para todo cristiano; convertirse en un sacrificio vivo es la vida cristiana normal. ¿Pero cómo llegamos allí? ¿Qué es lo que motiva a los grandes cristianos a hacer grandes sacrificios?

Las primeras décadas de la historia de la Iglesia cambiaron completamente el mundo. Los seguidores de Jesús que se convirtieron en sacrificios vivos cambiaron la cultura que los rodeaba por completo, porque estaban dispuestos a ser devastados por los leones en la plaza, ministrar a los enfermos y a los moribundos, aun a riesgo de sus propias vidas y renunciar a todo lo que tenían por la causa del Reino. Hicieron grandes sacrificios, no solo porque era lo correcto sino porque *querían* hacerlo. Como los apóstoles de Hechos 5:41, que se gozaron de ser dignos de sufrir por Cristo. Tenían tanto amor por Él que el sacrificio fluía naturalmente de sus vidas.

Eso, creo yo, es una de las diferencias claves entre los cristianos buenos y los grandes. Todos los cristianos son llamados a ofrecer sus vidas enteras a Jesús, y ningún creyente lo hace a la perfección. Pero algunos parecen seguir a Jesús con una renuncia gozosa y despreocupada. Esos son los que sus ofrendas como sacrificio vivo, son más consistentes y perdurables. Una cosa es sacrificar todo por Jesús, y otra es sacrificar todo fervorosamente. La segunda clase de ofrenda parece soportar más adversidad y llevar más poder.

Todos los cristianos deben comprender que vivimos en una pequeña lonja de eternidad llamada "tiempo". Puedes vivir una vida común –o hasta una vida mucho-mejor-que-común– y dejar un legado en tu franja de tiempo que dure unas décadas, unas pocas generaciones o tal vez hasta unos pocos siglos. Pero a menos que seas un sacrificio vivo sobre el altar de Dios, no dejarás un legado eterno. La única forma de llevar fruto que permanezca para siempre, es tener la clase de amor por Dios que rinde todo por Él. Esa clase de discípulo radical es la que revoluciona al mundo.

Los buenos cristianos hacen el sacrificio requerido para demostrar que Jesús es, en efecto, el objeto de su adoración. Pero los grandes cristianos están por encima y van más allá de lo requerido para expresar su desbordante amor y compromiso con Jesús. Más allá de su temor o ansiedad por rendir sus sueños y deseos a Él, confían en que Dios tomará lo que Él ya posee –sus mismas vidas– y hacer algo perdurable y maravillosamente satisfactorio con ellas. Los grandes cristianos hacen lo que se requiera y aun más: voluntariamente van más allá de lo requerido para expresar la profundidad de su amor por su Padre celestial y su relación con Cristo.

Tengo una relación increíble con mi banco. Deposito dinero en mi cuenta y luego voy al mostrador y digo que quiero retirar mil dólares, y la empleada de la caja simplemente me los da. No necesito explicar en qué voy a usarlo o justificar mi deseo de él. Ella no dice: "¿Qué? ¿Quién cree que es, pidiendo mil dólares así tan fácilmente? ¡Gerente! ¡Este hombre trata de llevarse un montón de dinero de nuestro banco!" Y si algún cajero alguna vez dijera eso, el gerente se acercaría y explicaría: "Es su dinero, así que él puede llevárselo cuando quiera".

Dios intenta tener esa clase de relación con nosotros, pero a menudo nos resistimos. Daremos todo lo que tenemos si es que debemos hacerlo, así como esa cajera ficticia entregaría renuentemente todo el dinero que le hemos pedido. Pero los cajeros reales me dan mi retiro alegre y voluntariamente. Pablo preguntó: ¿Qué tienes que no hayas recibido? (1 Corintios 4:7). La respuesta es, obviamente, "nada". Todo es un regalo del Señor. De modo que si la vida, el aliento, el dinero, el trabajo, las habilidades, los dones, las relaciones y todo lo que tenemos ha sido dado por Dios, ¿por qué nos molestamos cuando Él quiere hacer un retiro? Como los cristianos primitivos, no nos molestaríamos si entendiéramos el amor de Dios, la naturaleza de su relación con nosotros, los beneficios de sus promesas y su posesión soberana de todo lo que existe.

Amor incondicional

He descubierto cuatro verdades que subyacen tras la motivación de los grandes cristianos para ofrecerse como sacrificios vivos, y la primera es un entendimiento del amor incondicional de Dios. Los grandes cristianos no son atrapados en la trampa del desempeño, no tratan de ganar puntos para con Dios. Ellos entienden que son total e incondicionalmente amados por Dios aparte de sus obras. Su sacrificio es una respuesta a ese amor. Proviene no de un sentido del deber, sino de un sentido de gratitud por la relación. Cuando la gente tiene un profundo sentido de quebrantamiento por su propio pecado, y entiende su deuda con la gracia y misericordia de Dios, el amor desbordante es una respuesta natural.

David fue un gran amante de Dios. Él reconoció su pecado con Betsabé y sufrió profundamente delante de Dios por lo que había hecho. En completo quebranto, lloró a Dios en un salmo de arrepentimiento. Vino al Señor con una actitud que decía: "Lo he despilfarrado todo y no merezco nada", pero sabía cómo respondería Dios: *Tú, oh Dios, no desprecias al corazón quebrantado y arrepentido* (Salmo 51:17).

Vemos el mismo principio con Pablo. ¿Qué lo motivaba a predicar el evangelio y plantar iglesias en todo el sur de Europa y el este asiático, incluso bajo frecuente persecución, azotes al punto de la muerte, naufragios y prisiones en muchas ocasiones?

Dios fue misericordioso conmigo, a fin de que en mí, el peor de los pecadores, pudiera Cristo Jesús mostrar su infinita bondad. Así vengo a ser ejemplo para los que, creyendo en él, recibirán la vida eterna.

–1 TIMOTEO 1:16

Pablo sabía que era deudor de la gracia. Parecía que en su vida no había evidencia de desgano de servir a Cristo. No había "tengo que, debo, se supone que, preciso hacer". Su servicio provenía de su relación con Él.

Hay una gran historia en Lucas 7 que ilustra esta respuesta al amor incondicional de Dios. Jesús estaba en una cena ofrecida por Simón el fariseo, cuando una mujer que tenía una malísima reputación entró a la casa –sin invitación, por supuesto– y comenzó a llorar sobre los pies de Jesús y a secarlos con sus cabellos. Luego quebró una vasija de perfume muy costoso –posiblemente valía el salario completo de un año– y lo derramó en sus pies. Esa era una señal cierta para Simón de que Jesús no era un profeta. Esta mujer evidentemente era una pecadora, y un buen maestro judío nunca permitiría que una persona tan impura lo tocara. Jesús sabía lo que Simón estaba pensando y le dijo:

> *… si ella ha amado mucho, es que sus muchos pecados le han sido perdonados. Pero a quien poco se le perdona, poco ama.*
>
> –LUCAS 7:47

El punto principal de la enseñanza de Jesús no es que algunos son más perdonadas que otros; todos somos perdonados completamente cuando venimos a Cristo. Pero esta mujer reconoció la profundidad del amor de Jesús. Cuando alguien tiene una gran devoción y ternura hacia Dios, esa persona casi siempre tiene un profundo dolor en su pasado y una experiencia dramática del perdón de Dios. Confían en el amor de Dios no solo con su cabeza, sino también con su corazón.

La economía relacional de Dios

No solo que los grandes cristianos captan el amor incondicional de Dios, sino, además, la segunda verdad que subyace en la motivación de los grandes cristianos para ofrecerse como sacrificios vivos, es que también abrazan su economía relacional. Cuando Dios mide nuestro amor y devoción, no mira el tamaño de nuestros regalos. Mira el tamaño de nuestro sacrificio.

El ejemplo típico de esto en *Las Escrituras* es la historia que está en Lucas 21:1-4, sobre la viuda que puso dos pequeñas monedas en el tesoro del templo. Los ricos ofrecían grandes sumas de dinero para sostener las actividades del templo, pero esta mujer depositó dos piezas de la moneda más pequeña de uso nacional. Pero su regalo, dijo Jesús, fue mejor que todos los demás, porque era todo lo que ella tenía para vivir. Las viudas en ese tiempo no tenían forma de sostenerse a sí mismas, y ella podía haberse justificado fácilmente por no dar nada. Nadie la hubiera culpado. Pero por su amor ella dio todo lo que tenía y Jesús se entusiasmó con eso. Se las señaló a sus discípulos y la hizo objeto de una lección en la eterna Palabra de Dios.

Si estuvieras ganando $20.000 y tuvieras que arreglártelas para mantener a tres niños, tu situación económica sería bastante ajustada. Un diezmo de $2.000 sería un sacrificio importante. Pero si ganaras $100.000, un diezmo no sería tanto sacrificio, ¿no es cierto? Duplica ese salario, y aunque un diezmo de $20.000 suena como una enorme donación, nadie tendría problema en vivir con los otros $180.000. En ese caso, $20.000 es una gran suma para dar, pero no es un gran sacrificio.

Recuerdo haber hablado con un hombre que estaba realmente emocionado y orgulloso por haber dado diez millones de dólares a la obra del Señor. Como sabía que eso era un décimo de su ganancia neta, le pregunté cuánto había cambiado su vida al sacrificar diez millones. La respuesta, por supuesto, fue "para nada". Ciertamente no critico una ofrenda tan generosa. Dar diez millones de dólares es maravilloso. Alabemos a Dios por tal clase de fidelidad. Solo sugiero que esa era una ofrenda, no un sacrificio. No podemos confundir el diez por ciento de un enorme ingreso con la devoción y el sacrificio.

Los grandes cristianos no se contentan con dar el diez por ciento porque es un deber. Cuando Dios aumenta sus recursos le piden más oportunidades para dar. No solo la cantidad de su ofrenda aumenta, sino también la proporción. No lo hacen porque deban hacerlo o para acumular puntos para con Dios. Es una oportunidad de expresar su amor. Quieren dar de forma abundante porque lo aman.

Bondad eterna

La tercera verdad que motiva a los grandes cristianos a hacer grandes sacrificios, es que están convencidos de la bondad eterna de Dios. Albergan una convicción absoluta e inquebrantable de que la recompensa por entregar sus vidas para Dios supera por mucho el precio a pagar.

En Marcos 10:28-31 Jesús ha dejado que un joven se aleje de Él porque no podía deshacerse del ídolo de su corazón: sus posesiones. Pedro, que no era conocido precisamente por sus sutilezas, le recuerda a Jesús que él y los otros discípulos habían dejado todo por Él. Su comentario, en otras palabras, pregunta: "¿Qué nos toca a nosotros?"

Jesús les dijo:

Les aseguro –respondió Jesús– que todo el que por mi causa y la del evangelio haya dejado casa, hermanos, hermanas, madre, padre, hijos o terrenos, recibirá cien veces más ahora en este tiempo (casas, hermanos, hermanas, madres, hijos y terrenos, aunque con persecuciones); y en la edad venidera, la vida eterna.

–Marcos 10:29-30

Observa que Jesús dice "por mi causa". Esto es un sacrificio a nivel de relación. Algunas personas hacen grandes sacrificios por una causa o para agrandar su ego espiritual, pero Jesús habla de la clase de sacrificio que brota del amor por Él. Y cuando ese es el caso, las recompensas exceden el costo.

Pablo lo entendió. *De hecho, considero que en nada se comparan los sufrimientos actuales con la gloria que habrá de revelarse en nosotros*, escribió (Romanos 8:18). Muchos de nosotros hoy actuamos como si el cielo y las recompensas espirituales fueran una ocurrencia. Podemos decir que creemos que esta vida no es todo lo que existe, pero vamos desesperadamente tras sus tesoros como si en verdad lo fuera. Nos aferramos a nuestras perlas de plástico como si no estuviéramos seguros de que las perlas verdaderas están allá afuera. Buscamos los mínimos requerimientos de un sacrificio, simplemente porque queremos estar bien con Dios. Pero Dios no busca cristianos mínimos. Él quiere gente que se desprenda del plástico porque lo aman y saben que las perlas que Él ofrece son mejores.

Me asombro de los sacrificios que hicieron muchos de los grandes cristianos en todo el mundo asociados con Caminata Bíblica. Uno de nuestros maestros en un país hostil al cristianismo, junta grupos de a quince en un cuarto a prueba de ruidos para enseñar cursos de discipulado, porque si los agarran, los matan. Uno de nuestros líderes en el sureste de Asia es un ex magnate de los seguros que se alejó de un emprendimiento multimillonario. Cerró su empresa y decidió que usaría su don para crear redes para el Señor, en vez de hacerlo por el ingreso. Le pagamos solo un dólar al año por su liderazgo. ¿Por qué? Porque ama servir al Señor y cree que Dios es bueno.

Tengo un buen amigo que es bastante rico, y siempre usa una frase que yo al principio no entendía: "¿Cuántos churrascos puedes comer por día?" Lo que quiere decir es: hay solo una cantidad de placer que una persona puede disfrutar. Luego de un punto de saturación, el gastar en uno mismo no trae beneficios. Mi amigo prefiere gastar su dinero y su vida en lo que realmente importa.

Los grandes cristianos entienden que el objetivo es morir con un balance en cero. No hay nada malo en dejar una herencia honorable y razonable a tus hijos, pero todo lo demás no te hará bien. ¿Por qué no usarla para propósitos eternos? Hacia el final de su vida, Bill Bright, el fundador de Cruzada Estudiantil para Cristo, vació su cuenta de retiro para fundar un ministerio en Ucrania. La mayoría de nosotros nos preocuparíamos acerca de cómo sostenernos en nuestros últimos años, pero él supuso que Dios le proveería de una forma u otra. Eso fue grandioso, porque no era lo requerido. Fue más y mejor, porque esas son las clases de sacrificios que hacen los grandes cristianos.

Todo es suyo

La cuarta convicción de los que hacen grandes sacrificios, es que reconocen la posesión soberana de Dios. No consideran el sacrificio como digno de alabanza, aunque la ofrenda es un acto noble. Lo consideran un privilegio, porque todo le pertenece a Dios de todos modos.

En Lucas 17:7-10 Jesús contó una parábola sobre cómo un amo reacciona cuando un siervo viene del campo. El amo no le da al siervo un trato de realeza por hacer lo que fue contratado para hacer, y el siervo tampoco lo espera. Dijo Jesús que nuestra obediencia es igual que eso. Las personas que hacen grandes sacrificios no piensan que merezcan un tratamiento especial o una gran recompensa. Entienden que son solo gente común.

Cuando el pueblo de Israel llevó ofrendas al rey David para la construcción futura del templo, dieron libremente y de corazón para el Señor. David se regocijó, y en su alabanza a Dios dijo:

Pero, ¿quién soy yo, y quién es mi pueblo, para que podamos darte estas ofrendas voluntarias? En verdad, tú eres el dueño de todo, y lo que te hemos dado, de ti lo hemos recibido.

—1 Crónicas 29:14

David creía en la posesión soberana de Dios de todas las cosas. Las tribus de Israel solo dieron a Dios de lo material que Él había creado y con lo que los había bendecido. Todo vino de Él, así que tenía sentido que lo devolvieran de una manera generosa.

El mundo no entiende esta clase de sacrificio. Parece como un gran derroche entregar cosas como el éxito, la salud, las posesiones y el confort. Pero es la clase de ofrenda que Dios bendice con extraordinario poder. David Brainerd, por ejemplo, fue uno de los primeros misioneros a los aborígenes del noreste estadounidense. Vivió entre ellos en un bosque mientras su salud se deterioraba en los fríos inviernos de Nueva Inglaterra. Murió a los 29 años y vio solo un puñado de convertidos. Pero Dios usó el diario de Brainerd para impulsar a William Carey, Henry Martin y muchos otros jóvenes varones y mujeres a ir a los lugares más remotos del mundo con el mensaje del Evangelio.

William Borden es otro ejemplo. Este promisorio graduado de la Universidad Yale sintió el llamado de Dios a dejar sus perspectivas de éxito de este mundo, a la edad de 25 años, e ir a Egipto como misionero. Falleció por meningitis cerebral a las pocas semanas de su arribo, y pocos pudieron ver más allá de lo que parecía un acto inútil de devoción. Pero Dios usó su historia para movilizar a miles a la acción. Vieron valores eternos en los sueños de un joven que amaba a Jesús, y eso inspiró su amor también.

La medida de tu amor

Toma la temperatura de tu corazón ahora. ¿Creces en amor por Jesús? ¿Entiendes que Él te ama incondicionalmente? ¿Te mueves en su economía de relación? Si firmaste el pie de un cheque en blanco y se lo diste, ¿confiarás en que Él será bueno contigo a cambio? ¿Has considerado que todo en tu vida viene de parte de Él de todos modos? ¿Con cuánta fuerza te aferras a tus perlas de plástico?

El Reino de Dios se trata de amor extravagante. Él hizo el sacrificio final por nosotros enviando a Jesús a morir una muerte espantosa en una cruz como paga de nuestros pecados. Él busca a quienes lo amarán de manera extravagante a cambio. Un sacrificio es meramente amor al desnudo. ¿Por qué? Porque el amor y el sacrificio van de la mano.

¿Cuán grande es tu amor? Puedes contestar fácilmente esa pregunta mirando cuánto sacrificio haces por el Señor. Si quieres ser un buen cristiano, sacrifica todo. Si quieres ser un gran cristiano, sacrifica todo con pasión.

Pasos a seguir

1. Piensa en alguien que sabes que ha hecho un gran sacrificio, ya sea por el Señor o por alguien más. Separa un tiempo para hablar con esa persona y preguntarle cómo se sintió en ese sacrificio (1) justo antes de hacerlo, (2) justo después de hacerlo y (3) ahora, mirando hacia atrás. Si enfrentas una decisión similar de compromiso o sacrifico y te sientes cómodo haciéndolo, pide consejo personal y oración.

2. Pídele a Dios esta semana que te muestre un área de tu vida que no está completamente rendida a Él. Cuando esa área esté bien clara para ti, haz una oración de entrega, ofreciéndote completamente al Señor. Luego piensa en un acto externo que demuestre tu rendición en esa área y llévalo a cabo.

3. Memoriza Lucas 14:33: *...Cualquiera de ustedes que no renuncie a todos sus bienes, no puede ser mi discípulo.*

Preguntas para reflexionar y discutir

1. ¿En qué área de tu vida has luchado más intensamente con un temor de rendir todo a Dios? ¿Qué te preocupa acerca de firmar un cheque en blanco para que Él lo llene?

2. Piensa en actos de obediencia que hayas hecho en la última semana (estudio bíblico, servir en la iglesia, servicios de adoración y otros). ¿Qué motivación hubo detrás de cada uno de ellos? ¿Cuál fue tu nivel de entusiasmo para cada uno? ¿Fueron producto de un sentido de obligación, de amor o una combinación de ambos?

3. ¿Qué actitudes hacia la adversidad tenían los cristianos del Nuevo Testamento? (Lee Hechos 5:40-41 para ver un ejemplo notable.) ¿Por qué piensas que se entregaron tanto a los propósitos de Dios? ¿En qué maneras puedes ser más como ellos?

8

Disfruta grandes momentos

Recibí por correo una nota el año pasado, de un hombre del que no había sabido más nada en veinte años. Él era mi entrenador de básquet en la universidad, y en ese momento no era creyente. Paseaba por una librería cristiana recientemente y vio un libro con mi nombre. Lo tomó y leyó una sección que tenía algunas anécdotas de la universidad, y se dio cuenta que yo era efectivamente aquel flacucho que recordaba, así que decidió escribirme una nota.

"Leí tu libro y entré a tu sitio web", escribió. "Veo que tu vida avanza muy rápido. Quiero que sepas que me he entregado a Cristo y que estoy verdaderamente orgulloso de ti. Solamente recuerda: todo comienza con equilibrio". Casi podía oír su voz. La defensa comienza con equilibrio, los buenos lanzamientos se hacen con equilibrio, (…) y más importante aun, la vida tiene que tener equilibrio. La lección quedó fuertemente arraigada en mi mente.

En los últimos capítulos hemos hablado sobre las cosas que realmente nos desafían espiritualmente. Grandes sacrificios, grandes riesgos, grandes oraciones; esos son temas serios. Si la seriedad es siempre el tono de tu vida, estarás desequilibrado, y muchas otras áreas serán afectadas negativamente. Esa no es la senda a la grandeza. Puede ser difícil de creer, pero pasar de lo bueno a lo grandioso requiere la habilidad de disfrutar de los grandes momentos.

"El gozo es el asunto serio del cielo", escribió C. S. Lewis una vez.[1] Mucha gente no lo cree. De hecho, esta cita hace que alguna gente se sienta muy incómoda, como si la idea de disfrutar la vida fuera casi ilegal (o al menos estuviera mal vista en el Reino de Dios). Después de todo, la vida cristiana trata con los asuntos de vida o muerte que tienen implicancias eternas. El pecado es serio; la muerte de Jesús en la cruz es seria; la gran comisión es seria, la cual es la razón por la cual *La Biblia* nos dice que estemos espiritualmente sobrios y alertas, ¿no es cierto? (Ver 1 Corintios 15:34; 16:13; Efesios 6:18; Colosenses 4:2; 1 Tesalonicenses 5:6, 8; 2 Timoteo 4:5; 1 Pedro 1:13; 4:7; 5:8).

Esto es verdad, pero la verdad fuera de equilibrio no es la verdad completa. Mi entrenador me envió el mismo mensaje que enseñaba en la universidad, porque sabía que tenía implicancias más que en el mundo de los deportes. Tal vez recordaba lo intenso que me volvía cuando me enfocaba en una meta, o quizás luchaba con ese tema él mismo. Y tiene razón. El equilibrio es importante, incluso en nuestro discipulado. Más aun, *especialmente* en nuestro discipulado.

Aquí hay una pregunta que muchos cristianos nunca te harán: ¿Disfrutas tu vida? ¿Estás profundamente satisfecho, empapado de las ricas experiencias con la gente, lugares y circunstancias con las que Dios te rodea en su providencia? Si lo estás, eres fuera de lo común. La mayoría de las personas esperan disfrutar la vida después de que terminen su lista de tareas, después de que se casen con la persona indicada o consigan el trabajo soñado, después de que críen a sus hijos de la manera correcta o después de que se jubilen. Siempre esperamos la próxima gran cosa, la próxima compra, posición o lugar. Pero el disfrute nunca llega; siempre lo lindo está a la vuelta de la esquina, pero nosotros en verdad nunca llegamos allí.

Los grandes cristianos disfrutan la vida. Créelo o no, *La Biblia* enseña el equilibrio. Si pensamos que podemos ser grandes cristianos con una vida privada de risa, relax y diversión, hemos ignorado enormes porciones de *Las Escrituras*. Es cierto que atravesamos tiempos difíciles y soportamos dolorosas adversidades, y también es cierto que tenemos serias responsabilidades que cumplir. Pero el trasfondo de todas esas pruebas temporarias es un gozo profundo y duradero. Sin él no podemos decir que somos conforme a la imagen de Cristo. Ni siquiera podemos decir que somos bíblicos.

Esto es lo que Salomón, al que La Palabra llama el hombre más sabio del mundo, escribió:

> *Todo tiene su momento oportuno;*
> *hay un tiempo para todo lo que se hace bajo el cielo: (...)*
> *un tiempo para llorar,*
> *y un tiempo para reír;*
> *un tiempo para estar de luto,*
> *y un tiempo para saltar de gusto.*
>
> —Eclesiastés 3:1, 4

Él se explaya sobre este pensamiento unos versículos más adelante:

> *Dios hizo todo hermoso en su momento, y puso en la mente humana el sentido del tiempo, aun cuando el hombre no alcanza a comprender la obra que Dios realiza de principio a fin. Yo sé que nada hay mejor para el hombre que alegrarse y hacer el bien mientras viva; y sé también que es un don de Dios que el hombre coma o beba, y disfrute de todos sus afanes.*
>
> —Eclesiastés 3:11-13

¿Lo captaste? Ser feliz y hallar satisfacción son dones de Dios. Muchos buenos cristianos están ocupados y estresados, y soportan la adversidad sin entender el gozo que viene de Dios, pero no hay ninguno de los *grandes cristianos* así. El Nuevo Testamento está tan repleto de razones y recordatorios de regocijarnos, que la ausencia del gozo en un creyente tiene que ser considerada negligencia o hasta desobediencia.

¿Debemos ser serios respecto de seguir a Jesús? Por supuesto que sí. ¿Eso incluye grandes sacrificios y disciplina constante? Absolutamente. Pero en medio de un mundo caído lleno de dolor y desilusión, podemos descansar en la certeza absoluta de que Jesús viene.

Podemos beber de su gracia y de sus promesas asombrosas. Y podemos disfrutar los regalos de Dios ahora y para siempre.

Salomón escribió sobre disfrutar los dones de Dios en:

Además, a quien Dios le concede abundancia y riquezas, también le concede comer de ellas, y tomar su parte y disfrutar de sus afanes, pues esto es don de Dios. Y como Dios le llena de alegría el corazón, muy poco reflexiona el hombre en cuanto a su vida.

—ECLESIASTÉS 5:19-20

¿Eso te describe? ¿Estás lleno de alegría de corazón? ¿Estás lleno de contentamiento simplemente por estar vivo, por saber que Dios te ama y buscas las oportunidades que Él ha puesto delante de ti? ¿O siempre miras hacia atrás con lamento o hacia adelante con ansiedad; ocupado y estresado, concentrado y forzado, persiguiendo la felicidad que nunca llega?

Nota que estas preguntas no son acerca de ser productivo, producir impacto o ser "espiritual". Esas metas son ciertamente importantes, pero no son la evidencia del gozo y del contentamiento. Fácilmente pueden convertirse en *"querer alcanzar el viento"*, como Salomón lo describe (Eclesiastés 1:17).

El asunto real es si disfrutas la vida que Dios te ha dado. Si le preguntara a tu cónyuge, a tu mejor amigo o a uno de tus hijos si eres una persona feliz —alguien que disfruta de la vida— ¿qué me responderían?

Los grandes cristianos están concentrados y son disciplinados, hacen grandes sacrificios y asumen grandes riesgos. Hacen muchas cosas, pero también es divertido estar cerca de ellos. Saben relajarse y pasar un buen tiempo.

A veces sencillamente paran, toman un receso de la alocada vida moderna y le agradecen a Dios por las riquezas de sus regalos. Luego regresan al trabajo y hacen lo que Él quiere que hagan. Entienden que el gozo es el asunto serio del cielo.

Tu alegría le importa a Dios

Alguna gente actúa como si necesitaran permiso para comenzar a disfrutar la vida. Si te sientes así, permíteme contarte por qué Dios no solamente permite que disfrutes grandes momentos, sino que, además, te alienta a que lo hagas. Esto no es un *podría*, es un *debo*. Es el deseo de Dios para su pueblo.

Creo que *La Biblia* nos da al menos cinco razones por las que debemos disfrutar grandes momentos por nuestro propio bienestar y para cumplir los propósitos de Dios. Mi esperanza es que para el final de este capítulo hayas comprendido lo vital –y bíblico– que es disfrutar de la vida ahora.

1. Nos recuerda la bondad de Dios

El Salmo 84:11 dice:

El Señor es sol y escudo;
Dios nos concede honor y gloria.
El Señor brinda generosamente su bondad
a los que se conducen sin tacha.

A Dios le gusta darle buenas cosas a su pueblo. La promesa de este versículo es que Él tiene mucho para dar y tiene el deseo de darlo. Pero si no podemos detenernos para disfrutar de sus regalos, los olvidamos. Los damos por sentado, cambiamos nuestra mirada a los desafíos de la vida e incluso luchamos con todas las ansiedades que vienen de un enfoque tan negativo. Cuando disfrutamos las bendiciones de Dios, nos recuerda que todo lo bueno procede de Él. Más aun, nos recuerda que Él es bueno.

2. Nos sostiene en la adversidad

El libro de Nehemías describe el proyecto de edificar los muros de Jerusalén cuando Israel regresó de la cautividad en Babilonia. La primera porción del libro presenta las crónicas de la reedificación de la estructura física, y la segunda mitad se enfoca en la reedificación del pueblo. Cuando la muralla fue terminada, el sacerdote Esdras leyó los libros de Moisés –los primeros cinco libros de *La Biblia*– a la asamblea. Al comprender cuánto habían fallado en hacer la voluntad de Dios y quebrantado sus mandamientos, comenzaron a llorar. Como ese era el día de una festividad, Nehemías les animó con estas palabras:

> *Ya pueden irse. Coman bien, tomen bebidas dulces y compartan su comida con quienes no tengan nada, porque este día ha sido consagrado a nuestro Señor. No estén tristes, pues el gozo del Señor es nuestra fortaleza.*
> –Nehemías 8:10

Así que, de acuerdo a la Palabra de Dios, ellos hicieron una fiesta.

Nehemías no desestimó la necesidad de arrepentirse, pero entendió que Dios le había dado al pueblo un tiempo de alegría. La tristeza es natural y necesaria a veces, pero no puede definir la vida del pueblo de Dios. Dios les había dado motivos para celebrar. El gozo del Señor era su fuerza. También es la nuestra.

3. *Honra a Dios como la fuente del gozo*

Disfrutar grandes momentos es importante porque honra a Dios, que es la fuente de todo nuestro gozo. Santiago 1:17 dice:

> *Toda buena dádiva y todo don perfecto descienden de lo alto, donde está el Padre que creó las lumbreras celestes, y que no cambia como los astros ni se mueve como las sombras.*

Permíteme mostrarte una descripción visual hipotética; en otras palabras, no vayas a buscar un capítulo y versículo para esto. Me veo llegar al cielo un día y encontrar una gran puerta con mi nombre en ella. Cuando la abro, veo estantes en lo alto de las paredes con regalos preciosamente envueltos.

–¿Qué es esto? –pregunto, y el Señor me responde que son todas las buenas cosas que Él ha planeado para mí.

–¡De modo que esto es lo que el cielo almacena para nosotros! –suspiro asombrado.

El Señor dice:

–No, tú no entiendes. El cielo es mucho mejor que esto. Esas son todas las cosas que quería que tuvieras en la Tierra, pero no pude hacer que levantaras tu vista y las recibieras. Estabas tan ocupado tratando de demostrarle a la gente quién eras, tratando de producir impacto, posicionándote para el próximo avance en tu carrera y todo ese intenso desgaste. Solo quería renovarte, bendecirte y mostrarte mi amor. ¿Recuerdas a esas personas que siempre te invitaban a cenar? Ellos eran algunos de mis siervos más distinguidos. Te habrían encantado. Pero tu calendario estaba tan repleto de cosas para hacer, que nunca tuviste tiempo para disfrutar, relacionarte y simplemente relajarte. Puse oportunidades en tu camino que nunca notaste, y puse gente en tu senda a la que habrías amado si tan solo les hubieras dado tiempo. Tú nunca te hiciste el tiempo para disminuir la velocidad y recibir lo que yo te ofrecía.

¿Te suena improbable? La logística puede serlo –no estoy seguro con exactitud cómo funciona el cielo– pero el concepto no lo es. Disfrutar grandes momentos nos recuerda que Dios es la fuente de todo nuestro gozo, y eso le da honra a Él.

4. Conecta nuestros corazones con los que amamos

Podemos disfrutar grandes momentos cuando estamos solos, pero la mayoría de ellos son una experiencia compartida. En el reporte de Lucas sobre el nacimiento de Jesús, María disfrutó varios momentos grandiosos cuando la gente reconoció quién era su hijo. Luego de que los pastores reportaron lo que los ángeles les habían dicho, ella *"guardaba todas estas cosas en su corazón y meditaba acerca de ellas"* (Lucas 2:19). Cuando María y José llevaron a Jesús al templo para consagrarlo al Señor y ofrecer un sacrificio, encontraron a dos personas a quienes el Espíritu Santo había revelado la identidad de Jesús: un anciano devoto llamado Simeón, que había esperado durante años para ver al Mesías, y una mujer llamada Ana, que había ayunado y orado, y le agradeció a Dios por el niño, además de contarle a todos los espectadores acerca de Él. Y *"el padre y la madre del niño se quedaron maravillados por lo que se decía de él"* (Lucas 2:33). El corazón de María se conectaba con el de aquellos a quienes Dios les había revelado la verdad acerca de su Hijo, el Mesías. Atesoraba esas experiencias y se maravillaba de ellas porque otros fueron traídos al gran momento en la historia que Dios le había concedido a ella.

Tenemos pequeñas rebanadas de tiempo que nos llenan de gozo: el nacimiento de un bebé, un bello atardecer, un casamiento, una graduación, el día en que recibimos a Cristo, y Dios quiere que los atesoremos. Pero los atesoramos mucho más cuando los celebramos con otros, especialmente con los que están cercanos a nuestro corazón. Esos momentos son más significativos cuando hay otras personas involucradas. Creo que algunas de esas primeras experiencias sustentaron a María por muchos años. Mientras veía morir a Jesús en agonía, ella debe haber meditado en las palabras de Simeón que predecía la espada que traspasaría su alma, pero que también le prometían que su Hijo causaría la caída y el levantamiento de muchos en Israel. Cuando Dios pone gente alrededor de nosotros que afirman los dones que Él nos ha dado, nos conectamos con ellos –y con Él– en un modo más profundo.

Jesús también demostró esto. En la última noche antes de la cruz, les dijo a sus discípulos que deseaba fervientemente comer la Pascua con ellos (Lucas 22:15). Siendo plenamente Dios, sabía lo que venía por delante, y siendo plenamente hombre, anhelaba la comunión con sus amigos. Comieron juntos, cantaron juntos, lloraron juntos. Y oraron juntos. Pasó un gran momento con la gente más íntima y, en cierto grado, su experiencia compartida le ayudó a sustentarse durante esa larga noche. En el medio de una tortura inminente, se conectó con sus amigos.

5. *Dios usa el gozo de los grandes momentos para renovarnos*

Dios incluso planeó grandes momentos a través de su Ley. Cuando era niño, solía pensar del Sabat como un día en el que las personas religiosas no podían hacer nada divertido. Luego leí *La Biblia* y descubrí que el Sabat no se trataba de lo que no podemos hacer. Es la manera de Dios de decirnos que no nos estresemos como los incrédulos, que sienten que tienen que trabajar los siete días de la semana. Él nos insta a detenernos, descansar, alabar, reposar, respirar hondo y disfrutar los unos de los otros. El Sabat es un día de vacación exigida porque Dios sabía que nunca procuraríamos hacernos tiempo en forma voluntaria. Es una oportunidad de rememorar la última semana y decir: "¿No es bueno Dios? Disfrutemos de lo que Él nos ha dado".

Así es como Dios renueva nuestros cuerpos con el gozo del descanso, pero también renueva nuestro corazón con risa. Conozco a algunos cristianos que son tan serios que ninguno podría disfrutar cerca de ellos. De hecho, yo también era así. Al principio de mi vida cristiana me volví tan serio y pasional con el estudio bíblico, la memorización de porciones de *Las Escrituras* y con guardar todas las reglas, que un amigo no cristiano me dijo: "Si tu vida es como un cristiano comprometido debe verse, yo no quiero tener nada que ver con el cristianismo". Nos olvidamos de que Jesús parecía ser la persona más agradable del mundo para estar con Él. Algunos de sus juegos de palabras eran realmente humorísticos, y estoy casi seguro de que Pedro, Juan y los otros discípulos se reían bastante con Él de los demás. Si somos hechos a la imagen de Dios y disfrutamos riéndonos y divirtiéndonos, ¿no es razonable que Dios lo disfrute también?

A pesar de que muchas personas trazan una gruesa línea entre la risa y la espiritualidad, *La Biblia* no lo hace. "*Gran remedio es el corazón alegre, pero el ánimo decaído seca los huesos*" (Proverbios 17:22). Ese es uno de los versículos que la ciencia moderna confirma completamente. La risa fortalece el sistema inmunológico y restaura la salud. Dios nos diseñó para disfrutar la vida.

Puedes encontrar un montón de angustia y confusión en los salmos, pero en realidad hallarás más alabanza y gratitud. Algunos salmos están dedicados por completo a la alabanza, adoración y acciones de gracias, y hay abundante estímulo en ellos para tocar trompetas a viva voz, sacar los panderos y los instrumentos de cuerda y bailar, bailar, bailar. Si quisieras eliminar la diversión y celebración de *La Biblia*, tendrías que cortar un montón de pasajes. La vida es un don para disfrutar.

¿Entonces por qué no?

Si disfrutar la vida es un don, una esperanza y una parte integral de como fuimos creados, ¿por qué muchos de nosotros estamos desanimados todo el tiempo y abrumados de seriedad? ¿Cómo hemos sido entrenados los cristianos normales y comprometidos para perdernos tantas cosas buenas y tiempos buenos que Dios quiere que disfrutemos? Cuando miro mis luchas pasadas en ese área, pienso en al menos tres factores que socavan nuestra habilidad de disfrutar grandes momentos: una visión distorsionada de Dios, una teología pervertida del placer y falta de disposición para enfrentar nuestras falsas creencias, y patrones de conducta enfermizos.

Una visión distorsionada de Dios

La feria de los espejos en el parque de diversiones puede hacerte ver diez veces más gordo de lo que eres o diez veces más delgado, o ambas cosas a la vez en diferentes partes de tu cuerpo. Es muy divertido ver a tus amigos o verte a ti con esas burdas distorsiones, pero realmente se puede llegar a complicar en nuestras vidas cuando vemos a Dios de esa manera. Aun cuando sabemos lo que *La Biblia* dice acerca de Él, tenemos la tendencia de magnificar algunos atributos y minimizar otros. El resultado es una visión de Dios que tiene las características correctas, pero en proporciones incorrectas.

La parábola del hijo pródigo en Lucas 15 puede ayudarnos a regresar al equilibrio de nuestra perspectiva divina. Es la historia de un joven que exigió su herencia, rechazó a su padre y se fue a derrochar todo su dinero en una vida imprudente y pecaminosa. Al volverse indigente repentinamente, recuperó la cordura y decidió que regresar a su casa, humillado, sería mejor que seguir siendo independiente pero pobre. Así que practicó su discurso de arrepentimiento y se fue a su casa "con la cola entre las patas", esperando al menos ser contratado como peón.

Mientras llegaba a la casa, su padre abandonó toda dignidad y norma cultural para echarse a correr y estirar sus brazos hacia el muchacho. Le dio una túnica, un anillo y sandalias; insistió en que regresara como hijo y no como peón, y organizó una gran fiesta en su honor. El padre abundó en amor y perdón para con el hijo que una vez lo había ofendido. Y ahí es donde generalmente terminamos la historia.

Pero *Las Escrituras* no concluyen el relato allí. El hermano mayor escuchó la música y la algarabía de la fiesta y le preguntó a uno de los siervos qué sucedía. Cuando descubrió que su hermano grosero y rebelde recibía un trato real de parte de su Papá, se puso furioso. No podía creer que después de todo su buen comportamiento y trabajo arduo, la oveja negra de la familia mereciera una fiesta. Su padre tuvo que explicarle que su hermano estaba muerto y ahora había revivido, que sufrió las severas consecuencias de su estilo de vida corrupto y ahora estaba cosechando los beneficios de la misericordia abundante. Y en su explicación, el padre hizo una declaración a la que raramente le prestamos atención: *"Tú siempre estás conmigo, y todo lo que tengo es tuyo"* (Lucas 15:31).

El hermano mayor tenía una visión distorsionada de su padre, y así fue como este lo rectificó. Él podía haber hecho una fiesta en cualquier momento que quisiera. Podía haberle preguntado a su padre si estaba bien que invitara algunos amigos, matar un becerro engordado y hacer una fiesta. Aparentemente no lo había hecho nunca; estaba demasiado ocupado ganando el favor de su padre, solo para darse cuenta de que ya lo tenía. Estaba tan absorto con su desempeño que nunca pudo disfrutar la vida.

Nosotros hacemos lo mismo con Dios, olvidamos que el objeto de nuestra vida es disfrutar una relación que ya tenemos, no establecer una que esperamos tener. Gastamos todas nuestras energías y tiempo tratando de demostrarle nuestro valor a Dios, o incluso a nuestros padres, jefes, o a alguien en nuestro pasado que nos hizo sentir que nunca lograríamos nada. En vez de tener un ímpetu santo de avanzar y llevar frutos, nos volvemos manejados por un deseo de lograr y alcanzar cosas. Algunos de los cristianos más comprometidos que conozco son fervorosos y diligentes en hacer todo bien en sus vidas y suplir todas las necesidades de los que conocen, pero no hay gozo en ellos. Eso es un problema. Ser impulsados por el deseo de hacer las cosas bien, puede hacernos alcanzar mucho, pero hay una arrogancia petulante y muy sutil en ello. Proviene de una distorsión pervertida del corazón del Padre.

Desearía haber aprendido esta lección de algún gran libro, pero en cambio la aprendí a través de algunas experiencias difíciles. Pasé muchos años como un cristiano/hermano mayor porque creí algunas mentiras acerca de Dios. Una de las mayores mentiras era que ser santo significaba siempre renunciar a mis planes y deseos para hacer lo que los demás querían, porque un siervo siempre pone primero a los demás. Eso suena cierto, ¿no? La verdad es que yo debo estar *dispuesto* a entregar mis planes en sumisión a la dirección de Dios para servir y amar a los demás. Pero los planes y sueños que yo tengo también son importantes; muchos de ellos son dados por Dios. Y parte de amar a los demás es permitirles a ellos que me amen, aun dándoles la oportunidad de hacer sacrificios por mí, como yo hago sacrificios por ellos, si así Dios lo indica.

Cuando crees la mentira de que siempre debes someter tu voluntad a la de otros, el resultado es una lista interminable de cosas para hacer. Nunca te das el tiempo para disfrutar los regalos con los que Dios te ha rodeado. Cuando no experimentas el gozo, no tienes la fuerza del Señor, y acabas en una trampa de actividades que está impregnada de esfuerzo personal y absolutamente nada de disfrute.

Una de las consecuencias más tristes de esta clase de vida, es la tentación a la que a menudo lleva. Cuando escuchas la historia de un cristiano fiel y consistente –a menudo hasta un líder en la iglesia– que de repente se separa de su esposa, que conduce un automóvil deportivo rojo y sale con alguien de la mitad de su edad, casi puedo garantizar que es alguien que ha vivido con una mentalidad de hermano mayor durante años y nunca pudo disfrutar la vida. La supresión del placer genuino, ordenado por Dios, es frustrante y deprimente, y aquellos que viven así durante suficiente tiempo, explotan (a veces de formas bastante inmorales).

A eso puede conducir una visión distorsionada de Dios. La verdad es que los dones de Dios están siempre disponibles para sus hijos, y Él se agrada de y hasta nos implora que los disfrutemos.

Una teología pervertida del placer

El placer ha sido contaminado y distorsionado a un grado tal, que muchos lo consideran contrario a la santidad. Esa es una de las formas sutiles en que Satanás ha corrompido la bondad de la creación de Dios; es santidad o placer, y las personas piensan que tienen que escoger uno de los dos.

¿Cuál es la verdad que reemplaza esa mentira? *La Biblia* enseña que es impiadoso perseguir los deseos sensuales como comida, sexo, materialismo, fama, dinero y estatus con el fin de alimentar nuestra alma o hacernos sentir importantes. Eso se llama hedonismo y generalmente no tiene consideración si los deseos sexuales encajan en el diseño de Dios para ellos. Es la filosofía de vive-el-hoy, busca-el-placer, que exalta los placeres mundanos por encima de la santidad. Pero *Las Escrituras* nos enseñan que hay más satisfacción y placer perdurable en vivir la vida según el diseño de Dios. De hecho, Dios inventó el placer. Él tiene las únicas llaves para lo auténtico.

Jonatan Edwards fue un gran cristiano que supo la importancia de disfrutar los grandes momentos. Eso puede ser difícil de imaginar para los que erróneamente ven a este puritano como un auténtico tirano severo y amargado, o como la versión cristiana de los fariseos del tiempo de Jesús. Pero considera lo que Edwards dijo de los placeres dados por Dios:

> No es contrario al cristianismo que un hombre se ame a sí mismo o, lo que es lo mismo, que ame su propia felicidad. (…) Los santos aman su felicidad. Sí, los perfectos en felicidad, los santos y los ángeles en el cielo, aman su felicidad; de lo contrario esa felicidad que Dios les ha dado no sería felicidad para ellos.[2]

Si un puritano formal del siglo XVIII podía tomar tiempo en

deleitarse en los placeres de la vida como Edward lo hizo, ciertamente nosotros también podemos.

C. S. Lewis dijo que el problema con los cristianos no era que disfrutamos mucho del placer, sino que lo disfrutamos poco.[3] Equiparamos el placer con pecado, y eso dificulta que podamos divertirnos o relajarnos sin sentirnos culpables. Incluso nos referimos a muchos de nuestros goces como "placeres culposos". Hemos reaccionado ante eso tirando juntamente al bebé con el agua de la bañera. Pocos cristianos saben cómo detenerse y sumergirse en todas las cosas buenas que Dios les ha dado. Lewis tenía razón. Al pensar en el placer como algo pecaminoso, nos mantenemos muy lejos de él. Experimentamos muy poco de los placeres que Dios nos diseñó para disfrutar.

El placer es un capataz severo, pero un excelente guía de turismo. Esa oración lo resume y me ayuda a mantener una perspectiva equilibrada. Si piensas que serás feliz una vez que tengas la casa grande, el bote, la cocina remodelada, la segunda casa, la posición deseada en el trabajo, las vacaciones exóticas, la cirugía plástica y una vida sexual mejor –completa el espacio con lo que sea apropiado para tu situación– el placer se volverá un capataz severo. Es como una droga. No importa lo que tomes, necesitarás una dosis mayor para satisfacerte la próxima vez.

Pero el placer es un excelente guía de turismo en la carretera de la vida. Cuando caminas con Dios y eres capaz de detenerte y disfrutar lo que Él te ha provisto, te refrescas y renuevas. En medio de un mundo caído, lleno de dificultad y dolor, necesitas ser capaz de relajarte y disfrutar una comida deliciosa, un hermoso atardecer, una gran fiesta o una larga carcajada.

En un año sabático tuve la oportunidad de viajar a Italia con mi familia. Estábamos en uno de esos buses turísticos en donde el guía constantemente va dando por micrófono información sobre datos de interés, pero a causa del sueño y de la abundancia de información, mi mente no absorbía todo. En algún punto de la interminable sucesión de sitios famosos y lugares tradicionales, se volteó y le dijo al chofer que se detuviera. Luego señaló un espléndido paisaje a la izquierda y una preciosa vista citadina a la derecha. El resto de ese día cada lugar pareció más extraordinario y sorprendente. Detenerme y observar la belleza de lo que me rodeaba cambió completamente mi perspectiva.

Creo que Dios quiere que nos detengamos a veces, que miremos a izquierda y derecha, y que observemos que esta es una vida bella llena de bendiciones como cónyuges, hijos, padres, amigos, maravillosas comidas, paisajes fascinantes y cielos asombrosos. Incluso cuando la vida no marcha de la manera que quisiéramos, todavía podemos encontrar los regalos de Dios que nos rodean si abrimos nuestros ojos a ellos.

En la antigua Israel se celebraban muchas ocasiones con fiestas: el destete de un hijo, el cumpleaños de un rey, la llegada de un dignatario, la partida del dignatario, la esquila de las ovejas; casi todas las ocasiones eran dignas de ser celebradas, muchas de ellas con una fiesta de tirar la casa por la ventana. Para los casamientos, todos tomaban una semana de vacaciones y hacían fiesta por siete días. Y esas eran tan solo las fiestas privadas. Las comunitarias eran abiertas e incluían la luna nueva de cada mes, el día de reposo y todas las celebraciones nacionales especificadas en la Ley. Eran señaladas por Dios para que su pueblo nunca olvidara cuánto había obrado en sus vidas. Apartó tiempos para adorar, descansar, leer su Palabra y compartir alimentos. Incluso las fiestas serias y formales eran seguidas de casi una semana de canto, danza y comida. El calendario hebreo tenía más días festivos que el nuestro.

El Nuevo Testamento tiene su porción de felicidad también. Cuando Jesús dijo: "Bienaventurados *los pobres en espíritu (…), los que lloran (…), los mansos*" (Mateo 5:3-12 RVR60), y así sucesivamente, la palabra para *bienaventurados* en realidad significa "felices" y "dichosos". Su intención en las bienaventuranzas no era informarnos de nuestras obligaciones, sino de la manera de ser felices. Él también respaldó ese mensaje con sus obras. Su primer milagro del que tenemos registro no fue una sanidad o una liberación. Convirtió el agua en vino en una boda, una fiesta de una semana de duración que incluía baile, comida y bebida. Las tinajas que llenó con vino eran enormes; harían que un barril de cerveza se viera pequeño. Los invitados pensaban que este vino era mejor que el que habían bebido toda la semana. Un milagro para salvar la reputación de los anfitriones y prolongar una fiesta parecería un poco frívolo para algunos de nosotros –hasta puede transgredir algunas de nuestras tradiciones– pero eso es porque suponemos que Jesús siempre tenía un semblante serio como lo representan las películas. Según *La Biblia*, sin embargo, Él sabía pasar un buen tiempo y animaba a otros a que hicieran lo mismo.

La Iglesia primitiva transformó al mundo, y el gozo era una de las razones principales. Alguien dijo que el *amor* era la estrategia de mercadeo de los primeros creyentes, y su tarjeta comercial era el *gozo*. A pesar de las circunstancias difíciles y la persecución, en el medio de esta vida, los creyentes ricamente empapados de las cosas buenas de Dios disfrutaban la fraternidad y la comunión, a menudo comían juntos, y se saludaban unos a otros con un "beso santo", un cálido abrazo (Romanos 16:16). Asumieron grandes riesgos, hicieron grandes sacrificios, oraron grandes oraciones y soñaron grandes sueños. ¡Pero también se divirtieron un montón!

El Nuevo Testamento en realidad nos manda que gocemos de los grandes momentos. La primera parte de este versículo es conocido para muchos: "*A los ricos de este mundo, mándales que no sean arrogantes ni pongan su esperanza en las riquezas, que son tan inseguras*" (1 Timoteo 6:17a). Pero el resto del versículo a menudo se pasa por alto como si fuera una nota al pie del punto principal, aunque el mandato no puede ser verdaderamente entendido sin la frase que continúa. El "no" de poner la esperanza en las riquezas tiene un correspondiente "sí" a cambio. Pablo dice que su mirada debería estar en Dios: "*sino en Dios, que nos provee de todo en abundancia **para que lo disfrutemos**"* (v. 17b, énfasis mío). Eso está relativamente claro. Dios nos da cosas para nuestro placer. Disfrutar la vida está definitivamente permitido. Incluso es parte de la estrategia de Dios para protegernos de nuestro archienemigo, el materialismo.

Falta de disposición para enfrentar las falsas creencias y el comportamiento enfermizo

¿Por qué nos resulta tan fácil captar las prohibiciones en *La Biblia* y tan difícil recordar los privilegios? Porque todos nosotros luchamos con falsas creencias y conductas enfermizas que vienen de una visión distorsionada de Dios, y de una teología pervertida del placer. Si queremos superarlas, debemos enfrentarlas. De lo contrario descenderemos por senderos enfermizos tratando de encontrar el gozo y la felicidad de algo o de alguien que no puede dárnoslo.

¿Qué comportamientos o actitudes pueden torcer el deseo de Dios para ti de que disfrutes de Él y de los grandes momentos que ha provisto para ti? ¿Tienes tendencias adictivas hacia el trabajo, por ejemplo? Si encuentras tu identidad en lo que haces, eres propenso a pasar largas horas en establecer, mejorar y defender esa identidad. O si eres perfeccionista, el deseo de hacer cada tarea sin defectos consumirá tu vida. Si tu importancia depende de hacer todo bien, tu trabajo no termina nunca. O tal vez tengas la tendencia de buscar aprobación y decir que *sí* a todo aquel que te pide que hagas algo. Entonces terminas lleno de amigos que prácticamente se apoderan de todo tu tiempo. Los seres humanos no tenemos escasez de motivaciones erróneas que nos llevan a acumular trabajo sobre nosotros mismos y a perder el llamado de Dios de disfrutar la vida que Él nos dio. Algunos nos sumergimos en el trabajo como una manera de escapar, mientras que otros –muy pocos, por cierto– lo usamos para sostener un estilo de vida que nos hace correr siempre pero sin llegar a ninguna parte.

Todas esas tendencias son distorsiones de la verdad, orientadas hacia el desempeño. Nos mantienen corriendo en la rueda, siempre persiguiendo pero nunca alcanzando. Siempre he luchado con la mentira de que puedo disfrutar de la vida, pasar tiempo con la familia y hacer las cosas que realmente recargan mis energías solo después de que haya finalizado mi trabajo. Esa es la ética protestante del trabajo, ¿o no? Figurada y literalmente, no puedes comer el postre hasta que hayas comido todos tus vegetales. El único problema –al menos en la vida, no en la comida– es que los vegetales nunca se acaban. Si esperara hasta que todas mis tareas sean hechas para relajarme y descansar, estaría perpetuamente estresado porque el trabajo nunca se termina. La disciplina de finalizar las tareas antes de pasar a la diversión es grandiosa para los escolares –estoy agradecido por el entrenamiento que he tenido– pero puede estar tan arraigada en la psiquis de un adulto como yo, que se convierte en una obsesión en vez de en un buen hábito.

Las actividades renovadoras de las que disfrutamos son la llave, la sanidad y la eficacia en el liderazgo. Una vida basada en la producción y el desempeño devora la salud y la cordura. Crea culpa cuando las metas de perfección, aprobación y máxima producción no son plenamente alcanzadas, lo que significa que siempre producen culpa. Si te sientes culpable cuando te diviertes, tal vez eso te ayude recordar que disfrutar de las riquezas de Dios es un mandamiento. ¡No disfrutar la vida en realidad es desobediencia! Como dijo C. S. Lewis: "El gozo es el asunto serio del cielo".

Ponte serio acerca de disfrutar

Una cosa es entender por qué está permitido disfrutar de la vida; otra cosa es comenzar realmente a hacerlo. Para algunos eso viene naturalmente. La mayoría de nosotros, sin embargo, tenemos que mentalizarnos para abandonar los malos hábitos y establecer actitudes y conductas saludables. Me han resultado útiles las siguientes prácticas en mis esfuerzos por vencer mis tendencias adictivas al trabajo y el perfeccionismo, y empezar a disfrutar de los grandes momentos.

Aminora el ritmo

Un amigo le dio este consejo al pastor y autor John Ortberg: "Elimina implacablemente la prisa de tu vida".[4] El apuro mata el gozo. Muchos de nosotros somos capaces de hacer muchas cosas a la vez, y nos sentimos bien cuando hacemos siete cosas al mismo tiempo. Hace alrededor de diez años leí un libro del mismo amigo que dio ese consejo (Dallas Willard), y decía que el desarrollo espiritual y la intimidad con Dios son imposibles en una vida apurada.[5] Eso me dio mucho incentivo para cambiar, pero precisó un esfuerzo consistente y consciente para aminorar el ritmo.

Por casi dos años, a menos que las circunstancias fueran

completamente inevitables, conducía por el carril izquierdo de la autopista, elegía la fila más corta en el almacén y llegaba a las reuniones diez minutos antes. Eventualmente caí en la cuenta de que debajo de todo mi apuro habitual había una especie de arrogancia que me convencía de que adonde yo iba era más importante que adonde los demás iban. Por eso siempre debía estar adelante en la hilera o en el carril más rápido. Esa actitud no va muy bien con Dios; Él se opone siempre al orgullo. Por eso dice: "*Quédense quietos, reconozcan que yo soy Dios*" (Salmo 46:10). Es importante humillarnos, respirar hondo y bajar la marcha. Dios cumplirá todos sus propósitos cuando te detengas y no hagas nada por un tiempo, para disfrutar un gran momento.

Baja de peso

Este no es un plan para adelgazar, al menos no literalmente. Pero adelgazar en otras áreas de tu vida: simplificar tu agenda, tus comidas, tus compromisos, tus objetivos, lo que necesite simplificarse. No te dejes extender demasiado. Examina algunas de las cosas que haces y pregúntate si realmente necesitas hacerlas. Entiende que tu prioridad en la vida debe ser una relación con Cristo, no una agenda *para* Él. El ejemplo clásico de *La Biblia* es la conocida historia de Marta y María, en Lucas 10:38-42. María se sentó a los pies de Jesús mientras que Marta estaba ocupada haciendo de buena anfitriona. Jesús alabó a María por darse cuenta de qué era lo más importante en ese momento: simplemente estar con Él.

Tomé una decisión hace unos años que algunos considerarían casi herética: revisé todo el tiempo y la energía que se me iba al enviar tarjetas navideñas y decidí no hacerlas más. Comprendí que enviarlas no era algo requerido por ley. Las personas que no reciben mis tarjetas saben que las amo igual, pero que no hago más tarjetas. ¿Está mal enviarlas? Por supuesto que no. Pero para mí en ese tiempo fue una decisión que simplificó en gran medida mi vida. Cuento esta historia no para criticar la tradición de enviar tarjetas navideñas ni para atacar las ventas de Hallmark. El punto es que a veces uno debe detenerse y cuestionar las actividades, tradiciones, *deberes* y *obligaciones* en su vida.

Las demandas de la vida constantemente nos fuerzan a agregar nuevas cosas a nuestro programa de actividades. ¿Por qué no considerar preguntarle a Dios dónde necesitamos quitar algo?

Siéntate

Aprende a vivir en el presente. La mayoría de nosotros vivimos para el mañana o vivimos *por causa* del ayer. Nuestro enfoque está en el futuro o en el pasado, y nunca aprendemos realmente a disfrutar el presente. En 1 Tesalonicenses 5:16-18 leemos: *"Estén siempre alegres* [tiempo presente], *oren sin cesar* [tiempo presente], *den gracias a Dios en toda situación* [tiempo presente], *porque esta es su voluntad para ustedes en Cristo Jesús"*. La vida se hará más apetecible cuando hagas un inventario, te enfoques en lo que tienes más que en lo que no tienes, te dejes fascinar y le agradezcas a Dios.

Piensa en cuánta de tu actividad está basada en las cosas que hacemos para tener el futuro que queremos, o para demostrarle que estaba equivocada a la persona que hace unos años dijo que nunca lo lograríamos. Realmente no podemos controlar ni el pasado ni el futuro, pero cuando tratamos de vivir en cualquiera de esas direcciones, nos perdemos el presente, el único tiempo que en verdad tenemos. Como un mentor me dijo una vez: "Chip, sigue tus grandes impulsos". ¡Entonces vive el presente! Disfruta este momento.

Mira a tu alrededor

¿Qué bendición de Dios puedes celebrar hoy? Especialmente mira las pequeñas cosas que a menudo damos por sentado. Por más de veinte años viví a casi dos kilómetros del mar, y en un momento me di cuenta que había pasado nueve meses sin verlo. Así que me propuse levantarme temprano los domingos por la mañana, estacionar mi vehículo sobre un acantilado mirando hacia el Océano Pacífico, observar las olas venir y el Sol salir, y agradecerle a Dios por toda la belleza que Él creó. Hace poco comencé a irme de la casa temprano en la mañana cuando todavía está oscuro, y he notado algo que nunca antes había visto: una gran estrella que luce maravillosa sobre el cielo negro. En una ocasión estacioné en el camino de entrada de mi casa, y vi un halcón en un arbusto cercano, y por alguna razón no se voló. Yo tenía cosas que hacer, llamados que hacer y gente que visitar, pero pensé: "¿Cuándo más voy a estar a menos de dos metros de distancia de un halcón?" Entonces me senté en el auto y lo miré, pensando cómo su ojo probablemente podía ver a un ratón desde doscientos metros en el aire. No es natural para mí o para la mayoría de las personas detenernos y reflexionar en la belleza y la enormidad de la creación. Tenemos que proponernos hacerlo.

Planifica

Planifica grandes momentos en tu calendario diario, semanal, mensual y anual. La única manera en que he podido tener una salida regular con mi esposa, disfrutar una taza de café en la mañana, tener un tiempo personal de adoración y crear momentos significativos como ese, es planeándolos en mi agenda. De lo contrario, será cuestión de levantar una taza de café de camino a la puerta, recoger un almuerzo rápido en mi auto, pasar los semáforos en rojo para llegar al trabajo a horario y vivir con la presión sanguínea alta. No hay manera de tener un testimonio gozoso y agradable con una vida como esa.

Los cristianos que son capaces de planear dentro de su agenda actividades divertidas, tiempo con la familia y amigos, "vacaciones de un minuto" o un paseo recreativo por el bosque, tendrán una relación más íntima con Dios.

De eso se trata. No hay manera de llegar a ser grandes sin mantener la vitalidad de esa relación. Todo el que quiera ser un gran cristiano tiene que tener una gran comunión con Cristo. Y todo el que quiera tener una gran comunión con Él, tiene que lograr que el disfrutar grandes momentos sea una prioridad.

Pasos a seguir

1. Un día de esta semana ve a almorzar a un parque y mira a los niños jugar en el arenero. Otro día, intenta escuchar alguna música hermosa con tus ojos cerrados por diez minutos. Mira alrededor, absorbe la vida y disfruta de la belleza que Dios ha depositado cerca de ti.

2. Piensa en un amigo, compañero de trabajo o miembro de la familia que necesita algo de ánimo, y luego toma el tiempo esta semana para brindárselo. Almuerza o toma un café con esa persona, llámalo solo para saludarlo o envíale una nota para hacerle saber que piensas en él.

3. Memoriza Proverbios 17:22: *"Gran remedio es el corazón alegre, pero el ánimo decaído seca los huesos".*

Preguntas para la reflexión y discusión

1. Si alguien le preguntara a las personas que te conocen mejor si eres una persona feliz que disfruta realmente la vida, ¿cómo crees que responderían? ¿Qué evidencia darían de su respuesta?

2. De las tendencias identificadas en las páginas anteriores (adicción al trabajo, perfeccionismo, búsqueda de aprobación, escapismo y materialismo), ¿cuál es la que más probablemente te impide disfrutar de Dios y de los grandes momentos que Él ha planeado para ti? ¿Qué puedes hacer para vencer esa tendencia?

3. ¿Cuál es tu reacción al pensamiento de los cristianos primitivos que se divertían estando juntos? ¿Eso los hace parecer más o menos espirituales? ¿Por qué?

9

Entrena grandes personas

Es una escena familiar. Dos niños en el patio de juegos entran en una discusión, la que pronto se convierte en una riña. Pero las riñas en los patios usualmente no duran mucho tiempo, especialmente cuando los adultos entran en escena y separan a los combatientes. El combate verbal continúa hasta que ambos esgrimen la misma amenaza final: "Mi papá le gana a tu papá". Eso es lo más lejos que pueden llegar en la escala jerárquica de poder. Ellos tratan de resolver la cuestión de quién es el mejor.

Tenemos muchísimas maneras adultas de hacer la misma pregunta. Cada liga profesional deportiva corona a un campeón y casi todos lo llaman el "Jugador más valioso". La revista *Forbes* mide la grandeza en signo pesos y acciones en la bolsa. La revista *People* la mide por la popularidad y la belleza física. Nuestra cultura tiene premios para el mejor vestido, la mejor degustación, el más grande del mundo, el más gordo del mundo, el más sexy del mundo, el que tiene más probabilidades de ser exitoso, la persona del año (¿entiendes, no es cierto?). Los comentaristas en los programas de entrevistas del mundo de los deportes se debaten si tal equipo de los '60 podría vencer a tal equipo de los '80, o si un boxeador famoso de los '40 podría superar a un gran boxeador de los de hoy. Esos debates terminan otorgándoles títulos como "el más grande... del mundo" o "el mejor... de todos los tiempos". En lo profundo de nosotros hay un instinto competitivo que encuentra innumerables maneras de compararse y escalar más alto. Y la pregunta fundamental detrás de ese impulso, la pregunta que cada ser humano se hace hasta el día de su muerte es: "¿Quién es el mayor?"

Los discípulos de Jesús también hicieron esa pregunta. Después de tres años de caminar con Él, de ver los mayores milagros del mundo y escuchar los mejores sermones, sacaron a relucir una preocupación que estaba en sus corazones. Juan y Jacobo, dos de los amigos más íntimos de Jesús, sabían que Él iba a su Reino. Casi no entendían la naturaleza de su Reino todavía, pensaban que liberaría a Israel de Roma y establecería su propio trono. De modo que le pidieron si podían sentarse uno a su derecha y otro a su izquierda. Lisa y llanamente, querían ser famosos, respetados y tener posiciones de poder. Querían ser reconocidos como grandes.

Ese fue un pedido bastante audaz. Era lo bastante descarado como para que los otros discípulos se molestaran por ello, probablemente no porque pensaran que era una mala idea, sino porque Juan y Jacobo tuvieron las agallas de pedirlo. Y Jesús respondió con una definición radical de lo que era la verdadera grandeza. Los reunió a todos y se los expuso claramente.

En primer lugar, señaló que el pedido de Juan y Jacobo se ajustaba perfectamente a la definición que el mundo tiene de la grandeza. Ellos no debían encajar en ese molde. Luego les brindó la alternativa santa:

> *Pero entre ustedes no debe ser así. Al contrario, el que quiera hacerse grande entre ustedes deberá ser su servidor, y el que quiera ser el primero deberá ser esclavo de todos.*
>
> —MARCOS 10:43-44

¿Cómo se vería eso en la vida real? Jesús se puso como ejemplo principal: *"Porque ni aun el Hijo del hombre vino para que le sirvan, sino para servir y para dar su vida en rescate por muchos"* (v. 45).

Pienso que es bastante asombroso que Jesús no reprendiera a Jacobo y Juan por hacer esa pregunta, y tampoco a los otros diez por indignarse. Esa no fue la única vez que surgió el tema –me referí a un episodio similar de Lucas 22 en la introducción– y cada una de las veces Jesús lo trata consistentemente. En vez de castigar a sus amigos, los reunió y afirmó el deseo de ser grandes. No se enfocó en su objetivo sino en los medios para llegar allí. A los ojos de las personas, tienes que tener poder, prestigio, belleza y riqueza para ser considerado grande. ¿Pero a los ojos de Dios? Cuanto más bajo vayas, mejor. Tienes que ser el siervo de todos los demás.

La verdadera grandeza es servir a otros para la gloria de Dios. En pocas palabras, esa es la forma de estar más alto en el Reino de Dios. Quitamos nuestra mirada de nosotros mismos y la dirigimos a Dios y al prójimo.

Nos hacemos grandes a los ojos de Dios cuando ayudamos a otros a convertirse en mayores que nosotros mismos.

Había estudiado y enseñado sobre este tema por un par de años, cuando de pronto recibí un libro por correo, completamente de la nada. Creo que fue de alguien que había conocido en una convención. Su título inmediatamente me llamó la atención: *Humildad: grandeza verdadera*. Como yo había estado tan inmerso en el tema de la grandeza a los ojos de Dios, recibir este libro parecía una "coincidencia" armada por Dios. Al leerlo, encontré esta declaración:

En cada una de nuestras vidas, si hemos de tener alguna posibilidad de volvernos verdaderamente grandiosos a los ojos de Dios, eso significará dar vuelta de arriba abajo las ideas mundanas de nuestra definición de grandeza. La diferencia no podría ser más cruda, ya que la grandeza definida cultural y carnalmente, se parece a esto: individuos motivados por un interés en sí mismos, autoindulgencia, un falso sentido de autosuficiencia, búsqueda de ambiciones personales para el propósito de la autoglorificación... Servir a los demás para la gloria de Dios: esta es la expresión genuina de la humildad. Esto es verdadera grandeza tal como nuestro Salvador la define.[1]

Los grandes cristianos entrenan a otros

La grandeza viene de edificar a los demás, apuntar a su grandeza más de lo que apuntamos a la nuestra. Ese impulso competitivo que todos poseemos nos dice que nuestra ganancia es la pérdida de otros, y que la pérdida de los demás es nuestra ganancia. No es así en el Reino de Dios, en donde la lógica de la mente humana se da vuelta de arriba abajo y de adentro a afuera. En la ecuación de Dios la ganancia de otro es nuestra ganancia y la pérdida de otro es nuestra pérdida. La mejor manera de llegar a la grandeza en una ecuación como esta es buscar la grandeza... para otros.

Pablo se lo dijo de este modo a Timoteo:

> *Lo que me has oído decir en presencia de muchos testigos, encomiéndalo a creyentes dignos de confianza, que a su vez estén capacitados para enseñar a otros.*
>
> —2 TIMOTEO 2:2

Pablo había invertido su vida en Timoteo y quería que él se convirtiera en un gran pastor. ¿Entonces qué le dice que haga? Que prepare a otros. Nuestro servicio más importante a los demás es ayudarnos a convertirse en todo lo que Dios desea de ellos. Los grandes cristianos entrenan a grandes personas.

Las instrucciones de Pablo a Timoteo nos muestran cuatro generaciones de inversión personal en los demás. Pablo sirvió a Timoteo, Timoteo tenía que servir a un grupo selecto de personas fieles que tenían un corazón para Dios, y ellos a su vez iban a ser entrenados para servir a otros. Cada generación realzaba su grandeza concentrándose en la próxima generación.

Vemos esta dinámica muy seguido en *Las Escrituras*. Moisés es considerado el mayor de todos los líderes del Antiguo Testamento, pero entre todas sus demás responsabilidades tomó el tiempo para entrenar a su sucesor. Entonces él dio la Ley, pero fue Josué quien condujo al pueblo de Dios a la tierra prometida. Elí instruyó a Samuel durante muchos años, pero Samuel tuvo mucho más impacto sobre el pueblo de Israel.

Elías es conocido como el prototipo profético, pero su aprendiz, Eliseo, audazmente pidió una doble porción del espíritu de Elías, y terminó por hacer exactamente el doble de milagros que el anciano profeta.

Juan el Bautista, un profeta parecido a Elías, es considerado un puente entre el Antiguo y el Nuevo Testamento, y su actitud es un perfecto ejemplo del corazón de siervo que Jesús les enseñó a sus discípulos. En un punto en el ministerio de Jesús, los discípulos de Juan estaban preocupados porque la popularidad de su maestro descendía mientras que la de Jesús crecía. Juan respondió con una clásica declaración de abnegación: *"A él le toca crecer, y a mí menguar"* (Juan 3:30). ¿Qué pensaba Jesús de esta clase de actitud? Aun si no lo supiéramos con seguridad, Jesús más adelante dijo:

Les digo que entre los mortales no ha habido nadie más grande que Juan; sin embargo, el más pequeño en el reino de Dios es más grande que él.

–Lucas 7:28

En el Reino de Dios, menguar es igual a engrandecerse.

Más que ningún otro en *La Biblia* –o en la historia, para el caso– Jesús tenía el derecho de centrarse exclusivamente en su propia grandeza. Pero pasó tres años entrenando a doce hombres que, junto con las generaciones que ellos a su vez entrenaron, lograron alcanzar a la mayor parte del mundo con el Evangelio.

Mientras que la inversión de Pablo en la vida de Timoteo es uno de los ejemplos más claros en la iglesia primitiva acerca de entrenar grandes personas, claudicó en otro caso. Juan Marcos había desistido en el primer viaje misionero de Pablo, y el apóstol no quiso que fuera con él la próxima vez. Pero Bernabé vio el potencial a pesar del fracaso del joven misionero, y se tomó el tiempo de entrenarlo con tanta eficiencia que Pablo mismo pudo decir más tarde en su vida que Juan Marcos era de gran utilidad para él (Hechos 15:36-41; 2 Timoteo 4:11).

Los buenos cristianos viven la vida cristiana. Aman a Dios, caminan en integridad, demuestran fidelidad a sus compañeros, pasan tiempo con *La Biblia* porque quieren escuchar de Dios, hacen el esfuerzo de descubrir sus dones espirituales y los usan en su iglesia local, dan sus diezmos y ofrendas, van a los viajes misioneros, y ayudan a sus hijos a crecer hasta convertirse en hombres y mujeres de Dios. Hacen lo que Él les ha llamado a hacer, y lo sirven bien.

. . . .

Los buenos cristianos "viven la vida";
los grandes cristianos "dejan un legado".

. . . .

Los grandes cristianos, por otra parte, hacen todo eso y luego lo transmiten. Puedes ser un buen cristiano al obedecer a Dios y amar a la gente, pero si no has derramado tu vida en la de los demás, ella terminará con un punto. Los grandes cristianos terminan con una coma. Viven la vida de fe en una manera que se apropian de la gracia de Dios y la imparten a los demás. Se multiplican una y otra vez. Los buenos cristianos "viven la vida"; los grandes cristianos "dejan un legado".

Cómo dejar un legado para la gloria de Dios

Edward Kimball enseñó en la escuela dominical en Boston en la década de 1850, y uno de sus estudiantes, un miembro de iglesia algo renuente, lo tuvo bastante preocupado durante algunos meses. El estudiante era espiritualmente torpe e incapaz de entender los conceptos bíblicos, dijo Kimball luego. Pero el maestro permaneció junto al adolescente y ganó su amistad con ternura. Lo alentó, siendo un zapatero analfabeto, a seguir concurriendo a la iglesia y estudiar *La Biblia*. Un día visitó a su alumno en el trabajo y nerviosamente le explicó el evangelio hasta que el joven recibió a Cristo. La relación de maestro y discípulo continuó hasta que ambos se hicieron grandes amigos. Kimball era meramente un hombre común que invirtió parte de su vida en un chico común que parecía necesitar algo de dirección.

Esas son las clases de relaciones que Dios usa para edificar su Reino. El joven en quien Kimball se interesó era Dwight Moody, cuyo ministerio posterior ganó a cientos de miles de personas para Cristo. Fundó un instituto bíblico que ha preparado a miles para vivir una vida de influencia, y cuyo legado hoy impacta a millones. Hasta donde sé, Kimball no es conocido por haber llevado a ningún otro a Cristo, sino a Moody, o por preparar a ninguno más (al menos no en cantidades sustanciales); pero en el Reino de los cielos tiene la misma recompensa que su alumno más famoso. El legado de Moody es el legado de Kimball; todo porque una persona común reprodujo su relación con Dios en la vida de alguien más.

Dawson Trotman, fundador de Los Navegantes, dijo: "La actividad no es sustituto de la productividad; la productividad no es sustituto de la reproducción".[2] Muchos cristianos son muy activos, hacen un montón de cosas y asisten a un montón de reuniones. Muchos de ellos son verdaderamente productivos. Llevan fruto. Pero pocos cristianos reproducen su vida y dejan un legado al desarrollar un linaje espiritual.

Si quieres entrenar a grandes personas, veamos cómo puedes hacerlo de manera práctica.

Ayuda a muchos, entrena a pocos

Tienes que invertir de manera sabia. Un principio que extraemos de 2 Timoteo 2:2 es ayudar a muchas personas, pero entrenar solo a unas pocas. Puedes contribuir con las vidas de muchos, pero no puedes invertir profundamente en todos. Tienes que elegir. La clave del impacto de Jesús fue la selección. Él ayudó a multitudes, pero entrenó a los pocos que cambiarían el mundo. Eso plantea una pregunta seria: ¿cómo sabes en quién invertir tu vida?

Ora

El primer paso en esa dirección es orar. Santiago 1:5 dice que si te falta sabiduría, si te das cuenta que no sabes cómo vivir sabiamente y hacer lo que Dios te ha llamado a hacer, pídesela a Dios, quien "*da a todos generosamente sin menospreciar a nadie"* (Santiago 1:5). Tenemos muchos ejemplos bíblicos de personas que dejaron un gran legado: Moisés, Elías, Jesús, Pablo, para nombrar algunos. Invariablemente fueron personas de una gran vida de oración. Olvidamos que la sabiduría divina está allí a pedido. Entonces tiene sentido decir: "Señor, quiero concentrar e invertir mi vida en unos pocos, entonces necesito discernir. Por favor, guíame en esto". Y Dios, que está más interesado en que seas un gran cristiano de lo que tú lo estás, ha prometido responder.

Mira debajo de tu techo

Entrenar a grandes personas comienza con aquellos por los que eres moralmente responsable. En 1 Timoteo 3:4 Pablo dice que un líder *"debe gobernar bien su casa y hacer que sus hijos le obedezcan con el debido respeto"*. Muchos hijos de pastores y de misioneros crecen tan rebeldes e indisciplinados que te preguntas si sus padres estaban tan ocupados ayudando a otros que no tenían idea de lo que sucedía en casa. Los atributos que se requieren para ser exitoso en los negocios –y, por normas generales, también en el ministerio– son los mismos atributos menos propicios para una vida familiar saludable. Por esa razón los estudios sobre los más altos ejecutivos muestran que tienen la mayor tasa de esposas e hijos que luchan con depresión, adicción y suicidio. Solo los más pobres tienen un historial peor.[3] Si quieres ser la clase de cristiano –rico, pobre, profesional o desempleado– que entrena a grandes personas, comienza con los que viven contigo.

Yo vi a mi esposa personificar este principio. Hace unos diez años ella salió de su zona de confort y habló enfrente de trescientas personas. Recibió una respuesta increíble, y parte de su mensaje fue puesto al aire en nuestro programa de radio. Pronto recibió numerosas invitaciones para predicar en iglesias alrededor de todo el país. Le aseguré que estaría bien quedándome en casa con nuestros hijos mientras ella exploraba esta área del ministerio, pero ella se negó.

–Chip –dijo– puedo ir a hablar a esos eventos para alentar a las mujeres y salpicar un poco de gracia aquí y allá. Pero cuando lleguemos al cielo, nuestro mayor impacto no será en las personas a quienes les añadí un centímetro de profundidad espiritual. Nuestro mayor impacto será en nuestros hijos. Si Dios quiere que lo haga cuando ellos sean más grandes, está bien. Pero por ahora, esos niños son mi ministerio.

Tenía razón. El tiempo y la energía que invertimos en el crecimiento espiritual de nuestros hijos han dado grandes dividendos en sus vidas y ministerios. Tuvimos un plan estratégico para edificar en nuestros hijos las cosas que verdaderamente importan. El objetivo de mi esposa y sus límites nos ayudaron a estar en la senda correcta de dejar el legado más importante que podamos dejar.

Busca personas F.E.D.

Después de orar y mirar debajo de nuestro propio techo, busquemos personas FED. Tiene que ver con las características de una persona en la cual vale la pena invertir: **F**iel, **E**nseñable y **D**isponible.

Proverbios 20:6 dice: *"Son muchos los que proclaman su lealtad, ¿pero quién puede hallar a alguien digno de confianza?"* La gente *fiel* es aquella que completa una tarea, que en verdad se ocupa de un problema cuando dice que lo hará, y que te llama más tarde porque prometió que lo haría. Muchas veces nos engañamos por el potencial que las personas tienen basado en sus talentos y personalidad, pero Dios no. Él mira el corazón. Los fieles se han colocado en una posición de crecer en madurez. En vez de escuchar lo que la gente dice, mira lo que hacen con sus responsabilidades. Cuando ves fidelidad, ves potencial.

No obstante, la fidelidad por sí sola no es suficiente. Alguien puede ser muy fiel y aun así apuntar en veinte direcciones. Dicen: "Quiero crecer, quiero aprender, hagámoslo juntos", pero luego están fuera de la ciudad semana por medio. No hay nada de malo en eso, simplemente que ellos no van a ser una inversión espiritual de alto rendimiento. Para invertir tu vida sabiamente, debes elegir personas que están *disponibles,* además de ser fieles.

Busca también gente que sea *enseñable.* Una persona que cree que sabe todo en ciertos aspectos de la vida, no está abierta a recibir instrucciones o sugerencias. No tiene sentido invertir en alguien que no es consciente que tu inversión sea beneficiosa. La gente enseñable está en posición de crecer y llevar fruto.

Descubres si las personas son enseñables por cómo responden cuando son confrontadas con cosas difíciles de escuchar. ¿Escuchan la crítica constructiva con humildad? ¿Responden con carácter y demuestran sumisión y perseverancia? Hay un peligro real en evaluar a las personas en la forma en que el mundo lo hace. A menudo caemos en la trampa de ver a la gente astuta, con una gran personalidad y una buena educación, como si fueran los que más probablemente harán un impacto para Cristo.

Pero Dios escoge lo bajo de este mundo para avergonzar las normas de este mundo (1 Corintios 1:27-29). En el Nuevo Testamento Dios usó ex prostitutas, homosexuales, adoradores de ídolos, ladrones y borrachos, redimiéndolos y dándoles dones espirituales para usarlos para el beneficio de los demás. Te animo a que mires más allá de la historia de la persona y veas su corazón. Si por casualidad son "astutos", mejor. Si son fieles, enseñables y están disponibles, pueden convertirse en lo que Dios verdaderamente desea de ellos.

Cuando al principio nos mudamos a Santa Cruz yo no sabía mucho sobre liderazgo, pero aun así podía ver que no había mucha estructura en esa iglesia de ochocientas o novecientas personas. Había gran potencial, pero ninguna organización puede crecer a menos que agrandes la base (mira la figura en la página siguiente).

Entonces nuestro liderazgo se propuso descubrir quiénes eran nuestros líderes latentes, con el fin de invertir en ellos antes de empezar nuevos programas o estrategias. No buscábamos necesariamente a los mejores intelectos y las personalidades más carismáticas. Queríamos encontrar el mayor potencial de los líderes laicos en la iglesia –gente común de todos los ámbitos de la vida– que fueran fieles, enseñables, y luego derramar nuestras vidas en ellos. Entonces ellos se convertirían en los mentores que invertirían sus vidas en otros.

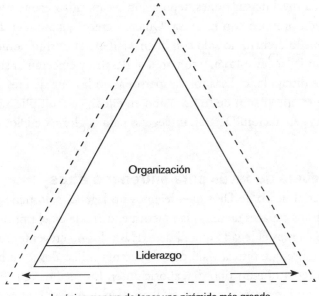

La única manera de tener una pirámide más grande
es expandir la base; en este caso, el liderazgo.

Tuvimos un "día de reclutamiento", en donde cada miembro del equipo y cada anciano elegía varios candidatos para el liderazgo y los invitaba a participar de un proceso. Los introducíamos a un estudio bíblico de ocho semanas, conocíamos algo sobre sus vidas y les transmitíamos la visión de la iglesia. Pero teníamos una sola regla: cada grupo debía comenzar antes de las 06:30. ¿Por qué? Por un lado, porque yo sabía que nadie tendría problemas con su agenda a esa hora de la mañana. Pero lo más importante es que no hay mejor manera de saber si alguien es fiel, enseñable y está disponible, que pidiéndole que se comprometa con un esfuerzo importante pero inconveniente. La humildad, sumisión y consistencia –o la falta de ellas– se muestra en tales situaciones. Descubres quién realmente está dentro del juego y quién no.

Cuarenta y cinco de nuestros líderes potenciales se inscribieron, y tres años más tarde podíamos mirar hacia atrás y ver una gran transformación en las vidas de nuestros miembros individuales y en la vida de la iglesia en sí. La mayoría de las personas quieren ser desafiadas, no solo a nivel de sus dones, reputación o capacidad económica, sino en su compromiso con la causa. Quieren crecer y aprender. Los que *realmente* lo desean, no solo con buenas intenciones sino poniéndoles pies a su fe, se levantarán y tomarán el desafío y crecerán al siguiente nivel de discipulado. Esas son las personas en las que quieres invertir, porque se apropiarán de tu inversión en ellos y la multiplicarán en la próxima generación. Dejarán un legado para la gloria de Dios.

La escuela de Jesús para entrenar a otros

Si es el deseo de Dios que dejemos un legado, solo tiene sentido que seamos capaces de mirar la práctica encarnada en el ministerio de Jesús. Sabemos el legado que Él dejó. Hasta los no creyentes saben de este hombre que nunca viajó más de sesenta millas desde su hogar, y que no tenía ningún tipo de exposición en los medios. Once de sus doce seguidores más cercanos estaban bien comprometidos, y otros ciento veinte estaban comprometidos de una forma más libre. Dos mil años más tarde reconocemos su importancia cada vez que escribimos la fecha en un cheque. Él es la línea divisoria en la historia por causa del poder en su vida y porque Él trasmitió esa vida a otros, que a su vez la trasmitieron a otros y así sucesivamente. ¿Cómo lo hizo?

Jesús tenía un proceso de cuatro etapas para entrenar a grandes personas, que sobresale claramente en los evangelios. Él los *atrajo*, los *desarrolló*, los *entrenó* para la acción y los *envió*. Los discípulos eran personas comunes, la mayoría de ellos eran trabajadores o empleados fieles, disponibles y enseñables. La gente común como ellos –y como nosotros– pueden seguir el proceso de cuatro pasos de la persona más grande del mundo, para poder dejar un legado perdurable para la gloria de Dios.

1. Atráelos

La clave para convocar gente a la clase de relación en la que quieres servirlos y entrenarlos, es la *exposición*. Primero tienes que ser un modelo del mensaje, vivirlo. Luego puedes invitarlos a la acción y hacerlos participar en relaciones auténticas. Marcos 3:14 dice que Jesús nombró a doce hombres y los designó apóstoles (mensajeros, o "enviados"), *"para que lo acompañaran y para enviarlos a predicar"*. Su metodología era muy simple: solo quería que ellos estuvieran alrededor de Él.

Eso fue lo que Dave Marshall, el mentor que mencioné en el capítulo 3, hizo conmigo. Él solo había estudiado el secundario y no tenía mucha "onda" que digamos, pero me amaba y sabía *La Biblia* mejor que yo (y todavía es igual). Se acercó a mí y me enseñó a estudiar *La Biblia*, me ayudó a memorizar versículos, me mostró cómo hablar de mi fe, y me dio un modelo de lo que es la familia y el matrimonio cristiano. Yo aprendí de él a través de charlas de corazón a corazón y de mirar cómo vivía. Fui discipulado simplemente por estar con él y captar sus valores y su autenticidad. Me atrajo por medio de ser un ejemplo del mensaje, invitándome a participar e involucrándome en una relación genuina.

A menudo queremos acelerar el proceso metiendo a las personas en actividades y dándoles algunos libros para leer y mensajes para escuchar. Eso puede brindarles la información que precisan, pero no les dará ninguna imagen de lo que debe ser la vida cristiana. El método de discipulado de Jesús era vivir con sus discípulos. Así de simple. Ellos iban adonde Él iba, escuchaban lo que decía y veían lo que hacía, comían lo que Él comía y hablaban con Él de asuntos cotidianos. Ellos necesitan oler, gustar y ver la atractiva vida de Cristo en nosotros, antes que ninguna otra cosa.

2. *Desarróllalos*

Jesús les dijo a sus discípulos que si lo seguían, Él los haría pescadores de hombres (Mateo 4:19). Eso va más allá que exponerlos a su vida y mensaje; los lleva a una etapa de *nutrición*. Jesús afirmó sus fortalezas, inspiró sus sueños y los confrontó con sus errores.

Aun cuando yo no tenía entrenamiento bíblico, Dave me alentaba a confiar en los pensamientos u opiniones que yo tenía acerca del texto. A veces hasta me pedía que liderara el estudio bíblico. Su enseñanza no era necesariamente carismática –yo escuché las cintas que me dio tres años más tarde y le dije lo increíble que era su mensaje, y él me contó que ese día yo dormí todo el mensaje– pero nuestro pequeño grupo pasó de seis estudiantes a doscientos cincuenta en nuestro *campus*. Todo el tiempo afirmaba y cultivaba el don de la enseñanza que veía que se estaba desarrollando en mí. Después de cada sesión que yo lideraba, tomábamos un café y me apuntaba lo que había hecho bien. Luego deslizaba algunas sugerencias para que lo hiciera mejor la próxima vez, pero no era duro ni crítico conmigo. No recalcaba mis debilidades, sino que afirmaba mis fortalezas.

Al terminar el seminario yo pastoreé una pequeña iglesia en las afueras de Dallas. Estaba muy animado al ver crecer la congregación de treinta y cinco personas a quinientos en casi siete años. Pero tenía un sentimiento persistente de insatisfacción, y finalmente se lo expresé a Don, un pastor que me había pastoreado durante mis días de seminarista.

–Estamos en un condado de cuatro mil personas y aquí hay alrededor de dieciocho iglesias en doce kilómetros a la redonda –me lamenté–. Si la gente quiere oír el evangelio en la zona rural de Texas, pueden hacerlo. Amo a esa gente, pero vine al seminario para ser un misionero, y siento que solo estoy arañando la superficie. Quiero pastorear una iglesia grande en algún lugar más vanguardista. ¿Está mal?

Muchas veces dudamos al contar en voz alta un sueño como ese, porque suena un poco arrogante. La gente puede pensar que alimentamos el ego y solo estamos interesados en hacer cosas *grandes*. Pero lo *grande* no era mi motivación, sino el impacto.

–Chip –dijo Don–, ¿sabes que los pastores de iglesias grandes no son mejores que los pastores de iglesias pequeñas, verdad?

–Sí, lo sé.

–Es solo una diferencia en los dones, y hay una cierta combinación de dones que se necesitan para tener una iglesia grande. Es difícil encontrar esa combinación. La gente me llama todo el tiempo de todas partes del país porque hay vacantes en iglesias grandes que necesitan pastor. Ora acerca de tus motivaciones, pero si Dios ha puesto eso en tu corazón, debes estar abierto.

Casi un año más tarde, la Iglesia Bíblica Santa Cruz me llamó. Es una iglesia grande en una zona de relativamente poca influencia cristiana. Todo lo que yo precisaba era alguien que me dijera que estaba bien tener un sueño. Del mismo modo, la mayoría de las personas a las que discipulamos sienten que necesitan pedir permiso para "pensar fuera de la caja". Parte de entrenar a grandes personas es inspirarlos a soñar.

Pero también necesitas ser capaz de confrontarlos con sus errores. Dave afirmó mis fortalezas y Don me inspiró a soñar, pero cuando pienso en confrontación, pienso en Jerry. Jerry era un laico que amaba a los universitarios, así que trabajaba a tiempo completo y pasaba el tiempo restante haciendo discípulos a estudiantes. Un día me dijo: "Desayunemos juntos mañana", lo cual, en la jerga de nuestra fraternidad era un mensaje codificado que quería decir: "Necesitamos hablar de algo bastante pesado". Cuando estaba por la mitad de mi desayuno, Jerry abrió su Biblia en Proverbios 27:5-6 y me lo leyó:

Más vale ser reprendido con franqueza que ser amado en secreto. Más confiable es el amigo que hiere que el enemigo que besa.

En otras palabras, "Te amo lo suficiente como para decirte cosas que realmente te dolerán". Luego me miró a los ojos y me dijo que yo causaba la impresión de ser arrogante, que mi boca me metía en problemas, que yo estaba enfocado en mí mismo y que siempre trataba de ser el centro de atención.

"Chip", continuó, "cuando estábamos en el auto el otro día actuaste como si fueras la persona más importante en la carretera y como si las leyes fueran solamente para los demás". Y punto por punto enumeró las evidencias de orgullo en mi vida.

¿Te imaginas cuál fue mi primera reacción? Ciertamente no fue un "gracias hermano, realmente debes amarme mucho para ser tan sincero conmigo". Yo me ofendí y no estuve muy abierto a lo que dijo. Pero luego de mi enojo inicial, recapacité sobre sus palabras y cuando miro hacia atrás veo que las personas que me confrontaron abiertamente con mis errores son las que más aprecio ahora. Estaban en lo cierto. Yo *era* arrogante y respondón, y lo que sale de la boca es la verdadera expresión de lo que hay en el corazón. Cuando ellos cuestionaron si yo podía glorificar a Dios mientras estaba tan ocupando en tratar de agradar e impresionar a los demás, dieron justo en el blanco. Le pegaron en el clavo, directamente a los problemas de carácter que procedían de mi corazón. Me amaron tanto como para confrontarme. Como resultado, produjeron en mí la práctica de "hablar la verdad en amor" con los que están cerca de mí. Cuando mis hijos crecían, sabían que cada vez que papi quería hablar de algo serio, había una oración que seguramente iban a escuchar: "Chicos, este es un asunto espiritual". Yo les trasmití eso porque Jerry y otros me lo trasmitieron a mí.

3. Entrénalos para la acción

Entrenar se trata de *planificar*. Jesús les dijo a sus discípulos que *"el discípulo no es superior a su maestro; mas todo el que fuere perfeccionado, será como su maestro"* (Lucas 6:40 RVR60). Cuando entrenas plenamente a alguien, ya sea un niño, un estudiante o un amigo, esa persona va a ser muy parecida a ti. De modo que en la fase de planificación de entrenar grandes personas, necesitamos instruir sus mentes, desarrollar sus corazones y equipar sus manos.

Dios usó a muchos laicos y pastores para brindarlo en mi vida a lo largo de los años, pero Howard Hendricks jugó un rol particularmente importante. Ya conté mi experiencia en el capítulo 3 de la relación que comenzó cuando él era mi profesor, y continuó cuando se convirtió en mi mentor. Tomé cada clase en la que enseñaba y escuché todos los temas que predicó. Por alguna razón, Dios me dio un sentido de conexión con él, que ha formado mi pensamiento bíblico del discipulado, las relaciones, el dinero, la predicación, la confrontación y la vida en general. El "Profe", como sus alumnos lo llaman, entendía que no solo entrenaba mi mente, sino que también desarrollaba mi corazón y equipaba mis manos para el ministerio.

Nunca olvidaré a Bill Lawrence, otro mentor que me ayudó entrenándome. Yo estaba en un programa de evaluación de liderazgo en donde los expertos miraban cómo predicabas, observaban tu familia y tu ministerio bajo el microscopio. Luego entrevistaban a muchas personas que te conocían muy bien; todo era muy exhaustivo. En un punto durante el proceso, Bill se sentó con Theresa y yo a mirar un par de mis videos de predicaciones. Conocía a Bill lo suficiente como para saber que se preocupaba por mí, entonces el contexto era el de una relación establecida. Pero aun así no estaba preparado para lo que él me dijo.

"Chip, simplemente no puedo entender cuál es el verdadero asunto aquí. No sé si eres perezoso o si no crees en la predicación".

Yo estaba anonadado. Mi esposa estaba en la sala y mi pensamiento inmediato fue: "¿Qué haces? ¡Los verdaderos hombres no le hacen esto a los otros hombres!" ¿Y a dónde quería llegar con eso, después de todo? Yo pastoreaba una pequeña iglesia y la hacía crecer, así que tenía una mentalidad de discipulado. Para preparar el sermón estudiaba el texto lo suficiente como para hablar cómodamente de él delante de la congregación. No hacía ese último 15% que nos habían enseñado a hacer, escribir las transiciones e ilustraciones. Pero cambios de vida reales ocurren en los grupos pequeños de todos modos, y yo pasaba setenta u ochenta horas por semana especializándome en eso. Al principio me enojé bastante, y le hice saber a Bill que no creía que estuviera acertado.

–La pereza no es estar inactivo –dijo–. Pereza es no hacer lo correcto en el tiempo apropiado para cumplir la misión indicada. Tú tienes los dones como para que toda esa gente en esa pequeña aldea piense que eres bastante bueno, ¿no es así?

–Sí, eso creo.

–Y tú piensas que eres bastante bueno, ¿o no?

–Sí, bastante bueno.

–Bien, no eres tan bueno como crees. Algunas predicaciones son como una linterna. Esparcen su luz y todos obtienen una pequeña vislumbre de ella. Otras predicaciones son como un rayo láser. Pueden cortar al medio una puerta blindada. Tu problema es el enfoque. Ese último 15% de un gran mensaje es un trabajo muy arduo, y tú no lo haces. Dios te ha dado un gran don de comunicación y vas a estar delante del trono del juicio de Cristo dando cuentas de él. Los cambios de vida ocurren en los pequeños grupos, pero no es cuestión de esto *o* aquello. Debes ser el mejor comunicador que puedas ser para Cristo. Mejor que lo entiendas y que hagas tu mayor esfuerzo al predicar.

Entonces irrumpió mi esposa, en amor, por supuesto. "Bueno, yo no creo que él sea perezoso; yo lo veo trabajar mucho. Pero es cierto que no cree en la predicación".

Desde ese momento en adelante yo bloqueé las primeras dos horas del día para tener un tiempo a solas con Dios, y todos los miércoles hasta el mediodía para trabajar en los mensajes. Me concentré en ese último 15% que cambia el mensaje de una linterna a un rayo láser. ¿Pienso peor acerca de Bill hoy por ese difícil período de entrenamiento? No, en absoluto. De hecho, recibí un video de él hace seis semanas, lo puse en la reproductora y mientras lo miraba pensaba cómo Dios lo había usado para cambiar mi vida hace veinte años.

No todos precisarán equiparse en las habilidades pastorales de ese modo, pero todos deben aprender ciertas habilidades en la vida cristiana antes de avanzar: estudiar *La Biblia*, manejar las finanzas, expresar la fe, manejar los conflictos en las relaciones y otras cosas más. Entrenar a grandes personas requiere un proceso específico en áreas específicas.

4. Envíalos

Por último llega la etapa del *desafío*. Jesús envió a sus discípulos en una misión. Las primeras misiones eran pequeñas, muy específicas, y seguidas por tiempos de dar los informes, proporcionar ánimo y evaluar los resultados (Lucas 10:1-24). Luego de que experimentaron el éxito y aprendieron a confiar en la presencia y las promesas de Jesús, Él los *envió* a cumplir su plan eterno para la humanidad.

> *Por tanto, vayan y hagan discípulos de todas las naciones, bautizándolos en el nombre del Padre y del Hijo y del Espíritu Santo, enseñándoles a obedecer todo lo que les he mandado a ustedes.*
>
> —MATEO 28:19-10

Y lo acompañó con una promesa de que el discipulado continuaría. Él estaría con ellos para siempre.

Cuando envías a alguien tienes que clarificarle la misión ("Esto es lo que quiero que hagas"), confirmar su llamado ("Estoy de tu lado;

sé que puedes hacerlo") y continuar el discipulado. Les ayudas a las personas a entender cómo Dios los ha hecho y los ha llamado. Cuando ellos se animan a avanzar en fe, va a haber algo de oposición, así que continúas a su lado para ayudarlos en los tiempos difíciles.

Por esta razón Dios hizo que el Cuerpo de Cristo sea dependiente de Él e interdependiente unos de los otros. No hay superestrellas en su Reino. Algunas personas tienen dones que los hacen más visibles, pero todos tienen la oportunidad de dejar un legado. Nuestro objetivo, sea con nuestros hijos o con nuestros sucesores, es ayudarlos a ser grandes. Cuando vuelvo a la iglesia en Santa Cruz, me sorprendo de los pastores y líderes que ahora lideran ministerios o pastorean sus propias iglesias mejor de lo que yo lo hice. Cuando miro a mis hijos, me asombro del potencial que tienen para llegar más lejos y más alto de lo que jamás esperé. Entrenar a grandes personas es dejar que tu techo sea el suelo de la próxima generación. Los equipas para comenzar donde tú dejaste y edificar sobre ello.

¿Por qué tan pocos dejan un legado?

Dejar un legado de fructificación continuo y perdurable es posible para todos y cada uno de los seguidores de Cristo. ¿Entonces por qué tantos fallamos en esa área? El Profesor Hendricks sugiere tres razones: falta de disciplina, falta de visión y falta de enfoque.

Falta de disciplina

No podemos impartir lo que no poseemos. Una de las razones del legado perpetuo de Pablo fue su habilidad para decirles a las personas, con toda integridad, que siguieran su ejemplo.

Por tanto, les ruego que sigan mi ejemplo. Con este propósito les envié a Timoteo, mi amado y fiel hijo en el Señor. Él les recordará mi manera de comportarme en Cristo Jesús, como enseño por todas partes y en todas las iglesias.

–1 Corintios 4:16-17

Eso es como decirles a tus hijos: "Conduce como yo conduzco; gasta tu dinero como yo gasto el mío; maneja tu tiempo como yo manejo el mío; ama a tu esposa como yo amo a su madre". Eso es un desafío, y requiere disciplina.

No puedes plantear esa clase de desafío a tu familia o a los que enseñas a menos que de veras lo creas. Si te preguntas: "¿Estoy seguro de que quiero que las personas a las que influencio me imiten?" y piensas si será una buena idea o no, haz lo que debas hacer para ser ejemplo. Puede significar apagar el televisor, vencer un viejo hábito o levantarte un poco más temprano. Pero si realmente te importa, lo harás.

Falta de visión
"Nuestro fracaso en ver más allá del lapso de nuestra propia vida es un obstáculo real", dijo una vez el Profesor Hendricks. Traté de confeccionar una lista de algunas de las personas a las que el profesor ha mentoreado a lo largo de los años, y solo pude enumerar alrededor de diez de los más conocidos líderes de la actualidad, líderes productivos y comunicadores en el ministerio. El profesor no se ha propuesto edificar un ministerio en los medios de comunicación, escribir un montón de libros o pastorear una serie de iglesias enormes, pero muchas de las personas que hacen esas cosas pueden señalar directamente su influencia. Me alegro de que él haya tenido la visión de invertir en Chuck Swindoll, Joe Stowell, David Jeremiah, Tony Evans, Dennis Rainey y muchos más. Como profesor del seminario, él vio más allá del tiempo de su vida y dejó un legado sólido. Cada maestro de escuela dominical o líder de grupo pequeño que entiende la importancia de regar las semillas espirituales, hace lo mismo.

Falta de enfoque
El Profe siempre decía que "una vida de impacto se trata de la única cosa que hago, no de las veinte cosas en las que chapoteo". Eso suena muy parecido a las palabras de Pablo a los filipenses:

Hermanos, no pienso que yo mismo lo haya logrado ya. Más bien, una cosa hago: olvidando lo que queda atrás y esforzándome por alcanzar lo que está delante, sigo avanzando hacia la meta para ganar el premio que Dios ofrece mediante su llamamiento celestial en Cristo Jesús. Así que, ¡escuchen los perfectos! Todos debemos tener este modo de pensar. Y si en algo piensan de forma diferente, Dios les hará ver esto también.

–FILIPENSES 3:13-15

Los legados que perduran brotan de un enfoque exclusivo y completo. Puedes partirte en mil pedazos al tratar de ayudar a todo el mundo, y acabar preguntándote cómo fue que se te escapó la vida. O puedes ayudar a muchos y entrenar a pocos. Se necesita enfoque para eso.

Dios promete grandes cosas para los que llevan fruto que permanece. La única forma de hacerlo es entrenar a otros. Inspíralos a la grandeza y ayúdalos a llegar allí. Sírvelos dándoles tus herramientas para que superen tu propio impacto. El mundo ha sido radicalmente afectado por un Salvador que practicó ese principio y enseñó a sus seguidores a hacer lo mismo. Tu grandeza como cristiano está fundamentalmente conectada con tu interés en ver a otros cristianos engrandecerse. Los buenos cristianos sirven bien al Señor. Los grandes cristianos lo sirven bien y entrenan a otros para hacer lo mismo.

Pasos a seguir

1. Haz una lista de las personas importantes en tu pasado que han tenido una influencia positiva en ti. Luego del nombre de cada uno, describe las características que más te han impactado. ¿Cuáles de esas características se han convertido en una parte de tu carácter? ¿Cuáles estás preparado para transmitirle a la próxima generación?

2. Escribe tu propio obituario, lo que te gustaría que la gente dijera de ti en tu funeral. Luego pregúntate si lo que haces ahora será el legado que quieres dejar. Si tu estilo de vida actual probablemente no produzca el legado que deseas, desarrolla un plan de acción para invertir tu vida más sabiamente para la gloria de Dios. Antes de que se termine la semana, haz el primer ajuste en el cambio de vida especificado en tu plan.

3. Memoriza Marcos 10:42-45:

Así que Jesús los llamó y les dijo: "Como ustedes saben, los que se consideran jefes de las naciones oprimen a los súbditos, y los altos oficiales abusan de su autoridad. Pero entre ustedes no debe ser así. Al contrario, el que quiera hacerse grande entre ustedes deberá ser su servidor, y el que quiera ser el primero deberá ser esclavo de todos. Porque ni aun el Hijo del hombre vino para que le sirvan, sino para servir y para dar su vida en rescate por muchos".

Preguntas para la reflexión y discusión

1. ¿De qué maneras has tratado de alcanzar la grandeza en el pasado? ¿Tus intentos encajan con la definición de Jesús de la grandeza o con los del mundo? ¿Cuáles fueron los resultados?

2. ¿Qué evidencia en la vida de una persona indicaría que es fiel? ¿Disponible? ¿Enseñable? ¿Tú demuestras esas cualidades?

¿Puedes pensar en alguien con esas características a quien Dios puede querer que entrenes?

3. ¿Qué tan cómodo te sientes diciéndoles a tus hijos (o sobrinos) que observen cuidadosamente tu vida mientras crecen, así podrán imitar tus actitudes y comportamiento?

10

Cultiva grandes hábitos

¿Alguna vez has observado a alguien que aprende a jugar golf? El ins-
tructor le muestra al aprendiz cómo colocar las manos sobre el palo,
doblar las rodillas al empezar el *backswing*, mantener derecho el brazo
que está adelante mientras que el brazo de atrás se curva, controlar la
velocidad y el ángulo de la cabeza del palo, mantener la vista fija en
la pelota, acelerar el palo en el *downswing*, cambiar el peso del cuerpo
en el momento del impacto y acompañar el golpe, todo eso en un
modo natural. Excepto cuando un aspirante a golfista toma clases para
principiantes, el movimiento no es fluido, ¿no es así? Hay mucho que
recordar, muchos elementos en los que concentrarse. La pelota puede
volar en cualquier dirección porque el movimiento todavía es torpe. El
swing solo parece natural y sin esfuerzo cuando cada elemento llega a
hacerse automático.

La misma dinámica se da en casi todo lo que hacemos. Tomamos
miles de decisiones por día, pero no estamos conscientes de la mayoría
de ellas. Son automáticas para nosotros. Ya no necesitamos recordar
cada movimiento sucesivo al calzarnos un zapato, cepillarnos los dientes cada día o deliberadamente mirar todos los espejos en el automóvil.
Tenemos la habilidad de aprender funciones complejas y luego sim-
plificarlas por la repetición frecuente hasta que se vuelven costumbre.
Atamos nuestros zapatos sin necesidad de concentrarnos, cepillamos

nuestros dientes sin intentar recordar si lo hicimos o no, e incluso conducimos hasta casa mientras hablamos por el teléfono móvil, bebemos una taza de café y les decimos a los niños en el asiento trasero que dejen de hacer lo que están haciendo. Hacemos un montón de cosas sus pensar en nuestras acciones porque, con el tiempo, se han formado hábitos.

Hemos hablado acerca de nueve prácticas de los grandes cristianos en los capítulos anteriores, pero ellas solo ocuparán espacio en tu banco de memoria o un lugar en tu estante, si una práctica final no se integra a ellas en tu vida. Los grandes cristianos aprenden a vivir la vida cristiana en una forma fluida antes que en una serie de movimientos torpes, porque han aprendido a cultivar grandes hábitos.

Al desarrollar grandes hábitos, las demás prácticas de soñar grandes sueños, orar grandes oraciones o seguir a grandes personas, se transforman en parte de un estilo de vida más que en ítems de una agenda para tildar. Inconscientemente gravitamos hacia las grandes personas o disfrutamos grandes momentos cuando hemos incorporado las prácticas en nuestro pensamiento y comportamiento. Del mismo modo que ponerse un calzado o cepillar los dientes, esas acciones pueden volverse automáticas. Los hábitos son el hilo que enhebra los comportamientos de los grandes cristianos en *La Biblia* y en la historia de la Iglesia.

El poder de los hábitos

Benjamín Franklin una vez dijo que si tomaras todos tus buenos hábitos y le restaras todos tus malos hábitos, el resultado sería tu contribución a la sociedad. Ese es un pensamiento interesante, ¿verdad? Lo que hemos sido entrenados para hacer, sea bueno o malo, define hasta cierto grado nuestro beneficio hacia las personas que nos rodean y hacia el Reino de Dios.

Ted Pollock, un experto en administración del tiempo y psicología conductista, dice que entrenarse en buenos hábitos requiere una severa autodisciplina al principio. Pero una vez que ellos se vuelven una costumbre, el resultado es considerable: "Los buenos hábitos ahorran esfuerzo, facilitan las rutinas, aumentan la eficiencia y liberan poder".[1]

Debemos comprender el hecho de que la suma de nuestros buenos y malos hábitos determinará en quiénes nos convertiremos. La clase de hombre o mujer que serás en cinco, diez o veinte años de aquí en adelante, será determinada por los hábitos que tengas hoy. Puedes aprender habitualmente a ser bueno, a pensar grandes pensamientos, a ser generoso, a hacer grandes sacrificios y todo lo demás. Esas características no vienen por accidente. Tienes que cultivar un estilo de vida en el cual esas cosas puedan suceder y se vuelvan una segunda naturaleza.

Eso puede sonar más como una técnica psicológica que como un mandato bíblico, pero *La Biblia* es clara respecto a que la disciplina es un medio divino de gracia. El crecimiento espiritual y la grandeza vienen a nosotros mediante prácticas recurrentes. Los hábitos crean un marco que Dios llena con su gracia. Ellos se vuelven la autopista en la cual se suelta la gracia.

En 1 Timoteo, el apóstol Pablo le escribe al joven pastor Timoteo, lo instruye en su rol pastoral. Lo anima a no temer sino ejercitar sus dones de liderazgo a pesar de su juventud. Luego le dice: "*Rechaza las leyendas profanas y otros mitos semejantes. Más bien, ejercítate en la piedad*" (1 Timoteo 4:7). La palabra "ejercitarse" puede traducirse como "disciplinarse" o "practicar". Es el mismo término del que obtenemos la palabra *gimnasio*, que comunica la idea de entrenarse. Y por esa razón es tan importante, dice Pablo:

> *Y aunque el ejercicio físico trae algún provecho, la piedad es útil para todo, ya que incluye una promesa no sólo para la vida presente sino también para la venidera.*
>
> —1 Timoteo 4:8

La piedad es útil para la eternidad, dice La Escritura, y viene en gran medida a través de la disciplina. En otras palabras, cuando nos aproximamos a nuestra vida espiritual como si fuera la de un atleta en entrenamiento, y cultivamos los hábitos de la piedad del mismo modo en que un levantador de pesas aumenta su fuerza, las consecuencias permanecerán para siempre. Eso es mucho poder para atribuirle a algo tan mundano –y usualmente poco atractivo– como la autodisciplina.

En Hebreos, el escritor se dirige a un grupo de cristianos judíos que desmayan en su andar con el Señor. La persecución es intensa y ellos retroceden en su compromiso de seguir a Jesús. Luego de establecer las bases para la fe en la supremacía de Cristo, el escritor reprende a esos creyentes:

> Sobre este tema tenemos mucho que decir aunque es difícil explicarlo, porque a ustedes lo que les entra por un oído les sale por el otro. En realidad, a estas alturas ya deberían ser maestros, y sin embargo necesitan que alguien vuelva a enseñarles las verdades más elementales de la palabra de Dios. Dicho de otro modo, necesitan leche en vez de alimento sólido. El que sólo se alimenta de leche es inexperto en el mensaje de justicia; es como un niño de pecho. En cambio, el alimento sólido es para los adultos, para los que tienen la capacidad de distinguir entre lo bueno y lo malo, **pues han ejercitado su facultad** de percepción espiritual.
>
> –Hebreos 5:11-14, énfasis añadido

La madurez espiritual, dice, le pertenece a aquellos que han entrenado sus sentidos.

Examina tus hábitos

Cada uno tiene rutinas de las cuales no se da cuenta. Algunos comemos un refrigerio antes de irnos a la cama, miramos un cierto programa de televisión todas las semanas, nos levantamos y tenemos cierta preparación cada mañana, tomamos las vitaminas, etc. Nuestros hábitos pueden ser nuestros mejores amigos o nuestros peores enemigos. Y cuando se trata de hacer un cambio importante en nuestra forma de vida, simplemente no podemos revestir nuestra transformación con los mismos viejos hábitos. Eso no funcionará. Si queremos cambiar, entonces necesitamos ocuparnos de los hábitos que están más arraigados.

Uno de mis hábitos inconscientes que crecía era mirar las noticias de las 23:00 antes de ir a dormir. De algún modo sentía que el mundo no estaba bien hasta que supiese qué era lo que pasaba. Pero no puedes levantarte muy temprano en la mañana si te has dormido a las 23:30. Comprendí que mirar las noticias no era un hábito provechoso y que podía leer los titulares a la mañana siguiente. También podía ahorrar tiempo mirando solamente las historias realmente importantes, en vez de mirar el programa entero por solo unos pedacitos de noticias. Decidí romper mi hábito y nunca lo he lamentado. En efecto, romper ese simple y aparentemente inofensivo hábito tuvo un profundo impacto en mi vida.

Al mismo tiempo, decidí dejar de mirar las noticias nocturnas, realicé un experimento de seis semanas prohibiéndoles a mis hijos que miraran televisión las noches de la semana escolar. Por dos o tres días todo fue un alboroto. Todos estaban nerviosos. Pero al cuarto día jugábamos juegos juntos. A la semana siguiente, los niños tocaban la guitarra o trabajaban en varios proyectos. Algunas noches trabajábamos afuera juntos. Teníamos un gran tiempo en familia y a las 21:00 ya estábamos todos cansados y listos para ir a dormir. Cuando te vas a la cama tan temprano a la noche es mucho más fácil levantarte temprano en la mañana. Le gané dos horas y media a mi día, y eso cambió toda mi planificación diaria. La gente me dice hoy que hago malabares con un montón de pelotas, y tal vez es cierto. Pero si lo hago es porque hace más de veinte años Dios me devolvió más de dos horas diarias. Y mis hijos desarrollaron sus talentos musicales, leyeron grandes libros, exploraron sus impulsos creativos y edificaron grandes relaciones en familia, tan solo porque cambiamos una práctica en particular. Tal es el poder de un hábito.

Los hábitos que cultivan la gracia

Tito 2:11-12 nos dice que es la gracia de Dios la que nos enseña a *"rechazar la impiedad y las pasiones mundanas. Así podremos vivir en este mundo con justicia, piedad y dominio propio"*. A menudo tildamos a la gracia y el esfuerzo como opuestos, pero eso no es bíblico. La gracia y el esfuerzo van mano a mano. La gracia y el *mérito* son los que se oponen; la idea de ganar el favor de Dios se llama legalismo. Pero el evangelio no enseña que no debemos ejercitarnos en el esfuerzo de ser obedientes y fieles. De hecho, se nos ordena "esforzarnos" para vivir unos con otros en humildad y unidad (Efesios 4:3). La gracia de Dios nos da tanto el deseo como la habilidad de ser justos y seguirlo. La piedad solo viene a través de la gracia, pero se precisa un gran esfuerzo para aplicarla plenamente a nuestras vidas.

Teniendo eso en cuenta, miremos seis hábitos que te ayudarán a cultivar tu experiencia de la gracia. Piensa en esos hábitos no como en maneras de ganar la aprobación de Dios, sino como tuberías espirituales que permiten que la gracia de Dios fluya y transforme tu vida. Dios los usará para derramar su favor inmerecido en tu corazón y mente, para que con ese poder puedas ser cada vez más como Cristo.

1. Pon a Dios primero

Este es el principio de *prioridad* expresado en Mateo 6:33: *"Busquen primeramente el reino de Dios y su justicia, y todas estas cosas les serán añadidas"*. Cultiva el hábito de darle a Dios la primera porción y la mejor parte de tu día.

Los buenos cristianos, por supuesto, pueden encontrarse con Dios en cualquier momento, a la mañana, a la tarde o la noche. Están en *La Biblia*, oran y se encuentran con Dios de forma casi regular. Pero los grandes cristianos dedican su primer y mejor tiempo para encontrarse con Dios antes que todo lo demás. En la historia de la Iglesia y muy a menudo en *La Biblia* eso significa esas horas matinales en que estamos frescos y sabemos con relativa certeza que nada podrá interferir en nuestro tiempo con Dios. Para algunos otra hora del día puede funcionar mejor. Pero he descubierto que separar la primera porción de la mañana me ha ayudado a ser mucho más consistente en mi tiempo con Dios, y es menos probable que ocurran emergencias o interrupciones. Si has tratado de pasar un tiempo consistente con Dios y no has tenido éxito, permíteme sugerirte que pruebes las horas de la mañana, incluso si no eres una persona madrugadora. Intenta comprar un reloj despertador sin botón para apagarlo. Esa es una batalla que puedes ganar; es la mente que prevalece sobre el colchón.

Más importante que el tiempo del día, sin embargo, es la actitud que te lleva a la presencia de Dios. Los grandes cristianos tienen sed de Dios como un ciervo brama por las corrientes de las aguas (Salmo 42:1-2) y esperan en Él más de lo que un atalaya espera la mañana (Salmo 130:6). Cuando estudias las vidas de los grandes hombres y mujeres, así como la psicología de la formación de hábitos, descubres que la gente encuentra una manera de priorizar lo que más les importa.

Separar un tiempo regular a solas en la mañana fue el hábito más difícil que jamás me he establecido. En mis primeros años mi forma habitual de levantarme era golpeando el botón para apagar la alarma del despertador cuando sonaba (una, dos, tres veces... tantas como pudiera hasta cinco minutos antes de la clase). Uno sale impune de ese modo en la universidad. Solo se saca los pijamas y corre tan rápido como puede, llega allí solo unos minutos tarde. Cuando alguien me enseñó a tener un tiempo a solas, constantemente luché con la consistencia. Solo lograba introducirme poco a poco, quince minutos al día, tal vez dos veces por semana.

Para mi no era cuestión de ser legalista; realmente deseaba establecer un tiempo regular para encontrarme con Dios y disfrutar. Siempre lograba convencerme a la noche de que a la mañana siguiente me levantaría a horario; pero en la mañana siempre me convencía de que comenzaría otro día. Entonces, para obligarme a levantarme cuando sonaba el despertador, lo ponía al otro lado de la habitación. Pero ni siquiera eso funcionaba. Yo tenía una increíble habilidad de levantarme, apagarlo y volver a la cama.

Finalmente, llamé a las fuerzas especiales. Bob era un luchador peso pesado, con autodisciplina, y era mi compañero de habitación, así que le pedí que me ayudara. Ciertamente él sería un poco más difícil de ignorar que una simple alarma de reloj.

–¿Estás seguro de que quieres levantarte sea como sea? –me preguntó.

–Si, sea lo que sea –le aseguré. A la mañana siguiente, cuando sonó el despertador, toqué el botón para apagarlo, como siempre.

–Chip, es la hora.

–Ah, olvídalo –murmuré–. Podemos empezar mañana.

–Recuerda, Chip, no fue idea mía. Tú me lo pediste y yo prometí que te levantaría.

–Lo sé, no te preocupes. Está bien.

Pero Bob era un hombre de palabra. Fue hasta el borde de mi cama, me agarró de los tobillos, me alzó –con los pies para arriba– y comenzó a llevarme hacia el baño.

–¡Bob, suéltame! ¿Qué estás haciendo?

–¿Quieres aprender a levantarte?

–Sí.

–¿Quieres encontrarte con Dios?

–Sí.

–Muy bien, tú lo pediste –. Y luego abrió la mampara de la ducha y se aseguró de que no estuviera cómodo yendo a la cama otra vez.

Bob repitió su técnica por varios días hasta que yo la incorporé. Fue radical, pero funcionó. Algunos hábitos requieren medidas drásticas, pero si tomas en serio el poner a Dios primero, querrás hacer lo que sea necesario. Eventualmente aprendí a levantarme por mí mismo y pasé tiempo a solas con Dios al menos cinco mañanas por semana. A veces se sentía como una obligación, pero cuando sabes que algo es correcto, lo haces de todas maneras.

Me gustaría poder contarte maravillosas historias acerca de cómo los cielos se abrieron y las palabras de *Las Escrituras* saltaban de las hojas a mi corazón, pero no puedo. Por supuesto, tuve algunos excelentes momentos con Dios, pero no era necesariamente un "pico emocional" cada mañana. Es como el desayuno; no siempre recuerdo lo que como, pero igual le hace muy bien a mi cuerpo. A través de los meses que siguieron, mi tiempo a solas con Dios aumentó de quince a treinta minutos, y pasó de ser una obligación a ser un placer, no en todo momento, por supuesto, pero cada vez en forma más frecuente, y me mantuvo motivado. Dejé de tenerle temor y comencé a buscarlo como si fuera una cita con mi esposa o una comida en mi restaurante favorito. En algún momento, en los años siguientes, dejé de poner alarmas y le pedí a Dios que me levantara cuando Él quisiera. A veces la primera hora o las primeras dos horas de mi día son las mejores y más satisfactorias. Si tuviera que señalar un hábito que transformó mi vida más que cualquier otro, eso sería levantarme para pasar tiempo a solas con Dios.

2. Saca la basura

El *principio de transformación* viene directamente de Romanos 12:2:

> *No se amolden al mundo actual, sino sean transformados mediante la renovación de su mente. Así podrán comprobar cuál es la voluntad de Dios, buena, agradable y perfecta.*

Hay un mandato negativo en este versículo que literalmente habla de dejar de conformarse o amoldarse, a este mundo. Dejar de permitir que el sistema del mundo –sus ideas, imágenes y valores– forme nuestra personalidad. Saca la basura fuera de tu vida.

Esto es seguido por un mandato positivo de permitir que La Palabra de Dios te renueve y transforme; que provoque una *metamorfosis*, la misma palabra usada para la transfiguración de Jesús. Gramaticalmente, este mandato está en voz pasiva; Dios lo hace, pero nosotros lo permitimos. Permitimos que nuestras mentes sean transformadas desde el interior, para poder ser personas que prueben y experimenten la voluntad de Dios. Nuestro estilo de vida comienza a comprobar la voluntad de Dios, que es buena, agradable y perfecta.

En mi primer pastorado en Kaufman, Texas, un señor mayor que se veía como si hubiera pasado por muchas malas experiencias, llegó a la iglesia. Su camisa estaba sucia, lucía y olía como si no hubiera tomado un baño en seis meses, y encima estaba hambriento. Le dimos algo de comer y a la semana siguiente trajo a su esposa, que estaba en tan malas condiciones como él. Luego del servicio, ellos dijeron que necesitaban algo de dinero para pagar la electricidad y otras necesidades.

La iglesia tenía un fondo de ayuda, y yo me ofrecí para ir a su casa y visitarlos. Theresa y yo condujimos por las afueras de la ciudad y encontramos una casa que no estaba nada mal. Había un par de caballos y alrededor de cinco o seis perros en el jardín, que se veían bastante saludables. Pero cuando entramos a la casa, casi me caigo del hedor. La basura estaba en el suelo, un recipiente abierto con algo dentro que se había podrido, y había por todas partes latas de comida para los diecinueve gatos que caminaban por toda la cocina. Las persianas estaban bajas y él, su esposa y una anciana estaban sentados en penumbras. Me preguntaba cómo podían tolerar condiciones de vida tan repugnantes, pero cuando la gente vive bastante tiempo en la basura, se acostumbra a ello. Comienza a parecer normal. Nos acostumbramos al olor nauseabundo si lo respiramos lo suficiente.

Espiritualmente muchos cristianos han llenado su mente con tanta porquería del basurero de este mundo, que ya no les parece más que fuera basura. Sus vidas nunca cambian y no pueden entender por qué. Las cosas que Dios ha llamado "basura" –actitudes y comportamientos profanos, injusticia, decisiones que nos llevan por mal camino y arruinan nuestras relaciones– se ha vuelto aceptable para muchos creyentes. Muchas veces tratamos de discernir qué es verdadero justo, cuando Dios ya nos ha dicho cómo descubrirlo. Nos ha dado su Palabra para guiarnos y puso su Espíritu dentro de nosotros. Si no apagamos el Espíritu nuestra conciencia nos guiará en la dirección correcta. Pero si decidimos vivir en la miseria, comenzaremos a aceparla como normal.

Por eso muchas encuestas reportan estadísticas casi idénticas entre cristianos y no cristianos en asuntos tales como la fidelidad conyugal, honestidad, hábitos de consumo y adicción a la pornografía. Inconscientemente estamos conformándonos a este mundo, no siendo transformados a la imagen de Cristo. Comemos y bebemos lo que el mundo nos ofrece en publicidades tentadoras, estándares de vida, novelas románticas y culebrones, pornografía por Internet, películas y videojuegos violentos, y mucho más simplemente porque no hemos determinado conscientemente que dejaremos de "conformarnos al mundo actual" (Romanos 12:2). El resultado es pensamientos impuros y actitudes que forman un nido en nuestros corazones y mentes. El sistema del mundo es tan seductor que a veces queremos detenernos y meternos en él por unos días o por semanas.

Muy a menudo siento que soy arrastrado por el sistema mundano, entonces hago un ayuno de medios por un período extendido de tiempo. Por una semana o diez días –a veces más– no miro televisión o videos ni escucho las noticias o la radio. Luego, cuando termino mi ayuno de medios siempre quedo anonadado de lo que veo en TV. Pruébalo alguna vez. Cuando te tomas un recreo de la basura, olerá como basura cuando regreses. Las cosas que casi no te das cuenta antes, aparecerán repentinamente como abiertamente pecaminosas y desagradables.

Como pastor, permíteme hacerte una pregunta delicada acerca de tu salud espiritual: ¿Qué basura tienes en tu vida ahora mismo? Si Jesús estuviera dentro de tu mente hoy y le preguntaras qué piensa sobre tus contenidos, ¿qué áreas consideraría más incómodas? Él no te condenaría por ello; te sigue amando del mismo modo. ¿Pero se sentiría como en su casa allí? El punto de Romanos 12:1-2 no es condenarte, sino bendecirte con la experiencia de la perfecta voluntad de Dios por la renovación de tu mente. ¿Qué áreas de tu vida necesitan que saques la basura?

3. Lava tus propios platos

El *principio de responsabilidad* quita la culpa de los demás y nos obliga a dar cuenta de nuestros propios líos. Muchas personas ponen excusas por el modo en que son o por lo que han hecho: "Es culpa de mis padres". "El sistema me decepcionó." "Mi jefe es irracional." "El gobierno no es justo…" También puede elaborarse más: "Tal vez iba un poco rápido, pero tenía que ir junto con todo el tránsito, ¿no es cierto? Y eso no hubiera ocurrido si él hubiera girado en la señal un segundo antes, porque entonces yo hubiera tenido tiempo de clavar los frenos. Además, alguien que conduce tan lento es un peligro para todos los demás que están en la carretera. Si alguien está en falta, ese es él…"

La gente que tiene una relación con Dios basada en el desempeño no entienden ni aceptan la plenitud de su gracia, y desarrollan el hábito de poner excusas y culpar a los demás o a las circunstancias por todo lo que sale mal, aun cuando ellos mismos contribuyeron al problema. Cuando hacemos eso, no cambiamos.

Cuando éramos jóvenes, muchos de nosotros teníamos madres que siempre lavaban los platos por nosotros, sin importar lo ocupada que estuviera su jornada o lo exhaustas que se sintieran. Ellas se levantaban primero y se iban a dormir último por toda la limpieza que tenían hacer por el resto de nosotros. ¿Sabes lo que muchas de ellas pensaban? "¡Tengo tanto que hacer! No puedo creer que no se den cuenta cómo eso afecta mi día. ¿Piensan que hay hadas de la vajilla que vienen y limpian todo?"

Generalmente no tomamos una decisión inconsciente de esperar que otros vengan y limpien nuestro desorden. Es un hábito. Pero detrás de ese hábito está la suposición de que le corresponde a alguien más hacer que nuestra vida funcione.

Es nuestra responsabilidad espiritual delante de Dios lavar nuestros propios platos. No apiles todas las dificultades en el lavabo de otra persona para que él o ella se encarguen. Jesús nos dio una máxima eterna sobre la responsabilidad en un pasaje sobre las finanzas: *"El que es honrado en lo poco, también lo será en lo mucho; y el que no es íntegro en lo poco, tampoco lo será en lo mucho"* (Lucas 16:10). El punto es que la responsabilidad personal se extiende incluso a los detalles menores. Hasta que aprendamos a hacernos cargo de nuestras responsabilidades, no seremos fieles en lo mucho en el Reino de Dios.

Aprendí esta lección durante un ministerio de verano con una organización *paraeclesiástica*. Un grupo de nosotros fue a una ciudad grande para recibir un poco de la muy necesaria experiencia ministerial. Nos alojamos juntos en una casa de una hermandad femenina, teníamos trabajos durante el día y pasábamos nuestras tardes en evangelismo. Hicimos "viajes de fe" en la comunidad para encontrar personas que pudiéramos servir y amar. En uno de esos viajes nuestro equipo de cinco personas se detuvo en una estación de gasolina que no era muy linda. Cada uno de nosotros fue al sucio baño, y cuando me lavaba las manos vi a John, nuestro líder del equipo, saliendo del baño. Tomó un poco de papel higiénico y secó la tabla. Luego lavó sus manos, tomó un poco más de toallas de papel, limpió el lavabo e incluso levantó un poco de la basura que la gente había arrojado al suelo. Toda la rutina llevaba solo quince o veinte segundos, pero yo no podía creer que él siquiera haya tomado todo ese tiempo para limpiar detrás de las personas a las que claramente no les importaba nada la limpieza.

"¿Buscas un pequeño trabajo de portero, John?" le pregunté. Yo era algo sarcástico en aquel entonces.

Se detuvo y me miró muy seriamente. "No, Chip, para nada", dijo. "Un discípulo de Jesucristo siempre deja todo mejor de como lo encontró. Alguien se va a sentar en ese asiento luego. Alguien se va a lavar las manos en ese lavabo. No los conozco, pero no necesito hacerlo. Solo necesito servirlos. Si Jesús estuviera aquí, querría algo mejor para ellos. Si yo fuera el dueño de esta estación de servicio y alguien arrojara un papel en el suelo, yo seguramente querría que alguien lo levantara por la próxima persona que entre".

Nunca había pensado en eso. Fue un cambio de paradigmas inmediato para mí. John me enseñó que los cristianos no solo lavan sus propios platos, lo hacen también por otras personas. Tú tomas responsabilidad por tu vida, tus acciones, tus elecciones y tus problemas; pero luego vas más allá de eso y ayudas a otros con los suyos. Nunca he olvidado esa lección y todavía me impacta en el día de hoy. Cuando tomo prestado un auto, lo devuelvo limpio y lleno de gasolina. Cuando tomo algo del refrigerador, lo devuelvo. Cuando me saco la ropa, la cuelgo. Una cantidad asombrosa de problemas maritales están solucionados por este principio. Lo mismo con muchos conflictos relacionales que tenemos con otras personas.

¿Cómo comienza eso? Con un hábito. Poco tiempo después de que nos casamos, luego de que mi esposa había trabajado todo el día para lavar, secar, planchar y doblar la ropa, yo tenía mi mente llena de cosas "más importantes"; tomaba toda la ropa que ella había doblado y puesto encima de la cama, y las apilaba en el tocador, donde estaban tres o cuatro días hasta que yo las acomodaba. ¿Sabes lo que esto le comunicaba a ella? "Sé que has trabajado duro para hacer todo esto, pero no es muy importante para mí". Ese no es el mensaje que yo intentaba mandar, obviamente, pero es el mensaje que ella interpretaba. La única manera de quebrar ese hábito era comenzar uno nuevo. No era muy complicado. Cuando llego y mi ropa ha sido lavada, la guardo inmediatamente. Es igual de fácil hacerlo enseguida que hacerlo tres días más tarde. Todo lo que se precisa es un nuevo hábito.

Ese es un ejemplo doméstico de una verdad amplia y espiritual. Cuando tomas responsabilidad por ti mismo, cultivas hábitos de ser amable, ser fiel, ser un buen administrador y fijarse en las necesidades de los demás. Eres responsable de tus desórdenes, tu futuro y tus relaciones. Por la gracia de Dios, cultiva el hábito de no esperar que nadie más "lave tus platos".

4. Anótalo

El *principio de la claridad* se encuentra en Proverbios 20:5: *"Los pensamientos humanos son aguas profundas; el que es inteligente los capta fácilmente"*. Todos tenemos planes, sueños y propósitos grabados profundamente dentro de nuestros corazones. Para muchos, esos planes se mantienen debajo de la superficie por toda la vida, pero una persona comprensiva "los dibuja", los expresa. Dios usa a otros para hacer preguntas agudas, proporcionar ideas y ayudarnos a descubrir esos planes. A veces, sin embargo, esas personas no están disponibles cuando algo crece en nuestros corazones o cuando necesitamos una manera de procesar lo que Dios hace en nosotros. Y aunque no hay un sustituto para el consejo divino, he aprendido que escribir mis pensamientos en un diario y expresar las cuestiones más importantes, las metas y pensamientos sobre papel, puede ayudarme a "trazar" los planes que Dios ha puesto dentro de mí. El "agua profunda" del corazón a menudo no está limpia hasta que yo no lo esté.

Tenemos muchas preguntas en este mundo complejo: ¿A qué escuela debería enviar a mis hijos? ¿Debería responderle a esta persona ahora o esperar y darle tiempo a Dios para obrar? ¿Cómo puedo saber cuándo abandonar el plan A y comenzar el plan B? Los primeros tres principios en este capítulo –poner a Dios primero, sacar la basura, y tomar responsabilidades– son buenos primeros pasos para navegar a través de la complejidad de la vida. Pero una vez que has hecho eso, ¿cómo avanzas en forma proactiva? He encontrado que anotar las cosas tiene un efecto sorprendentemente poderoso. Déjenme ofrecer algunos ejemplos específicos que me han sido útiles.

Fichas de tres por cinco centímetros

Un amigo llamado Bill me hizo conocer *el poder de los objetivos claros*. Él solía escribir sus deseos y metas específicas en fichas de tres por cinco centímetros. "No trato de memorizarlas", dijo. "Solo las tengo allí para que mi mente y mi corazón puedan gravitar hacia ellos". Eso fue hace veinte años, y lo he estado haciendo desde entonces. Comencé por las cosas que sabía con certeza:

- Quiero demostrarle mi amor a Theresa de una forma que tenga sentido para ella cada día en una manera específica.

- Me gustaría ayudar a cada uno de mis hijos a descubrir sus dones espirituales y la voluntad de Dios para sus vidas.

- Quiero hacer ejercicio de manera regular y no sentirme culpable de eso, de modo que pueda mantenerme en buena forma.

- Me gustaría orar horas extra y aprender a ser habitualmente agradecido por todas las cosas.

Seguí el ejemplo de Bill y leí mis fichas cada mañana y cada tarde por alrededor de un mes, y luego dos o tres veces a la semana. Con el tiempo muchas cosas quedaron claras: así es como quiero vivir; aquí es donde quiero ir; esto es lo que quiero hacer; aquí está la clase de persona que quiero ser. Cuando anotas las metas de tu vida y los deseos de tu corazón, vas a gravitar inconscientemente hacia ellos. Esa es la manera en que nuestras mentes trabajan. Cuando decidimos que es tiempo de comprar un auto nuevo y escoger el modelo que nos gustaría, comienzan a aparecer por todos lados en la carretera. Estaban siempre ahí, pero no los notaba porque no tenía una meta clara. De la misma forma, cuando anotamos nuestros planes y sueños, empezamos a ser empujados en aquellas direcciones. El poder de los objetivos claros nos lleva hacia ellos.

Calendarios

Odio los calendarios. Soy una persona espontánea e indisciplinada por naturaleza, y los calendarios dan la impresión de cercarme. Todo lo que queremos es hacer lo que queremos hacer cuando queremos hacerlo. Pero he descubierto que en vez de limitarme a un programa, los calendarios en realidad me ofrecen *la libertad de la estructura*.

Hace años tuve un momento *ajá* cuando me di cuenta de que mi lista de tareas para hacer nunca termina. No importa cuán ocupados estemos para llevar a cabo los ítems de esas listas, solo se hacen más y más largas, ¿no es así? Siempre añadimos algo. Tenía que preguntarme si quería ser de las "personas que hacen" o de las "personas que son", y la respuesta era clara: Jesús esta más enfocado en quiénes somos que en qué hacemos. Ambos son importantes, pero *hacer* viene de *ser*, y no viceversa. Me di cuenta de que nunca sería la clase de persona que Dios quería que fuera si siempre estaba haciendo lo que suponía que Él u otras personas querían que hiciera. Entonces tomé mis buenos deseos de mis fichas de tres por cinco y primero las puse en mi calendario. Quería un gran matrimonio, así que anoté una salida con Theresa cada viernes. Quería ser un gran padre, así que bloqueé el tiempo del calendario con mis hijos. Lo mismo con mantenerme en forma, tiempo para orar, y así sucesivamente. Todos mis puntos de *ser* estaban en el calendario antes que mis puntos de *hacer*. Luego todas las llamadas de teléfono y las reuniones importantes tenían que ajustarse a eso.

¿Sabes lo que eso logra? No, todavía no está todo hecho en la lista de cosas para hacer. Si buscas ese momento en que estás completamente al día con todas esas tareas que siempre quisiste y necesitaste hacer, esto no te llevará ahí. (Y no conozco nada que lo haga.) Pero si buscas una manera de dirigir el curso de tu vida, esto va a ayudarte como me ha ayudado a mí. No es muy dramático y no suena muy espiritual, pero por más de veinte años he tenido una cita regular con mi esposa, he estado ejercitándome tres o cuatro veces a la semana, he orado constantemente, y mucho más. Con el correr del tiempo, me he mantenido saludable y he construido una gran relación con mi familia y con Dios. Las grandes victorias repentinas son geniales, pero gran parte de la vida gira alrededor de la consistencia de los detalles menores. Puedes ser la persona que visualizas si identificas los pasos que necesitas dar, aprender a priorizarlos y luego, en verdad, *hacerlos*. Grandes áreas de tu vida pueden prosperar, todo porque le diste a algunas prácticas importantes alguna estructura en un calendario.

Listas de tareas

Lo sé, recién dije que nunca las haces del todo. Pero igual son importantes porque nos ayudan con *la necesitad de enfocarnos*. Anota tus responsabilidades y oportunidades en el comienzo de una semana, y pon una estrella en las esenciales: las que realmente quieres hacer, las que te meterán en problemas si no las haces y las que van a tener el mayor impacto. Luego pídele a Dios que te ayude con cada una. A medida que cada ítem es completado, táchalo y agradécele a Dios por su ayuda. Lo que parece solo una agenda para la mayoría de las personas, puede ser en realidad una herramienta muy espiritual. Tu lista de tareas puede convertirse una guía para orar por tus necesidades personales. Te recuerda no solo lo que tienes que hacer, sino en lo que necesitas la ayuda de Dios; luego sirve de evidencia de su fidelidad cuando logras cumplir con tus responsabilidades diarias. Tu agenda semanal puede ser más manejable y agradable cuando has invitado el poder de Dios a entrar en ella.

Diarios

Escribir tus oraciones, pensamientos, circunstancias, temores, esperanzas y sueños en un diario satisface la necesidad de *reflexión*. Un diario es un gran lugar para ser completamente sinceros con Dios.

Tengo cientos de notas que comienzan con quejas verídicas: "Señor, estoy realmente cansado hoy. Realmente me siento aplastado. No sé cómo voy a hacerlo. Tengo seis cosas en mi mente, y en alguna parte en mi interior me siento enojado, pero no sé por qué. Solo voy a escribir hasta que me lo muestres. Y sobre ese sueño en mi corazón, anoche pensaba sobre eso, y no sé si alguna vez me permitirás hacerlo, pero ¿podrías...?" A medida que reflexionas sobre lo que sea que ocurre dentro de tí, los propósitos profundos del corazón comienzan a salir. Escribir en un diario quita el ajetreo de hacer las cosas sin parar, y te da tiempo de hablarle a Dios y a Él de hablarte a ti, corazón a corazón.

5. Hazlo ahora

Muchas cosas nunca se logran porque nunca empezamos a hacerlas. Ese es el *principio de la inercia*. Hay un poder enorme en comenzar verdaderamente a hacer algo.

Proverbios 24:30-34 dice:

Pasé por el campo del perezoso,
por la viña del falto de juicio.
Había espinas por todas partes;
la hierba cubría el terreno,
y el lindero de piedras estaba en ruinas.
Guardé en mi corazón lo observado,
y de lo visto saqué una lección:
Un corto sueño, una breve siesta,
un pequeño descanso, cruzado de brazos...
¡y te asaltará la pobreza como un bandido,
y la escasez, como un hombre armado!

Cardos, ortigas y paredes resquebrajadas son signos de descuido. La persona perezosa deja mucha evidencia de que nada ha sido hecho. Cuando el autor de esta imagen proverbial vio esta escena, "recibió instrucción" –Dios con frecuencia usa los paisajes cotidianos como oportunidades para enseñar– y la lección que aprendió fue que un pizca de dilación puede hacer mucho daño. Cuando decidimos disciplinar a nuestros niños más tarde o pagar las facturas en algún otro momento, las consecuencias pueden ser sorprendentemente repentinas y abrumadoras. Muchos de nosotros vivimos una vida llena de buenas intenciones y promesas rotas. Tenemos la intención de hacer este nuevo proyecto o de establecer esa nueva práctica, pero casi nunca sucede.

Aprende a atacar la vida. Lo que sea, hazlo ahora. Incluye disfrutar lindos momentos en tu plan de atacar; "hazlo ahora" se aplica incluso para dormir y recrearse, no solo para tu lista de quehaceres. Pero deja de posponer tareas difíciles. Ten esa conversación desagradable ahora. A lo que más le temas, supéralo temprano en la mañana.

Así es como aprobé el estudio del griego y hebreo en el seminario. Tenía que levantarme a las 04:00, porque si no tenía la tarea de Lengua hecha para las 07:00, cuando me pasaban a buscar, sabía que no iba a tener la motivación o la disciplina luego. Yo tenía una esposa e hijos y un trabajo, y ningún deseo de descuidarlos a expensas de aprender idiomas que parecían arañazos de pollo en ese entonces. Ahora estoy feliz de haber aprendido esas cosas, pero no fue fácil para mí. Tuve que bloquear dos horas de la mañana en un café, porque si no lo hacía "ahora", no iba a ser hecho.

Cuando cultivas hábitos para realizar las pequeñas y grandes cosas antes de que tengas tiempo de temerles, eso beneficiará el resto de tu vida. Las obligaciones no se te acumulan, te pesan en los hombros y consumen tu energía y motivación porque sabes que todavía deben ser hechas. Cuando has pospuesto y tienes una semana de papeles para archivar, doce llamadas para contestar, muchos días de tarea o proyectos de la oficina para completar, y cinco pilas de ropa para lavar, eso te desmotiva un poco, ¿no es así? Toda la vida parece desalentadora y depresiva con muchas responsabilidades colgando sobre tu cabeza. Y cuando estamos deprimidos, todo lo que queremos hacer es mirar televisión y comer (actividades que no precisamente resuelvan nuestros problemas). Ese método en realidad crea hábitos de enfrentar las dificultades de manera pasiva y negligente. Intenta hacer eso por una década o dos y mira cuán maravillosa se torna la vida. No será lindo.

Ataca la vida al hacer el trabajo de hoy, hoy mismo, y te sentirás mucho mejor mañana.

6. Apágalo

Este es el *principio de la restauración,* un mandamiento completamente bíblico.

> *Por consiguiente, queda todavía un reposo especial para el pueblo de Dios; porque el que entra en el reposo de Dios descansa también de sus obras, así como Dios descansó de las suyas. Esforcémonos, pues, por entrar en ese reposo, para que nadie caiga al seguir aquel ejemplo de desobediencia.*
>
> —HEBREOS 4:9-11

¿Notaste la ironía? Tenemos que "esforzarnos" para "entrar a ese reposo". ¿Por qué? Porque el descanso no viene fácilmente a nosotros. Para aquellos que ya tienen una mentalidad "hazlo ahora", la práctica bíblica de guardar el Sabat ofrece un balance muy necesario. Es verdad, debemos hacer nuestro trabajo de manera proactiva y no dilatarlo. Pero aun así necesitamos apagar el celular y la computadora y tomarnos un descanso. Tenemos que ser diligentes en neutralizar las condiciones que nos impiden descansar.

Esto es un gran asunto de fe. Todos tus competidores comerciales pueden producir bienes y ganar dinero siete días a la semana, y tiene mucho sentido que sientas que pierdes por cerrar un día a la semana. Pero en la economía de Dios, Él es quien define lo que tiene sentido. Y promete que los que confían en Él y le obedecen estarán cuidados. Él se encargará de eso. Un ejemplo es Chick-fil-A, un restaurante que a pesar de los cambios en los negocios y en la cultura de las últimas décadas, ha seguido cerrado los domingos. Prospera de todas formas; Dios claramente no dejó que esa compañía quebrara.

El Sabat, dijo Jesús, es el regalo de Dios. En Colosenses 2 aprendemos que los creyentes del Nuevo Testamento estaban más preocupados con el principio que con la práctica uniforme, pero aun así aplicaban el principio diligentemente. Puedes necesitar establecer un día de descanso diferente que el de otra gente, pero lo importante es hacerlo. Cierra el calendario, apaga los teléfonos, apaga las computadoras y repasa la semana en gratitud. Disfruta de la creación con las personas que amas. Pasa algún tiempo extra con Dios. No tienes que ser legalista sobre esto; si una emergencia surge, trata con ella. Pero luego compensa el tiempo. Honra el día de descanso que Dios te da.

Esta práctica salvó mi vida hace unos años. Como un adicto al trabajo en recuperación, tuve que aprender que hay una gran diferencia entre conducir y ser conducido por algo. La única forma de quebrar los patrones malsanos era forzarme a detenerme. Desarrollé un hábito de dejar trabajo en la oficina e ir a casa para ser el esposo, padre e hijo de Dios que necesitaba que fuera. Eso puede ser tan difícil para algunos de ustedes como lo fue para mí, pero no puedes ser el hombre o la mujer que Dios quiere si estás siempre de guardia. Toma veinticuatro horas cada siete días y simplemente descansa. Sé restaurado, renovado y refrescado. ¿Cómo? Sea lo que "eso" fuere, apágalo.[2]

Algunos pasos prácticos

Para continuar en el camino a la grandeza, te aliento a identificar un mal hábito del cual nunca te has podido librar y estás seguro de que va a volver a surtir efecto. Escríbelo en una hoja y repítete que tiene que ser quebrado. Luego pregúntale a Dios cuál de los seis buenos hábitos de este capítulo quiere que desarrolles primero. Siéntate silenciosamente y deja que Él resalte uno de ellos para ti. Luego encuentra a alguien a quien rendirle cuentas, prepara un plan, no te desanimes con los reveses –los hábitos pueden tomar un largo tiempo para formarse, y también un largo tiempo para romperse– y comienza a acomodar tu vida de acuerdo a él. Determínate a quebrar tu hábito más difícil y a establecer tu hábito más necesario.

Una vez que lo hayas hecho, te habrás entrenado en el proceso de quebrar hábitos y formar hábitos. Puedes hacerlo una y otra vez, tomando cada área de tu vida y reacomodándola. Eres capaz de incorporar todas las prácticas que hemos tratado en este libro y muchas más. Encontrarás que avanzas de la frustración a la productividad y de la resignación a la determinación. Y te hallarás en una emocionante senda de lo bueno a lo grandioso… a los ojos de Dios.

Pasos a seguir

1. Identifica un hábito que sabes que Dios quiere que cambies. Establece una meta específica para esta semana –un primer paso en quebrar ese hábito y establecer uno nuevo en su lugar– que sea alcanzable y mensurable. Establece una persona a quien rendirle cuentas y dale permiso para interrogarte y preguntarte acerca de ello frecuentemente. Luego repite el proceso para el próximo paso de quebrar un hábito y de formar otro.

2. Haz una lista de tus metas principales en la vida, priorízalas y luego divídelas en pasos realizables. Por ejemplo, si uno de tus objetivos es tener un gran matrimonio, determina la prioridad que debe recibir, y luego identifica los hábitos que lo lograrán (tales como consejería, noches de salidas juntos, etc.). Vuelca tus pasos en un calendario o una lista de cosas por hacer, y luego llévalo a cabo. (Armar un plan e implementarlo son dos cosas diferentes. La mayoría de las personas son excelentes en la etapa 1, pero fracasan en la etapa 2. No seas uno de ellas.)

3. En tus tiempos a solas con Dios esta semana escribe tus oraciones, sueños, deseos, preocupaciones y todo lo demás. Al final de la semana léelos y pídele a Dios que te ayude a "dibujar" sus planes para ti.

4. Memoriza Romanos 12:2: *No se amolden al mundo actual, sino sean transformados mediante la renovación de su mente. Así podrán comprobar cuál es la voluntad de Dios, buena, agradable y perfecta.*

Preguntas para la reflexión y discusión

1. Cuando consideras tu crecimiento espiritual, ¿eres más propenso a mirar las victorias repentinas o los hábitos consistentes? ¿Cuáles Dios ha usado más en tu vida? ¿Por qué piensas que los dos son importantes?

2. ¿Qué cosa cambiaría drásticamente tu estilo de vida si hicieras un ayuno temporal de medios? ¿Qué beneficios espirituales esperarías de la experiencia?

3. Si le preguntaras a Dios cuál de tus hábitos desearía cambiar más, ¿qué piensas que diría? ¿Cuál hábito crees que le agrada más? ¿Qué pasos puedes dar ahora mismo para quebrar tu peor hábito y cultivar tu mejor hábito? ¿Se te ocurre alguien que pueda ayudarte si te comprometes a rendirle cuentas por las dos cosas?

Bibliografía

Introducción

1. Jim Collins, *Empresas que sobresalen: por qué unas sí pueden mejorar la rentabilidad y otras no*, Editorial Norma, 2008.

Capítulo 1

1. Ver, por ejemplo, Jack B. Haskins y Alice Kendrick, *Successful Advertising Research Methods* [Métodos de investigación exitosos de publicidad], Lincolnwood, IL, NTC Business Books, 1993.
2. Henry Varley, 1872, citado por J. Gilchist Lawson, "D. L. Moody", Christian Bibliography Resources, en el website de Wholesome Words, www.wholesomewords.org/biography/biomoody4.html.
3. John Stott, *Only One Way: The Message of Galatians* [Solo un camino: El mensaje de Gálatas], London, Inter-Varsity, 1968, p. 170.
4. Charles H. Spurgeon, *An All-Around Ministry: Addresses to Ministers and Students* [Un ministerio completo: Discursos para ministros y estudiantes], Pasadena, TX, Pilgrim Publications, 1983, p. 124, <www.spurgeon.org/misc/aarm04.htm>

Capítulo 2

1. A.W. Tozer, *El conocimiento del Dios santo*, Vida, 1996.
2. Ibid.

3. Betty Lee Skinner, *Daws: The Story of Dawson Trotman, Founder of the Navigators* [Daws: La historia de Dawson Trotman, fundador de Los Navegantes], Grand Rapids, Zondervan, 1974.

4. James Hefley y Marti Hefley, *Uncle Cam: The Story of William Cameron Townsend, Founder of Wycliffe Bible Translators and the Summer Institute of Linguistics* [Tío Cam: La historia de William Cameron Townsend, Fundador de Traductores Bíblicos Wycliffe y el Instituto Lingüístico de Verano], editor fotográfico, Cornell Capa, Waco, Word, 1974.

5. Estadísticas de la participación en la traducción bíblica en curso en 2006, emitida por International Corporate Communications, marzo de 2007, Wycliffe Internacional, <www.wycliffe.net/v2025.shtml>, acceso el 30 de marzo de 2007.

6. Taylor Howard, *El secreto espiritual de Hudson Taylor*, Editorial Portavoz, 1988.

7. Jay E. Adams, *How to Overcome Evil* [Cómo vencer la maldad], Phillipsburgh, NJ, Presbyterian and Reformed, 1977.

8. Francis Schaeffer, *Escape from Reason* [Escape de la razón], London, Inter-Varsity Fellowship, 1968.

9. Francis Schaeffer, *True Spirituality* [Verdadera espiritualidad], Wheaton, Tyndale, 1972.

10. E. M. Bounds, *El poder de la oración*, Peniel, Buenos Aires, 2006; Andrew Murray, *Humildad*, CLC, Colombia, 2008; Roy Hession, *El camino del Calvario*, Unilit, 1996.

11. Evelyn Christenson, *Lo que Dios hace cuando las mujeres oran*, Caribe Betania, 2001.

12. Bounds, *El poder de la oración*.

13. Larry Christenson, *La familia cristiana*, Caribe Betania, 1992.

14. Norman Wright, *Comunicación: la clave para su matrimonio*, Unilit, 2000.

15. David y Jan Stoop, *The Intimacy Factor* [El factor intimidad], Nashville, Nelson, 1993.

16. Peter Drucker, *El ejecutivo eficaz*, Sudamericana, 2002.

17. Charles Ryrie, *Teología básica*, Unilit, 1993; J. Sidlow Baxter, *Explore*

the Book [Explora el Libro], Grand Rapids, Zondervan, 1960; Robert Taina, *Methodical Bible Study: A New Approach to Hermeneutics* [Estudio bíblico metódico: un nuevo acercamiento a la hermenéutica], New York, Seminario Bíblico en Nueva York, 1952.

18. Paul Tournier, *Los fuertes y los débiles*, Clie, 1997.
19. Henri J.M. Nouwen, *El regreso del hijo pródigo, meditaciones ante un cuadro de Rembrandt*, Ágape, 1992.
20. Brennan Manning, *Abba's Child: The Cry of the Heart for Intimate Belonging* [El hijo de Abba: el clamor del corazón por pertenencia íntima] , Colorado Springs, NavPress, 1994.

Capítulo 3

1. En 2 Reyes 2:10, Elías dice: "*Si logras verme cuando me separen de tu lado, te será concedido*". El texto hebreo (y el contexto) de ese versículo parece implicar *vigilar*, una vigilancia activa e intencional, en vez de observar pasivamente si Elías estaba visible.

Capítulo 4

1. Jim Collins, *Empresas que perduran*, Editorial Norma, 2007.
2. Dietrich Bonhoeffer, *The Cost of Discipleship* [El costo del discipulado], traducido por R.H. Fuller, Londres, SCM Press, 1948.

Capítulo 5

1. Francis McGaw, *John Hyde: Apostle of Prayer* [John Hyde: Apóstol de oración], Minneapolis, Betania, 1986.

Capítulo 8

1. C.S. Lewis, *Letters to Malcolm: Chiefly on Prayer* [Cartas a Malcolm: Mayormente sobre oración], Nueva York, Harcourt, Brace & World, 1964.

2. Jonathan Edwardes, "The Spirit of Love the Opposite of a Selfish Spirit" ["El espíritu de amor, lo contrario a un espíritu egoísta], sermon 8 en *Charity and Its Fruits: Christian Love as Manifested in the Heart and Life* [La caridad y sus frutos: amor cristiano manifiesto en el corazón y la vida], Londres, Banner of Truth Trust, 1969.

3. C. S. Lewis, *The Weight of Glory and Other Addresses* [El peso de gloria y otros discursos], San Francisco, Harper-San Francisco, 2001.

4. Consejo de Dallas Williard, mencionado en John Ortberg, *La vida que siempre has querido*, Vida, 2004.

5. Dallas Williard, *The Spirit of the Disciplines* [El espíritu de las disciplinas], San Francisco, Harper-San Francisco, 1988.

Capítulo 9

1. C. J. Mahaney, *Humildad: grandeza verdadera*, Vida, 2006.

2. Ejemplo de 2 Timoteo 2:2, dado por Dawson Trotman, "Spiritual Reproduction" [Reproducción espiritual], cinta de audio.

3. Brian O'Reilly, "Why Grade 'A' Execs Get an 'F' as Parents" ["Por qué los ejecutivos grado 'A' obtienen una 'F' como padres"], *Fortune*, 1 de enero de 1990, pp. 36-46.

Capítulo 10

1. Ted Pollock, citado en "Increase Your Self-Discipline" ["Aumenta tu autodisciplina"], *Executive Leadership*, Nacional Institute of Business Management, 2007 <www.exec-leadership.com/sample/sampleissue.pdf>

2. Para aquellos que necesitan ayuda con este punto, recomiendo ampliamente el libro de Mark Buchanan, *The Rest of God: Restoring Your Soul by Restoring Sabbath* [El descanso de Dios: Restaurando tu alma al restaurar el Sabat],Nashville, W. Publishing Group, 2006.

Esperamos que este libro
haya sido de su agrado.
Para información o comentarios,
escríbanos a la dirección
que aparece debajo.

Muchas gracias.

PENIEL

info@peniel.com

www.peniel.com